本书为国家自然科学基金项目"面向全产业的企业创新能力评价系统研究：基于创新源视角"（71562004）；贵州省哲学社会科学一般项目"贵州大数据供应链价值共创模式及对策研究"（20GZYB09）；贵州省教育厅青年科技人才成长项目"开放条件下的知识要素结构化测度研究"（黔教合 KY 字 [2021]279）的阶段性研究成果。

GONGYINGLIAN JIAZHI GONGCHUANG
JILI YU FANGZHEN
YI DAXING BAIJIU QIYE WEILI

杨 敏 著

供应链

价值共创机理与仿真

以大型白酒企业为例

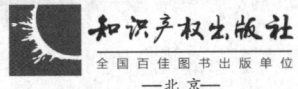

知识产权出版社
全国百佳图书出版单位
—北 京—

图书在版编目（CIP）数据

供应链价值共创机理与仿真：以大型白酒企业为例 / 杨敏著 . —北京：知识产权出版社，2021.6

ISBN 978-7-5130-7457-5

Ⅰ.①供… Ⅱ.①杨… Ⅲ.①白酒工业—工业企业管理—供应链管理—研究—中国 Ⅳ.①F426.82

中国版本图书馆 CIP 数据核字（2021）第 054311 号

内容提要

本书在马克思劳动价值论与西方生产理论基础上，结合供应链协调、价值创造、价值分配等相关理论，基于大型白酒企业供应链的现实情境，结合前期研究成果，对企业供应链价值创造的机制、知识共享、技术扩散和声誉耗散机制进行深入探究。概言之，即通过构建大型白酒供应链价值的共创模型，探索大型白酒企业供应链的价值创造机制、分配机制，以及弹性管理策略，本书不仅拓展了供应链价值系统的研究视角，同时深化了供应链价值创造机制的研究范畴。

责任编辑：李小娟   责任印制：孙婷婷

供应链价值共创机理与仿真——以大型白酒企业为例
GONGYINGLIAN JIAZHI GONGCHUANG JILI YU FANGZHEN—— YI DAXING BAIJIU QIYE WEILI

杨敏 著

出版发行：**知识产权出版社** 有限责任公司	网 址：http://www.ipph.cn
电 话：010-82004826	http://www.laichushu.com
社 址：北京市海淀区气象路 50 号院	邮 编：100081
责编电话：010—82000860 转 8531	责编邮箱：lixiaojuan@cnipr.com
发行电话：010—82000860 转 8101	发行传真：010—82000893
印 刷：北京中献拓方科技发展有限公司	经 销：各大网上书店、新华书店及相关专业书店
开 本：720mm×1000mm 1/16	印 张：16
版 次：2021 年 6 月第 1 版	印 次：2021 年 6 月第 1 次印刷
字 数：279 千字	定 价：78.00 元

ISBN 978-7-5130-7457-5

前　言

　　在全球经济一体化的大环境下，全球企业因价值创造联系在一起。然而，这种联系却在各国政府的强力干预下变得日益脆弱。世界经济的"自由性"变得更加珍贵。在此条件下，如何维持宏观经济的健康发展，如何优化产业体系的生态结构，如何提升企业的核心竞争力，是各国政府经济调控的几个无法回避的战略性问题。供应链是宏观、中观、微观经济体系的桥梁和纽带。供应链整合的本质是从供应链的薄弱环节出发，采取修补、优化、整合的方式，从价值创造的角度实现供应链系统的生态优化，进而建立企业的核心竞争力。其核心问题是在开放创新与共享经济背景下，企业如何依托知识、技术、品牌的共享、共有、共用，重塑供应链的价值创造机制。

　　本书在马克思劳动价值论与西方生产理论基础上，结合供应链协调、价值创造、价值分配等相关理论，基于大型白酒企业供应链的现实情境，结合前期研究成果，对企业供应链价值创造的机制、知识共享、技术扩散、声誉耗散机制进行深入探究。概言之，通过构建大型白酒供应链价值的共创模型，探索大型白酒企业供应链的价值创造机制、分配机制，以及弹性管理策略，拓展了供应链价值系统的研究视角，深化了供应链价值创造机制的研究范畴。

　　本书研究结论主要包括以下几个方面。

　　（1）大型白酒企业供应链极具异质特性。大型白酒企业相比一般企业，具有供应链结构一般化、产地中心化、供应商（原料）特异化、原料供应的战略库存刚性、白酒产品功能边界的泛化引致的供应链价值的高弹性等特点。这些特点使得大型白酒企业的供应链协同问题表现出强烈的异化特征，特别是在现代经济条件下，由于涉农主体参与、中心化生产、去中心化交易、虚拟价值泛化、销售路径依赖，使这种异化特征得到进一步增强。

（2）供应链价值共创由价值创造与价值分配构成。从供应链价值共创过程来看，消费者的感知评价是整个经济系统的价值实现的基础，生产者的设计创造是经济系统的价值创造过程，而生产者与消费者的交换则是整个经济系统的价值分配过程。价值创造为整个系统提供了价值源泉，同时也是价值交换的基础；价值分配为价值创造提供了保障，同时也是价值创造的动力。价值创造、价值分配的循环嵌套共同塑造了价值共创机制。

（3）知识共享、技术扩散、声誉耗散是大型白酒企业供应链价值创造的核心机制。知识共享及企业动态能力建设对于大型白酒企业供应链价值创造具有重要影响。共性技术扩散、吸收能力，以及政府技术补贴是供应链价值共创的核心机制。声誉耗散及企业社会资本积累对于大型白酒企业供应链价值创造具有重要影响。

（4）最优的白酒企业上游供应商价值被严重低估。理想状态下的最优决策结果并不支持作为垄断地位的大型白酒企业进行供应商转移支付。但在公允标准下，通过数值模拟发现，现实中最优的供应商价值被严重低估。大型白酒企业出于获取更多价值分配的竞争性心态，将无形中降低自身的支付意愿表达。从价值共创视角看，为实现供应链的价值协同，应对供应链中间产品（白酒企业的原料供应）支付意愿进行定价补贴，进而防止供应商的产业转移及供应链风险。

（5）维系供应链价值共创需要弹性策略。在风险条件下，考虑供应链弹性管理，制造商、供应商、消费者，乃至供应链最优化决策带来的价值创造是否高于不考虑风险与供应链弹性管理条件下的价值创造，取决于供应链弹性管理成本提升幅度与其带来的弹性收益提升幅度的比值和风险概率的比较。在供应链的风险一定的情况下，供应链弹性管理成本提升幅度与其带来的弹性收益提升幅度的比值越小，则企业的供应链弹性管理将带来供应链价值创造的改进的提升越大。

本研究的创新和贡献主要体现在以下几个方面。

（1）深入分析大型白酒企业供应链的异质属性，在可持续发展理论指导下，将供应链价值共创与价值创造的概念进一步切割清楚，提出供应链价值共创包含价值创造与价值分配两个环节，进一步拓展供应链价值系统的研究视角。

（2）探索供应链网络的开放性，要素配置的兼容性，以及价值创造的可塑性，揭示信息、知识、资源的共享机制，在大型白酒企业的具体情境中，将知识共享、技术扩散、声誉耗散、弹性管理等引入供应链价值共创机制的分析，进一步深化了供应链价值创造机制的研究范畴。

本书研究的局限性体现在以下几个方面。

（1）供应链是一个复杂的非线性系统，大型企业的供应链则更加复杂。本书基于价值共创视角对大型白酒企业的供应链的协调机制进行分析。实际上，当深入到本研究的理论模型时，还有诸多"黑箱"有待后续研究打开。例如，影响企业供应链价值共创的其他中介机制，如企业行业属性、政府政策、环境不确定性等。因此，未来的研究可以进一步拓展和深化，同时，未来的研究还可以考虑其他情境因素对供应链价值共创的调节作用，如创新的复杂度、知识的多元化、市场的动荡性等。

（2）在实证研究方面，限于人力、物力和财力，本研究以笔者所熟识的特定白酒企业为研究对象，调查范围仅限于企业特定时空范围，使得本书的研究结论的普适性有待进一步考证。另外，本书的调查数据为截面静态数据，无法进行动态分析。因此，未来的研究应该增加有效样本的数量，并将调研范围在时空范围内进行拓展，开展动态比较研究，研究供应链价值共创的动态变化规律。

本书在作者前期公开发表的学术论文 *Marine high-tech enterprise ecosystem based on sustainable development*、《吸收能力与政府补贴对供应链价值共创的影响研究——基于共性技术扩散视角》《声誉耗散对供应链价值共创的影响研究——基于社会资本积累的视角》的基础上，结合供应链协调、价值创造、价值分配等相关理论，以及大型白酒企业的供应链的现实情境，探索大型白酒企业供应链价值的创造机制、分配机制及弹性管理策略。本书是笔者长期以来对供应链的价值共创问题进行研究的系统集成，部分章节内容与方法相对深奥，可作为工商管理专业硕士研究生专业方向课程的辅助材料。此外，本书亦是国家自然科学基金项目"面向全产业的企业创新能力评价系统研究：基于创新源视角"（71562004）；贵州省哲学社会科学一般项目"贵州大数据供应链价值共创模式及对策研究"（20GZYB09）；贵州省教育厅青年科技人才成长项目"开放条件下的知识要素结构化测度研究"（黔教合 KY 字 [2021]279）的阶段性研究成果。

　　在此，对在本书出版过程中，做出过重要贡献的陈泽明教授、王静娴副教授、贵州商学院管理学院工商管理教研室的同仁们表示衷心感谢。此外，笔者水平有限，书中的缺点和错误在所难免，请广大专家和读者不吝赐教。

目　　录

第 1 章

引　言

何为价值？价值源于何处？对于这一问题的不同回答成就了无数旷古烁今的哲学思想以及理论巨著。马克思在其《资本论》中，通过对劳动价值论的深入论述，为全人类的社会发展指明了方向。现代西方经济学在此基础上通过对生产实践的深入观察将价值理论推向了一个又一个新的高潮。价值共创理论与基于要素的马克思劳动价值论，以及基于要素配置的生产理论截然不同，其基于价值创造主体的异质性认为，在经济系统中，创造价值的主体是多元化的。在供应链视角下，探索价值共创的内涵、机制与路径，是马克思劳动价值论与生产理论的一种基于供应链应用场景的理论衍生与发展。

1.1　选题背景

1.1.1　现实背景

在全球经济一体化的大环境下，全球企业因价值创造、分享联系在一起形成具有生态机制的价值链、供应链系统。这种内在的生态机制是企业竞合关系的外在体现，同时也是维系全球经济系统可持续发展的核心。作为"意识形态级"的经济摩擦，中美贸易战对全球宏观经济环境产生了深重的影响。此轮经济冲突中，美国政府错误地将宏观经济调控的"政府看得见的手"强加于微观市场的企业行为，模糊了企业与政府的边界，在给本就艰难的世界经济发展带来了极大的不确定性的同时，也使得全球宏微观经济体努力维持的全球价值链、供应链生态机制屡遭破坏、如履薄冰。

基于当前恶劣的经济形势，全球范围内的企业开始重新审视自身基于契约的供应链关系，并在更加深广的战略视角下，积极维护供应链安全与价值的协同机制与策略。在此背景下，国务院办公厅出于国家经济安全的战略考虑，未雨绸缪，出台了《关于积极推进供应链创新与应用的指导意见》（2017），要求通过供应链的创新与应用，深度参与区域乃至全球产业链、价值链分工，全面提高我国在区域乃至全球供应链体系中的话语权和掌控能力，标志着"供应链创新"正式上升为国家战略。中国白酒企业的供应链虽不比中兴、华为等科技类企业对外向型供应链的刚性依存，但全球范围内的供应链的冲突与制衡现象却足以引起国内大型白酒企业的警醒。一国之内的供应链的冲突与制约，以及供应链刚性对于白酒企业特别是对于具有丰厚历史传承与文化积淀的大型白酒企业的可持续发展具有重要影响。

从产业层面考虑，供给侧结构性改革要求通过技术创新、业态创新、模式创新，实现产业要素和资源的优化配置，促进产业转型升级和产业迈向中高端。为此，要求企业通过供应链的创新发展，深度参与产品研发设计、采购、生产、销售和服务的产业链全过程，在区域乃至全球配置产业要素资源，有效促进产业链的延伸、产业集群培育，实现供应链在创新驱动下的供给侧结构性改革。借助特定的历史条件和竞争优势成长起来的大型酒企，已成为国民经济中发展最为稳定的产业之一，对地方乃至国家经济发展，以及普通民众的消费生活具有特殊意义。从产业归属看，酿酒行业是农业与工业深度耦合的产物，是一个"根在农业，身在工业，魂在服务业"横跨三大产业的复合产业形态，天然具备多产业联动的接口和驱动力，以及多产业刚性协同需求。这种特殊的行业属性使得白酒产业的供应链在地域、原料、文化等方面存在强烈的路径依赖性，进而导致供应链的弹性与价值创造规模效应弱化等一系列问题，在很大程度上，增加了企业供应链管理的难度，抑制了企业整体治理的效率，以及影响企业的价值创造过程。

供应链是具有严格边界的企业与微观企业主体、中观产业形态及宏观经济体制发生作用的系统纽带。供应链协同作为全球企业（特别是中国企业）的权变战术，是当前企业竞争差异化战略的必要选择，其被定位为企业价值战略的核心成为必然。白酒企业因其供应链的特殊性，供应链协同存在更为明显的复杂性和异质性。在当前复杂多变、竞争激烈、保护主义暗潮涌动的全球经济背景下，白酒企业供应链的涉农主体参与、中心化生产、去中心化交易、虚拟价值泛化，以及路径依赖等特征，使其容易受到来自链外主体、链上主体乃至非经济主体的多重不利因素的影响，进而使得供应链的安全与价值体系受到冲击。从供应链的结构看，上游供应商（农业原料供应）以其独特的竞争优势和禀赋特征参与供应链，使得大型白酒企业供应链安全管理的不可控性更加明显。

从企业战略发展与管控层面看，产品思维模式的本质是从企业自身产品出发，根据产品功能设计来配置资源。整合白酒企业供应链模式的本质，是从供应链的薄弱环节出发，采取修补、优化、整合的方式，从价值创造的角度实现供应链系统的生态优化，进而建立企业的核心竞争力。其核心问题是在开放创新与共享经济背景下，大型白酒企业如何依托知识、技术、品牌的共享、共有、共用，重塑白酒供应链的价值创造机制？供应链上的价值创造主体其价值贡献是否得到公允的评价，目前的供应链的价值评价机制是否合理，是否存在优化的可能，以及如何进行优化？基于经济价值的评价机制所决定的供应链价值分配机制对于供应链的稳定性及可持续发展有何影响，该如何在价值共创的理论指导下，进行供应链的价值再分配？这些问题是目前国内大型白酒企业面临的重要的现实问题，对于大型白酒企业的发展至关重要，需要得到有效的回答。

综上所述，在互联网经济思维的影响下，"共享""跨界""开放"等一系列新的企业发展战略思维实现了大型白酒企业核心竞争力源泉从人才、技术到模式乃至供应链管理的变迁。从供应链的角度看，供应链的复杂网络之间的交互作用，在很大程度上，增加了企业供应链管理的难度，抑制了企业整体治理的效率，以及影响着企业的价值创造过程。为有效处理环境规制、供应链的风险等所带来的管理难题，充分挖掘企业供应链网络协同过程中的价值空间，与之对应的企业决策，即基于价值共创的供应链协同问题。其最终目的不应仅是高效、有序的管理过程，而应上升到开放条件下的供应链网络价值共创结果上来，即大型白酒企业供应链管理的重心不应仅仅是处理"如何分蛋糕的问题"，以及"如何做大蛋糕的问题",还应将视野放到更加宏观的"如何使蛋糕能够持续被做出来,以及可以持续地被分配"上来。经过初步的文献研究及反复的思考论证,结合企业发展实践,本书拟以"基于价值创造的大型白酒企业供应链协同机制研究"为题开展研究探索。拟定选题指向的关键(科学)问题是"开放与共享经济模式下,大型白酒企业如何进行供应链价值创造机制、评价机制、分配机制的重塑与优化,实现供应链的优化与协同,并维持价值共创?"

1.1.2 理论背景

从理论层面看,供应链管理及协同研究已有非常丰富的研究成果和研究范式,逐渐成为一个非常重要的学科。供应链管理的概念,最早由美国管理学者(Houlihan)提出。关于供应链管理的研究切入点非常多,成果也呈现出多样性的特点,主要集中在供应链的框架体系研究、供应链的协同优化、供应链的信息化、供应链管理的模型构建、供应链的绩效评价、绿色供应链及集成化研究等。在研究现状和趋势方面,我国的研究方向与国外大体是一致的,国内学者在供应链的协同优化和供应链的信息化方面的研究紧跟国外步伐。

供应链协同是供应链管理的一个子方向,研究始于 1960 年。早期的供应链管理研究发现"双边际化"和"牛鞭效应"的存在。所谓"双边际化"指的是供应链上、下游企业为了谋求各自收益的最大化,在独立决策的过程中,确定的产品价格高于其生产边际成本的现象。所谓"牛鞭效应"指的是事件的起始点只是发生了微小的变化,越向外传递,波动的幅度就越大。在供应链情境下,即在供应链系统中,某个节点微小的变化,对供应链系统整体产生非常大的影响。"双边际化"和"牛鞭效应"的存在印证了供应链需要协同的观点。

国内外学者对供应链协同问题的研究,主要从两个角度进行的:一个是供应链协同的理论研究,主要有供应链的协同模式和供应链的协同层次等;另一个是供应链协同的模型研究,主要有供应链的协同机制和供应链的协同契约研究等。例如,阿尔贾扎(Aljazzar)、贾贝尔(Jaber)、海德尔(Haidar)认为供应链协同是提高供应链整体利润、改善供应链各方利益的根本手段[1];海达里(Heydari)、拉斯特加尔(Rastegar)、克拉克(Glock)给出了集中决策下,双渠道供应链的市场价格与整体利润，以及分散决策下，批发价契约与收益共享契约的设计方法[2]；卡尔米（Kerkkamp）、赫维尔（Heuvel），瓦格曼（Wagelmans）提出了协同度的概念，即契约使供应链协同的程度[3]；内马图拉（Nematollahi）、莫特拉格（Motlagh）、海达尔（Heydari）提出了分散式决策下，供应商与损失规避型零售商的最优策略和集中式决策下，供应链的最优策略等[4]。

关于供应链协同，从不同的角度，学者们给出不同的理解和定义。从相对广义的供应链协同定义看，供应链协同是指供应链的各成员企业为获取最优化的供应链收益和效率，在已有的供应链经营现状的基础上，以共赢为出发点，保持相对一致的行为，并实现供应链整体效益最佳的行为体系。已有的供应链现状是供应链协同的基础与前提，价值共创是供应链协同的终极任务，一致行为则是供应链协同的核心路径。绝大多数研究更多关注的是制造商或节点企业在静态条件下，考虑供应链价值与利润优化的问题，关注的重心仍旧是"如何分蛋糕"的模型化策略，视角相对微观具体，对于企业的供应链决策具有较为直接的指导意义。

随着知识经济、互联网经济的逐步活跃，大量的新经济思想迅速涌现，共享、开放、跨界等主题思维对于供应链协同这一理论体系的冲击也越来越明显。我们需要在更加新颖、更加现实的视角和理论框架下，考量企业的供应链协同模式、方法和途径。在供应链管理的理论构建、框架体系研究和供应链集成化方面，还有很大的拓展和提升的空间。

供应链价值创造是目前供应链协同研究的一个热门方向。最著名的是迈克尔·波特（Michael Porter）的价值链理论，资源在企业的流动过程中是企业各部门不断对其增加价值的过程。最新的研究成果表明，企业的价值链不是孤立存在的，它与其上下游企业的价值链密切相关，上游企业的价值链涉及企业价值的输入效率，下游企业的价值链涉及企业价值的输出效率。由此可见，企业要获取并保持竞争优势，不仅有赖于企业自身的价值链，而且有赖于企业所处的价值链系统。传统的价值创造理论认为，企业是供应链价值创造的唯一主体。

笔者认为随着科学技术高速发展进步，对生产要素特别是知识要素特性的揭示越来越充分。供应链系统的价值创造主体是否也应该是多元的，且这些多元主体之间的关系表现为一种非线性网络关系。在一个"健康""富有生命力"的供应链系统中，应该存在诸多耗散性结构，由其保障并实现了价值共创的机制。从价值创造理论到价值共创理论，应该说是对供应链协同理论的一种新的探索，是对客观存在的相对真理认识新的一粟。为此，本书以供应链协同问题为研究对象，以价值共创视角为切入点，以大型白酒企业供应链为情境，对供应链协同的方式、途径进行揭示，有望实现对现有供应链协同研究贡献一些有益补充或拓展。

1.2　研究目的

在开放条件下，供应链价值创造的主体包含三个层面，即单一链上的上下游主体、单一企业内部不同供应链主体、多个企业间的关联供应链主体。因此，基于价值共创的角度，大型白酒企业供应链协同问题的本质是通过集中控制、伙伴关系、供应链契约等形式将单一链上的上下游主体、单一企业内部不同供应链主体、多个企业间的关联供应链主体纳入统一的收益目标函数进行综合决策的过程。这一过程，以大型白酒企业供应链整体价值创造优化为目标，以知识共享、商誉共用、技术扩散为关注焦点，来研究揭示大型白酒企业供应链网络的协同问题。

1.3　研究意义

供应链竞争优势的差异性主要取决于供应链价值创造系统的差异性。根据系统论，供应链价值创造系统由价值创造主体决定。传统的价值创造理论认为，企业是供应链价值创造的唯一主体，随着对供应链价值创造主体认识的深化，特别是在新技术条件下，新经济体不断出现，供应链价值创造出现了多元趋势。多元化的供应链价值创造系统如何维系。其在白酒供应链的具体情境中，涉及哪些具体价值要素。价值创造与价值分配的内部关系及外部作用机制如何。知识共享、技术扩散、商誉共用的价值共创机制如何。这些是本书需要解决的问题。基于上述问题的有效回答，本书的理论价值在于，通过探索大型企业的供应链网络的开放性、要素配置的兼容性及价值创造的可塑性，揭示信息、知识和资源的共享机制，有望揭示基于价值共创的供应链协同机制，同时将供应链价值共创机制延伸至价值分配领域，从可持续发展角度，进一步拓展供应链价值系统的研究视角。此外，在大型白酒企业的具体情境中，将知识共享、技术扩散、声誉耗散、弹性管理等引入供应链价值共创机制的分析，进一步深化了供应链价值创造机制的研究范畴。

本书的现实意义在于，将传统的单维、孤立的供应链协同问题，在大型白酒企业内部进行系统延伸，将互联网经济思维应用于供应链协同这一领域，基于价值共创的机制设计，有望为大型白酒企业供应链协同提供一套兼具理论性、系统性和有效性的模式和技术路径。

1.4 研究内容与框架

本书研究涉及的关键词包括：白酒企业供应链、知识共享、商誉共用、技术扩散、价值共创、价值分配等。"大型白酒企业"界定了研究对象的边界，在互联网思维模式下，"共享""跨界""开放"成为现代经济变革与企业发展的主要特征，对于宏观经济的整体影响也越来越大。"供应链协调"界定了本书的研究范畴，企业与市场是资源配置的基础，行政手段与交易价格是资源配置的重要因素，供应链协调是这两种方法的混合表现形式。"知识共享""声誉耗散""技术扩散"通过各自的异质性作用机制，形成的特有的耗散结构是"供应链协调"的动力源。"价值共创"界定了本书研究的目的，即大型白酒企业供应链协调的最终目的在于价值的共创。从而探索开放创新与共享经济背景下，大型白酒企业供应链协调与价值共创的新模式。

第一部分是引言。主要介绍相关的选题背景、研究意义及文章结构框架、主要研究贡献与创新之处等。

第二部分是文献综述。主要从供应链协同管理、供应链价值管理、大型白酒企业供应链管理等方面对现有文献进行述评。

第三部分主要从中国白酒行业发展情况、大型白酒企业发展现状、大型白酒企业供应链特征等方面对大型白酒企业的供应链态势进行解析。

第四部分通过探索生产—消费二元系统中的价值共创理论模型、供应链系统中的价值共创理论模型，进而分析大型白酒企业供应链价值共创机制，构建大型白酒企业供应链价值共创理论模型，为后续章节奠定理论基础。

第五部分通过分析知识共享、技术扩散、声誉耗散条件下的供应链价值创造机制，以及数值模拟，对大型白酒企业供应链价值创造机制进行理论推演。

第六部分通过探索供应链价值分配的公允标准，对考虑供应商产业转移机会收益的大型白酒企业供应链价值进行推演，确定制造商对供应商的产业转移机会收益支付标准，以及提出供应链价值分配的弹性策略，对大型白酒企业供应链价值分配机制进行理论推演。

第七部分是结论与展望。

研究框架见图1-1。

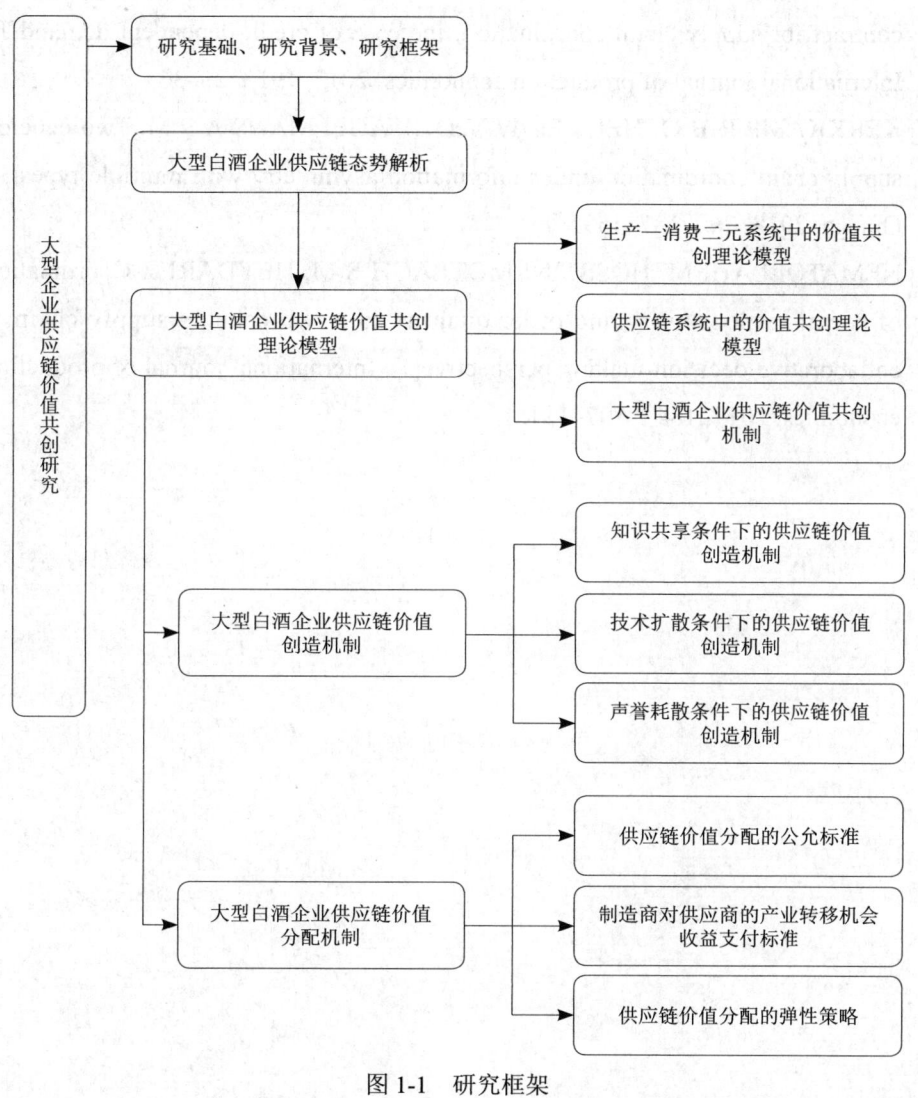

图 1-1　研究框架

参考文献

[1] ALJAZZAR S M, JABER M Y，HAIDAR M L.Coordination of a three-level supply chain (supplier–manufacturer–retailer) with permissible delay in payments[J]. Applied mathematical modelling, 2016, 40(21-22)：9594–9614.

[2] HEYDARI J, RASTEGAR M，GLOCk C H. A two-level delay in payments

contract for supply chain coordination: the case of credit-dependent demand[J]. International journal of production economics, 2017, 191：26–36.

[3] KERKKAMP R B O, HEUVEL W V D，WAGELMANS A P M. Two-echelon supply chain coordination under information asymmetry with multiple types[J]. Omega, 2018, 76：137–159.

[4] NEMATOLLAHI M, HOSSEINI-MOTLAGH S M, HEYDARI J. Coordination of social responsibility and order quantity in a two-echelon supply chain: a collaborative decision-making perspective[J]. International journal of production economics, 2017, 184：107–121.

第 2 章

文献综述

2.1　供应链协同管理研究

供应链协同是供应链中各节点企业实现协同运作的活动，包括树立"共赢"思想，为实现共同目标而努力，建立公平、公正的利益共享与风险分担的机制，在信任、承诺和弹性协议的基础上深入合作，搭建电子信息技术共享平台及时沟通，进行面向客户和协同运作的业务流程再造[1]。克里斯托弗（Christopher）提出，21 世纪的竞争不再是产品的竞争，而是供应链之间的竞争[2]。要建立有竞争力的供应链，最重要的是协调众多节点企业之间的行为和决策，实现各节点企业的无缝对接，提升供应链总体价值。西马图庞（Simatupang）与史达仁（Sridharan）的研究表明，供应链的运作绩效与供应链协同度之间存在显著的正向关系[3]。全球著名的供应链管理专家大卫·安德森（David Anderson）和李效良（Hau Lee）明确指出，新一代的供应链战略是协同供应链[4]，其动因在于谋求"中间组织效应"，提升供应链绩效，强化供应链协调能力与风险防控能力。

2.1.1　供应链协调管理研究

供应链协调研究始于 1960 年，克拉克（Clark）和斯卡夫（Scarf）对多级库存（销售）系统的研究。供应链协调是在企业的决策和计划系统中应用流程管理的方法，产生一个协调市场、销售、生产、采购和物流的有效的管理机制。

施本格勒（Spengler）在1950年发现了"双边际化"问题。弗雷斯特（Forrester）发现了"牛鞭效应"现象。"双边际化"和"牛鞭效应"的存在，说明供应链中各成员企业的运作需要协调。国内外学者对供应链协调问题的研究，主要从两个角度进行，一个是供应链协调的模型研究，主要有供应链的协调模式和供应链的协调层次等；另一个是供应链的协调策略研究，主要有供应链的协调机制和协调契约研究等。

2.1.1.1 供应链协调的理论模型研究

张金华在对绿色供应链管理的内涵进行充分阐述的基础上，对绿色供应链管理的运作模式进行了系统的分析，并进一步提出绿色供应链管理的"三层次信息集成模式"，从而有效地解决了传统产业链管理中的信息流过于分散的问题[5]。李健等从循环经济视角出发，构建制造业集成绿色化精益、敏捷和弹性供应链管理的集成供应链的运作模型，使供应链上各企业在兼顾可持续发展原则的同时，充分发挥自身的核心优势，提高对外界刺激的反应能力，降低供应链整体运作总成本[6]。窦亚芹、朱金福认为在资金充足的供应链中，供应商的最优状况相当于传统报童模型下的优化问题，且采用委托代销的营运模式。为实现最优决策，资金约束供应商采用外部融资和供应链内部资金转让的组合融资方案，且选择预订购和委托代销组合营运策略[7]。童利忠、谷春梅针对供应链管理研究方法的不足，围绕资源整合、集成与协同等供应链管理核心，引入业务流和工作流，与物流、资金流、信息流一起构成5F研究模型，形成供应链协调研究的一般范式[8]。赵亮、庄新田、石军在制造商主导的斯塔克尔伯格博弈（Stackelberg Game）下，研究了制造商和零售商之间的库存协调问题，并建立了使得双渠道供应链实现协调的收入共享契约模型[9]。礼萨·艾哈迈迪（Reza Ahmadi）等分析了二级供应链在批发价格契约下的协调情况，并构建了批发价格—质量成本分担契约下的供应链协调契约模型[10]。

2.1.1.2 供应链协调的策略研究

曹细玉、覃艳华等认为制造商开展网上直销业务可更好地了解和掌握顾客的偏好与需求，能够对需求市场做出更为准确的预测，既能增强顾客的忠诚度，也可提高市场的覆盖率与利润回报率，因而实施双渠道供应链已逐渐成为当前企业应对激烈竞争的重要手段[11]。陆小成认为低碳物流管理的知识供应链包括低碳计划、低碳采购（绿色采购）、低碳制造（精洁生产）、低碳交付（低碳营销）、低碳回收、低碳管理等运行环节[12]。文梦爵、李向波认为企业的供产销链条是生产型企业增值的主营业务，企业内部中的生产链条进行无缝连接可以通过有效的供应链管理来实现，进而使物质资源在时间和空间上的高效流动，必须在 ERP 中实行有效的物流和供应链管理，同时跟 ERP 系统中的其他子系统充分整合[13]。

塞伦（Salem）等认为供应链协调是提高供应链整体利润、改善供应链各方利益的根本手段[14]。芭芭拉（Bárbara）、杰斯（José）探讨了生产商具有生产规模不经济特性的双渠道供应链协调策略[15]。贾法尔·海达里（Jafar Heydari）等给出了集中决策下双渠道供应链的市场价格与整体利润，以及分散决策下批发价契约与收益共享契约的设计方法[16]。柯克坎普（Kerkkamp）等（2017）提出了协调度的概念，即契约使供应链协调的程度[17]。伊尔京（Ilkyeong）、冯学豪（Xuehao Feng）认为供应链的整体协调和产品质量水平是取得供应链竞争优势的关键[18]。内马图拉（Nematollahi）等分析了分散式决策下，供应商与损失规避型零售商的最优策略和集中式决策下供应链的最优策略[19]。

张洪武在对供应链结构进行充分分析的基础上，阐述供应链协调的内容，并从成本协调、效率协调、满意度协调三个方面提出新型网状供应链渠道协调策略[20]。李健、杨扬将单一制造商和单一零售商组成的供应链系统作为研究对象，通过改进收益共享契约，建立了允许紧急订购的两阶段易逝品供应链模型，表明短缺量延期供给可以提高易逝品供应链的总体绩效，且能够有效削弱"双重边际化效应"[21]。王夫东等研究发现：供应链企业间通过合作，实现了信息共享，营销费用及市场售价均降低，合作时企业的利润要优于非合作。根据敏感性分析，在供应链的下游市场，需求对节点企业生产及生产成本均会造成影响[22]。马雪丽等认为分散决策模式下，供应链各成员的决策会导致产品销售量和销售价格扭曲，严重影响供应链绩效[23]。陈志松、方莉基于O2O运作模式特征，运用战略顾客行为理论、供应链优化与协调理论，构建了"线上下单＋线下体验＋线下支付＋自行提货"O2O 模式、"线上浏览＋线下体验＋线上购买＋线下配送"O2O 模式，以及纯线下模式和纯线上模式下考虑顾客行为的供应链集中决策模型和契约协调模型，并提出相应的管理启示[24]。杨怀珍、卢高达提出价格补贴和收益共享契约能有效地协调电子商务模式下生鲜农产品的三级供应链，使供应链各成员实现共赢[25]。张红、张凤武、周智雄研究了市场主导者零售商通过期权契约实现供应链创新行为协调机制，并分析了不允许信用违约和允许信用违约两种情形下的供应链技术创新协调问题。研究表明，在创新成本共担的期权契约机制下，能够实现供应链协调[26]。孙金凤、邹宗保针对需求同时受价格和模块化水平影响的产品，根据集中决策和分散决策下批发价格和模块化水平的最优决策方法，解决供应链环境下产品价格和模块化水平决策难题，构造契约机制以实现供应链的成员决策协调[27]。谢家平、杨光提出，在不完全信息下，产品供应商应依据对于电商购物平台销售类型的先验信念进行产能研判，通过设定一笔固定费用的方式来有效避免电商购物平台对于自身销售类型的谎报行为的发生。通过期权契约的设计，确定电商购物平台的最优期权订货量，并使供应链能够达到协调状态[28]。白世贞、阮雨璐、谢爽利用斯塔克尔伯格博弈分析供应链主体间最优决策，并与集中模式下进行对比，构建了批发价格下"促销成本共担＋收益共享"契约达成供应链协调，研究发现：集中模式下顾客效用比独立决策下大，建立的契约机制能够实现制造商主导下的供应链协调[29]。张杰芳、曹细玉在碳限额政策下，考虑碳减排技术和政府补贴，建立零售商负责回收的闭环供应链分散化和集中化决策模型，将其对比分析并采用收益费用共享契约实现协调，进行优化分析[30]。刘昊、王志平、李桃迎构建了制造商主导的双渠道供应链，在集中决策、分散决策和协调决策下，对促销及协调策略进行研究[31]。吴晓志、陈宏、张俊认为数量折扣契约可以协调扰动下的零售商双渠道供应链，契约参数存在无穷多个组合，而平稳状态下的双渠道供应链的协调策略也可以同时给出，具有一定的抗突发事件能力[32]。周茂森、但斌认为批发价格契约不仅会降低集团采购价值，还会降低制造商参与集团采购的积极性，收益共享契约只能在部分情形下协调供应链，而"会员费＋佣金"的两部收费契约可实现完美供应链协调[33]。鄢章华、刘蕾等"饥饿营销"模式在电子产品行业的成功应用，给供应链管理带来了新的问题。为实现"饥饿营销"模式下，供应链上下游企业间的协调，在分析"饥饿营销"模式的供应链管理特点的基础上，提炼出"饥饿营销"模式下供应链的基本运作模式[34]。陈宇科、熊龙、董景荣研究发现，在均值 -CVaR 度量准则下，收益共享—成本共担契约能够协调有风险规避决策者的闭环供应链[35]。支帮东、陈俊霖、刘晓红认为联合决策有助于促进碳减排并提升供应链整体绩效，并且成本共担契约可实现供应链的协调[36]。刘云志、樊治平针对考虑损失规避型零售商与产品质量水平的二级供应链协调问题，分析了在分散供应链情形下，供应商与损失规避型零售商的最优策略和集中供应链情形下供应链的最优策略，构建了回购—质量成本分担契约下的供应链协调契约模型[37]。周建亨、王琦根据产品体验性引起的实体渠道与网络渠道的差异，建立了单一电子渠道、零售商与制造商独立竞争及零售商加盟制造商这三种渠道结构，研究表明，市场需求确定时，产品体验性影响供应链最优渠道结构并引发渠道冲突[38]。徐翔斌、李恒提出当处于领导地位的零售商利他偏好主导时，零售商整体收益高于分散决策供应链；而当处于供应链领导企业的互利偏好主导时，零售商整体收益低于分散决策供应链[39]。陈戈、但斌、覃燕红研究发现批发价格契约不能实现确定需求条件下的供应链协调，但是却能够协调随机需求条件下的供应链，且当需求为确定的线性需求函数时，无论零售商的公平偏好强度如何，供应链的总利润都不改变[40]。王道平、李小燕、张博卿在考虑零售商促销努力竞争的基础上，研究促销努力成本信息对称和非对称两种情形下的供应链决策问题，并对如何在转移支付契约下，促使零售商传递真实的促销努力成本信息进行分析[41]。浦徐进、李栋栋、王执杰研究发现与集中决策模式相比，分散决策模式下的供应链整体利润水平会降低，参照价格效应的存在能够缓解渠道间价格的竞争程度，提升供应链的运作效率，合理设计的两部定价契约能够作为协调双渠道供应链的有效机制[42]。

2.1.2　供应链风险与弹性管理研究

供应链是具有严格边界的企业与微观企业主体、中观产业形态及宏观经济体制发生作用的系统纽带。供应链风险伴随供应链系统特征产生，具有必然性，即企业的价值活动从始至终均在供应链风险条件下进行[43]。杨传明认为不确定性是客观事物联系和发展过程中无序、或然、模糊和近似的本质属性。作为复杂自适应系统的供应链，环境不可预测性和自身运行复杂性使得不确定因素客观存在[44]。张胜军（Shengjun Zhang）[45]、钱德（Chand）[46]、塞利托（Sellitto）[47]等从柔性库存、控制提前期、补货回购等不同角度对讨论优化供应库存的不确定性。乔德胡里（Chaudhuri）、布尔（Boer）[48]、法米耶（Famiyeh）[49]、贾姆卡纳（Jamkhaneh）[50]认为供应链弹性是供应链面对冲击时所表现出来的自适应能力和自修复能力，它直接影响整个供应链的核心竞争力。卡赞戈卢（Kazancoglu）[51]、图（Tu）[52]、斯威尼（Sweeney）[53]提出面向供应链绩效管理的鲁棒优化模型及方法，在所建的鲁棒优化模型中，供应链系统主要是由供应商、顾客及电子市场构成，该模型的出发点是最大可能降低供应链的总成本，从而提高供应链的整体绩效。郁玉兵、熊伟从供应链质量管理内涵及其绩效效应等方面对国外供应链质量管理研究进行系统梳理与述评，以供应链质量管理维度、供应链质量类型、供应链控制与协调三个变量为基础，构建了供应链质量管理与绩效关系路径框架[54]。郝晓旭、李向波针对当前敏捷供应链库存管理的特点与研究的不足，建立绩效评价指标体系，应用模糊综合评价法构建模型，并选择样本企业进行实例分析，用马尔科夫链预测企业敏捷供应链库存管理绩效的发展趋势[55]。

供应链风险是供应链价值分配的天然约束条件。在当前复杂多变、竞争激烈、保护主义暗潮涌动的全球经济背景下，供应链的多主体参与、跨地域交易、多环节协调的特征，使其容易受到来自链外主体、链上主体乃至非经济主体的多重不利因素的影响，进而使供应链的风险加剧。"外生"供应链风险与"内生"价值分配的方法论纽带，即供应链弹性管理。供应链弹性管理对于供应链风险控制具有积极效果，以及将供应链弹性管理作为一种供应链风险的抵御方法和手段，虽然短期看，对供应链系统各主体而言是一种负向的约束机制，但长期看，则是保持供应链可持续的关键。

供应链弹性是供应链网络系统在扰动风险发生之后恢复到初始状态或理想状态的能力和速度[56, 57]，其内涵表现为企业经营管理过程中，面对供应链风险表现出来的供应链管理韧性、柔性和抗干扰性[58]。大量的经济现实表明，供应链弹性管理对于供应链风险的控制具有积极效果。包（Bag）等[59]认为增强供应链弹性确实有助于应对供应链中断事件，降低供应链绩效损失，但是弹性的大小应取决于供应链管理的目标大小，即企业应对变化的任何决策都应与经营目标相一致。刘璠[60]、曾贵荣[61]、王宇奇、高岩、滕春贤[62]的研究表明供应链弹性框架提供了洞察企业优势、弱势和优先事项的能力，是主动从扰动中恢复、保障持续运营的动态能力，弹性良好的供应链应对扰动不易发生中断，一旦面临中断能够快速恢复，它的效用能达到并超出风险管理的目的。

供应链弹性管理对于供应链风险控制具有积极效果，以及将供应链弹性管理作为一种供应链风险抵御方法和手段，已得到各界的一致认同。但在如何进行供应链弹性控制，是否存在最优弹性方面仍存在较大分歧。安德烈亚斯（Andreas）与沃伦堡（Wallenburg）[63]认为供应链弹性由敏捷性和鲁棒性构成，且敏捷性、鲁棒性对供应链客户价值具有正向影响。尤特纳（Jüttner）、马克兰（Maklan）[64]研究发现供应链弹性在减小供应链价值创造的基础上通过确保快速恢复到原来的或改进的供应链关系来减少供应链风险事件的负面后果。科施恩（Kochan）[65]研究指出，供应链弹性的提升一定会伴随大量的资源投入，过高的弹性塑造成本必将侵蚀企业利润，因此要在弹性与成本之间进行权衡，寻求供应链的最优或适度弹性。

国内外学者对于供应链风险、弹性及影响因素和应对策略进行了大量研究。研究表明基于全球化的经济现实，供应链风险长期存在，作为抵御风险的重要方法，供应链弹性是一个占优选择。从定性层面看，供应链弹性以动态能力形式对供应链风险和企业价值发生作用，但对于是否存在最优的供应链弹性点，以及最优的供应链弹性的形成条件等，学术界并未有一致性的结论。本书认为，供应链外生风险是企业进行弹性管理和价值创造的现实背景，供应链弹性管理的范畴应放在企业供应链价值创造的目标决策约束下进行考虑，必须将供应链风险概率和收益，以及企业成本纳入研究框架进行系统分析，考查各核心变量对供应链弹性管理决策的综合影响。

2.2　供应链价值管理研究

2.2.1　供应链价值创造研究

波特的价值链理论认为资源在企业的流动过程就是企业各部门不断对其增加价值的过程。最新的研究发现，供应链系统趋于开放，企业的价值链不是孤立存在的 [66-68]。

随着消费者实践理论的不断深入，价值共创理论颠覆了原来单主体的供应链价值创造逻辑，与消费者价值共创一起变成企业获取竞争优势的新来源。雷长群分析了供应链与价值链的联系与区别，指出基于建立企业长期竞争优势的"价值型企业"与传统的"经济型企业"的区别，并提出价值型企业的主要特征，即追求"创造价值"和"利润"双重目标等 [69]。刘三、王红卫、孙建华指出，供应链成员都是具有自治性（自主决策、有自身的利益需求等）的经济实体，信息流对供应链成员的影响主要体现在各个供应链成员内部的决策，进而影响系统中各成员的成本 [70]。吴冰、刘仲英认为，知识经济时代，供应链的组织结构越来越建立在数据、信息和知识的基础上，价值链模型在供应链中的应用逐渐扩展为虚拟价值链，价值链的研究也从物理价值链转向了虚拟价值链。在虚拟价值链中，价值的创造不仅仅通过创造物理产品的物理价值链来实现，知识也同样创造价值 [71]。赵红梅指出，互补性资源能力、知识及组织间关系联结的价值实现是通过流程协同效应、组织间学习效应及社会资本累积效应三种价值创造机制来起作用的 [72]。李果、马士华等认为在假定原有物流能力满负荷的情况下，通过投资方式进行能力的增加，以此应对物流需求量的不确定性，这种能力的增加可以给企业带来实际价值和无形价值的增加，即物流能力柔性价值 [73]。

张正、孟庆春针对供应链价值创造问题，综合考虑技术创新和网络效应的影响作用，构建了基于产品质量改进的供应链价值创造模型，研究发现无论是制造商，还是供应商都可通过技术创新来提升供应链价值，网络效应对供应链价值创造具有影响作用，供应链价值会随着网络效应强度的提升而增加 [74]。

徐可、何桢、王瑞研究发现行为过程显著影响知识螺旋和创新价值链，交互环境对创新价值链并没有影响作用，但积极显著影响知识螺旋；知识螺旋显著影响创新价值链，并在行为过程对创新价值链的影响关系中具有部分中介效应，同时在交互环境对创新价值链的影响关系中，具有完全中介效应[75]。张晴认为对供应链中的大数据进行分析，可以减小供应链中的不确定性和风险，提升供应链的信息的价值，为供应链价值创造提供新途径[76]。王清刚、李琼认为公司价值与企业履行对供应链利益的相关者供应商、股东、政府及客户的责任显著正相关，企业在供应链中对大部分利益相关者履行社会责任会促进公司价值的提升[77]。陈永平、蒋宁认为供应链的运营与管理必须紧密对接大数据时代发展的特征，信息聚合符合了供应链运营中的信息萃取、整合与优化利用等要求，通过信息聚合，能够及时、有效地获取与分析具有价值的信息，提高供应链运营管理的效率与效益，促进其信息价值创造能力的形成与提升[78]。刘启明研究指出信息共享对供应链中，各企业的价值是不同的，信息共享总是可以提高零售商的收益；而对于制造商，只有在零售商高估了再制造成本的情形下，才能激励制造商分享再制造成本信息[79]。肖静华、汪鸿昌等认为信息的准确性和及时性正向影响信息共享的价值，其中准确性的作用更大，供应链信息系统价值创造的机理在于同步提升共享信息的准确性和及时性[80]。李晓静、艾兴政、唐小我指出制造商的技术创新选择不仅依赖于技术溢出水平和产品间的竞争强度，还与投资成本系数相关，但投资成本系数只起到了催化剂的作用[81]。

高志军、刘伟、高洁根据服务主导逻辑理论，物流集成商不直接创造价值，只提供价值主张，即提供客户企业的物流解决方案，并运用自身所掌握的知识和技能整合物流分包商、物流中介商的资源，通过提供物流服务的方式增加顾客感知，实现价值共创[82]。戴建平、骆温平研究认为内外部因素的共同作用会使供应链中互补性资源与能力产生不同的组合，较好地解释在开放式复杂供应链系统中，物流企业与供应链成员间非线性相互关系经多边合作形成协同，使整个供应链系统从无序态转向有序态的一般规律[83]。万骁乐、郝婷婷从供应链创新实践角度，构建考虑开放式创新的供应链价值创造模型，分别对供应链价值、企业联盟价值、消费者价值及开放式创新主体价值创造进行研究[84]。丁宁指出，流通商主导的供应链战略联盟有效地克服价值链活动的时间和空间矛盾，这种流通组织创新也促进价值链核心环节竞争优势的提升，推动价值链设计和营销活动变革，拓展价值链条的规模经济和范围经济，并提高价值链治理效率[85]。孟庆春、董建华、厉聪聪指出在新产销合一理念下，供应链整体价值能够得到有效提升，但企业联盟对消费者的较大价值让渡使其自身利益受损[86]。

何新宇、王满指出供应链上的信息共享通过整合企业供应链上供应商和分销商信息，实现供应链的效率最优。随着供应链信息共享程度的提高，基于全过程的供应链的连接程度在很大程度影响最优订购量的选择[87]。骆温平、戴建平研究认为在企业与供应链的成员多边合作的过程中，供应链整体的知识吸收能力对供应链的成员间学习产生直接的影响，通过供应链的成员间的学习实现了基于供应链的知识共享与知识创新，而知识共享与知识创新对于供应链的价值具有明显的增值效应[88]。程长明、李赫指出，农产品封闭供应链通过构建管理联盟和横向协同，实现供应链单链之外的资源拓展与整合，从而有力弥补供应链的内部资源短板，拓展供应链整体和成员企业的资源来源路径，提升整体竞争力和价值创造能力[89]。戴建平、骆温平指出供应链中集成了知识的获取、共享与创新，其本质上是一个一体化的学习系统，只有不断提升系统的创新能力才能使整个供应链获得领先的竞争优势。在多边合作中，组织的知识吸收能力对组织间学习产生正向影响作用[90]。孟庆春、李慧慧基于新产销合一理念，应用库诺特（Coumot）模型构建了考虑两条供应链间竞争的供应链价值最大化模型，就供应链创造的整体价值及其与企业联盟对消费者利益的关注程度、消费者对企业联盟利益的关注程度之间的关系、企业联盟价值、消费者价值等问题进行了讨论[91]。陈永平指出信息资源是供应链价值创造能力提升的重要支撑。供应链管理的环节多，涵盖生产、经营与管理活动的诸多方面，均需要供应链信息资源的有效支持；供应链价值创造能力与信息资源整合利用效率关联密切[92]。宋远方、宋华认为协同价值创造除了直接促进合作绩效的提升，还通过改善双方的关系治理间接地促进合作绩效的提升[93]。

2.2.2　供应链价值共创研究

在互联网经济思维的影响下，"共享""跨界""开放"等一系列新的企业发展战略思维诱发了对供应链价值创造机制的审视。传统价值共创理论认为消费者再也不是纯粹的价值消耗者，而是与生产者互动的价值共创者[94]。随着知识共享、技术扩散的不断深化，供应商、商业合作伙伴、客户乃至链外主体逐渐参与到供应链价值创造的过程中，供应链价值创造主体呈多元化趋势。在网络环境下，供应链中的价值共创并非仅来源于某一端的价值创造，而是上、中、下游容纳的所有组织共同价值创造的过程[95]。企业间竞争关系升级为供应链之间的竞争[96]，供应链企业的价值决策也从单纯地追求自身利润最大化逐步转变为追求供应链共同价值最大化[97]，即供应链价值共创。

2.2.2.1　知识共享、动态能力与供应链价值共创

经济的全球化、知识的开放性，加速了供应链各企业间的知识与信息交换，使供应链系统表现出非平衡、非线性的知识共享特征[98]。企业必须在这一动态的知识共享结构中，与上下游各要素形成良性互动，整合信息与知识，从而共创价值[99]。在开放条件下，以开放互补、动态反馈、去中心化、高渗透性为主要特征的知识要素，在企业产权边界和能力边界中，高频交互，使得企业的要素配置边界以极低的配置成本得以扩张[100]，决定了供应链价值创造并非企业的排他性内部行为，而是一种进化的、非线性的、供应链知识交互作用的过程[101]。知识共享，成为一种具有互动性、再生力和协同增值性的价值共创核心机制[102]。

知识共享条件下的供应链知识管理是从组织间无形资产交互、叠加、重构中创造出价值的艺术[103]，表现为通过供应链知识互动，提升知识管理能力，尤其是利用新知识或者整合知识来动态性地改善供应链静态知识结构，重构知识价值，提升企业能力，即通过动态能力的建设提升知识价值。可见，供应链视角下的企业竞争优势不仅源于企业的资源、知识或者流程惯例，也源于企业如何重构资源与惯例的方式和过程，即动态能力[104]。

动态能力是企业正确处理、整合和重构企业内外部知识、资源和技能以

匹配动态供应链环境的核心能力[105]，其强调企业核心竞争力的关键在于整合、建立与重建内部与外部能力以应对快速变化的环境[106]。企业动态能力的演化路径嵌套于知识管理与共享过程[107]，且对于知识共享具有路径依赖性。企业需要不断地对目前的发展路径、当前的知识条件以及知识共享的机制与路径进行判别、分析，对企业静态性知识加以融合、转化和利用，转变成组织动态能力，通过调整、整合以及重构企业的其他战略性资产，进而使之成为内生价值创造的根本[108]。从供应链协同视角看，动态能力则是企业协调供应链各主体关系，维系供应链价值创造体系的关键。

2.2.2.2 技术扩散、吸收能力、政府补贴与供应链价值共创

在互联网经济思维的影响下，"共享""跨界""开放"等一系列新的企业发展战略思维强调技术扩散对企业核心竞争力的"乘数"作用。Rogers（罗杰斯）将技术扩散定义为创新在一定时间内，通过某种渠道，在社会系统成员中，进行传播的过程，是技术创新过程的一个后续子过程[109-110]。技术扩散作为供应链协同的一个重要组成部分，对于供应链各成员在价值创造机制中，处理相互耦合关系极其重要。

技术的外部扩散对于供应链价值实现具有重要影响，一项先进的技术在供应链成员以及潜在使用者中的广泛传播和扩散应用，将提高成员的技术水平，进而有助于提高整个供应链的技术竞争力和价值创造能力。从技术的产权属性看，可分为公共技术、共性技术与产权技术。公共技术作为经济领域的开源技术，供应链内外所有企业均可无成本使用，且因其广泛性、持久性，已内化于企业人才能力，企业在使用过程中并不需要额外支付成本。产权技术作为经济领域内特定产权主体的"私有技术"，供应链内企业需付费使用。共性技术作为一种竞争前开源技术介于公共技术与产权技术之间[111]，既区别于公共技术的公共属性，也不同于产权技术的私有属性[112, 113]，其扩散并产生市场价值，需要建立在供应链企业吸收、整合能力的基础上。

相对于企业的专有技术，共性技术具有更广泛的应用性和更强的外部性——共性技术的社会价值远远高于创新者的私人价值[114]，原因在于共性技术本质上是对企业私有技术惯性范式的异质性补充，并以客体身份强化企业内

生创新要素的重组与适应性学习。反过来，由于共性技术的基础性、潜在价值性、准公共品性等特性，企业的学习与模仿行为，客观上将促进共性技术共享和扩散[115]，进而形成闭环创新路径。

从供应链视角看，企业共性技术的吸收乃至在价值创造过程中发挥作用，具有强烈的内生依存性。供应链的相互依赖和技术强度是共性技术外部扩散的重要环境因素，共性技术单元结构的集中化和规范化及高水平的技术知识管理是供应链技术吸收的重要驱动机制[116]。此外，供应链成员的创新观念、企业文化，以及多样化的知识沟通机制等社会性、组织性因素将直接制约供应链共性技术扩散。共性技术扩散需要企业、科研机构、产业协会、政府部门等主体共同合作，强化技术协同[117]。从企业层面看，企业需要通过内生创新要素的重组强化对共性技术的识别。在此基础上，重塑供应链产品规划、供应链协同机制、价值分配机制，实现供应链价值共创的目标。从政府作用机制看，作为产业转型升级基础和技术源头，共性技术的应用基础性、准公共物品性质等特征使得私人部门对共性技术研发的参与不足[118]。因此，政府介入、政府作用的高效发挥在共性技术创新发展中具有关键作用[119]，如对合适的供应链体系提供政府补贴进而鼓励共性技术的市场供应，促进其扩散[120]。

从价值创造看，技术创新是供应链价值创造的有效路径。在供应商单独技术创新、制造商单独技术创新及两者同时进行技术创新时，供应链总价值均比不进行技术创新时所创造的价值要高。这说明供应链内只要有企业进行技术创新、实现产品质量改进，供应链总价值就会得到提升[121]。供应链内企业进行技术创新的过程已不再仅仅局限在供应链内部[122]，共性技术扩散、政府技术补贴、耗散性知识流动等外源性创新资源已成为企业创新的新途径，共性技术的扩散是企业技术创新的重要渠道。共性技术扩散的价值体现在生产端降低成本、在销售端提升产品功能，即体现在降低风险、利益共享及对市场变动的精准把握上[123]。

2.2.2.3　声誉耗散、社会资本积累与供应链价值共创

传统的企业管理关注的重心是基于企业产权边界逻辑进行的有限理性行为集，在效率最大化目标下，进行资源的有效配置。其所配置的资源为企业内

部资源，即企业产权边际之内的资源。随着经济的全球化、资源价值的泛化及新经济思维的影响，企业的资源配置开始注重企业边界之外的资源对企业内部要素、动态能力乃至绩效的影响[124]。在供应链环境下，企业间的竞争演化成供应链系统间的竞争。企业与其供应链伙伴具有一致的目标，即供应链价值共创。在供应链价值共创的引导下，企业需要更多地关注供应网络的协同[125]。这种协同除了在流程上的协同外，更多的是供应链主体社会关系、社会责任、社会地位及影响力的协同，即社会资本的累积、融合、协调[126]。

法国社会学家布迪厄以"场域"和"资本"将社会资本定义为社会成员关系网络场域中存在的实际或潜在的资源。相关研究中，比较有代表性是林南的"资源论"，认为社会资本是行动者在行动时，获取和使用的嵌入在社会网络这一非正式的社会结构中的资源，包括权力、地位、信任、关系、责任等。随着社会资本理论的发展，关于社会资本的本质具有大体一致的认可，即倾向行为主体能够通过其社会网络或社会联系等社会结构获取稀缺资源的有利性，其核心要素包括网络、信任和规范。

社会资本的价值性是确定的，但其价值体现的方式确是多样性的。企业社会资本是指企业通过提取利用相关资源和信息，以及在社会网络结构之中获取发展所需的有效资源的能力。从社会资本与组织惯例创新的关系看，企业所掌握的社会资本越多，越有利于其获取组织惯例更新需要的外部资源，更好地将价值目标向低收入群体靠近，进而同他们形成更加牢固的信任关系[127]。从企业社会资本与其社会责任绩效看，企业拥有的社会资本对其社会责任绩效存在不可忽视的影响。企业社会资本和企业社会责任之间存在良性互动和互补关系[128]，一方面，缺乏所需社会资本的企业，会为了获得社会资本，取得竞争优势，而积极履行社会责任；另一方面，企业已拥有的社会资本将为企业履行社会责任提供环境和能力支持[129]。从社会资本对企业创新绩效影响途径看：一是通过社会资本的正向输出提升市场声誉、市场占有率和创新技术盈利水平；二是通过转变观念，利用社会资本关系规范弥补制度约束的不足、不断优化社会制度环境等；三是避免因社会资本负向输出，社会负债产生的庸俗潜规则、既得利益封闭圈、官僚式体制等弊端。从社会资本的供应链整合机制看，企业利用合作培养起来的企业关系资本，通过一系列的供应链整合行为，获取自身的竞争优势，最终提高企业组织绩效。通过多次有效的合作不仅能够让关系资本出现累积效应，而且随着关系资本的累积，它又会正反馈促进企业供应链外部整合，使得供应链长期利益出现[130]。从社会资本对企业创新的影响看，社会资本结构维度方面，社会关系数量对显性技术知识获取有明显影响，而关系强度不仅会对显性技术知识的获取有正向促进作用，还会对更为重要的隐性技术知识的获取产生重要影响[131]。

从静态角度看，社会资本对企业经营发展的多样性影响是确定的，甚至表现为一种系统性特征。对企业内部而言，表现为对企业绩效、能力等的影响，这些影响最终归结到企业价值创造维度。从动态维度看，企业表现出来的即为社会资本积累，其有利于帮助企业获取丰富的社会资源，如便捷的融资通道、各种政府优惠政策、补贴，有助于获取信息优势，及时掌握信息、技术、人才等资源。从供应链层面看，企业建立与其供应商间良好的协作伙伴关系，有助于从供应商获得准确信息、获取信息优势、加强了解和合作，与客户建立持续的合作关系，有助于获得客户的信任，提升品牌价值。对企业外部而言，社会资本积累效应主要表现在能力的耗散、知识信息的流动、声誉的泛化影响。从社会资本与企业外部环境的互动关系看，存在双向逆向收敛的特征，即社会资本积累将促使企业内部动态能力的提升、知识信息流动的加速、声誉的品牌价值转化，反过来企业内部动态能力的提升、知识信息流动的加速、声誉的品牌价值转化又将加速企业社会资本的积累。

最初企业声誉被定义为消费者对企业知名度、可信度、可靠性、美誉度和信任度等的感知反馈。随着研究的深入，学者们从不同的角度对其内涵展开了研究。从经济学视角看，企业声誉被看作是一种属性或信号；从社会学视角看，企业声誉被认为是企业声望的综合评价；营销学则认为企业声誉是外部主体对企业的直接或间接的感受或信息加工过程；从会计学视角看，更多地将企业声誉看作企业的一种无形资产等。目前，国际较一致的界定是，企业声誉与其他竞争对手相比较而言，基于对企业过去的行为及未来的前景的感知度而产生的对企业的所有利益相关者的吸引力。几乎所有研究表明，声誉对企业而言是个"好东西"，其能使企业抓住市场机会或者预防竞争威胁，能为企业带来一定的"有形"价值。作为一种稀缺性的企业资本，声誉资本不是企业轻易就能够获得的，也不能够被简单地非法仿制，而是企业在长期形成发展中的日常经营管理活动产生的必然结果。声誉资本的这种资源稀缺性恰恰形成长期的市场竞争优势，甚至会产生超额的收益，转化成维护企业长盛不衰和持续盈利的能力。

声誉管理的核心是在企业与社会公众之间建立起牢靠的信任关系。因此，声誉管理与企业社会资本积累在关系网络层面存在交集，在某种程度上，可以将企业声誉管理视为社会资本积累的一个操作性目标、主要内容与直接结果。其影响主要体现在企业价值层面。有研究表明，供应商的分销能力声誉、创新能力声誉、企业社会责任声誉、公平交易声誉越高，分销商实施其角色外利他行为的积极性就越高，进而导致供应链价值的普遍提升[132]。企业高声誉本身就向消费者传达了高质量的产品或服务、较低交易风险的市场信号，消费者不仅愿意购买高声誉企业的产品和服务，而且愿意增加更多的消费投入[133]。

企业声誉的驱动要素是一个复杂体系，具体的影响因素包括产品与服务、顾客导向、财务业绩、市场表现、愿景与领导、工作环境、社会责任等。明思力集团 2015 年撰写的"影响企业声誉因素"调查报告显示，除企业主体行为之外，利益相关方的"思维空间"——民众在综合衡量品牌或企业公信力时会想到哪家品牌，对企业声誉有着举足轻重的影响，其传播方式、传播强度、传播真实性是企业声誉外源性"关系"维度里最重要的驱动因素。由此可见，从社会资本积累角度看，声誉传播是供应链主体价值创造的重要影响因素。

2.3　大型白酒企业供应链管理研究

2.3.1　白酒企业供应链管理研究

未来企业的竞争将是供应链的竞争，提高白酒企业生产运营效率的核心是创新白酒供应链管理。相关研究主要有从白酒供应链风险、供应链整合、供应链优化等方面展开。吴昊等研究了我国白酒企业生产链风险识别[134]。马海峰对我国白酒生产企业的物流与供应链管理策略进行了研究[135]。王群智等对白酒行业供应链运作及风险进行了研究[136]。胡静以"泸州老窖"供应链为分析视角对白酒行业供应链融资产品优化进行了研究[137]。卢琳对宜宾白酒企业供应链整合的必要性进行了分析[138]，然后又以宜宾白酒企业为例对供应链整合对白酒企业竞争力提升的关系进行了研究[139]。黄珊研究了贵州白酒企业供应链管理的发展[140]。严娜则从经销商角度对茅台供应链的优化问题进行了探究[141]。陈圣权基于 O2O 电子商务背景下对白酒供应链的优化策略进行了研究[142]。

随着白酒行业宏观经济环境的变化，传统白酒供应链弊端凸显，白酒行业转型在即。李明灿指出白酒行业基于供应链优化环境下的经销商选择与评价，总是围绕那些能够满足供应链优化要求的参与主体、客户、物流能力的物质基础、企业的制度或文化、价值网络和信息开展，因为它们是所有经销商的本质所共同拥有的内容，更能综合反映一个经销商的盈利能力、物流实现过程和基于供应链的协同运作方式，是企业在评价和选择经销商方面值得关注的问题[143]。胡静对白酒行业供应链的各主要环节进行了详细具体的分析，同时阐述和总结了各主要环节企业和物流、信息流、资金流的特点，认为目前白酒行业中，小企业的融资模式仍属于传统形式，部分银行对该行业的供应链融资产品的营销针对性不强、探索不足，不能解决其融资难的实际问题，也没有真正发挥供应链产品的特点[144]。李桂英从白酒企业渠道管理和供应链整合等方面出发，提出一方面，从原料生产、印刷包装、类玻璃、物流业等充分完善白酒供应链体系；另一方面，鼓励和支持重点白酒企业建设原料基地，把白酒产业链延伸到农业，加强生产管理，完善原粮生产工艺技术，完善质量标准，加强外购物资在转运、储存、使用过程的质量跟踪[145]。马海峰认为在激烈的竞争以及严酷的市场环境背景下，许多中小白酒企业走上了低价竞争的老路，这种缺乏长远观念的发展模式使得本就脆弱的国内白酒市场雪上加霜。企业必须转变发展观念，采取供应链与现代物流整合管理的发展模式，降低企业的运营成本，提高市场竞争力[146]。王群智、向琴在深入分析白酒供应链现有运作模式及风险的基础上，提出了基于柔性供应链期权契约的解决方案，提出基于期权的柔性供应链契约的引入可以增加白酒供应链柔性，提高供应链应对市场需求不确定性风险的能力，促使酒企和经销商共担风险、共享利润，最终实现供应链整体绩效的提升[147]。黄珊针对贵州白酒企业供应链管理的现状和特性，提出加强白酒供应链管理应该从培养供应链管理人才、加强供应链中信息网络的管理、加强企业间信任度的管理、建立供应链运作绩效评价体系、融合供应链成员文化体系、建立绿色供应链等方面入手[148]。杨文昕认为目前白酒企业的各职能部门、各管理人员都还未充分意识到绿色管理的重要性，绿色供应链的标准体系还并不完善，标准的质量和系统性问题依然很多。因此，白酒企业在未来还需强化各职能部门的绿色供应链管理意识，健全绿色供应链管理体系，完善信息交流共享机制，从而真正实现企业的绿色供应链管理[149]。

国外对于葡萄酒供应链的研究也有很多。加西亚（Garcia）等提出了葡萄酒行业的物流基准框架，对葡萄酒行业开发基准和性能测量进行了研究，并以门多萨（阿根廷）几家酒厂的基准研究作为案例，证明了葡萄酒行业的物流基准框架的有效性[150]。瓦尔西（Varsei）等以澳大利亚葡萄酒产业为案例，进行了可持续供应链网络的设计研究。在调查葡萄酒供应链后，提出包括经济，环境和社会目标的可持续葡萄酒供应链网络设计的通用模型。结果显示目标之间的权衡，证明现有供应链配置与拟议方案在供应链成本和管理方面的差距[151]。佩雷斯（Pérez）等研究了使用射频识别和无线传感器网络对葡萄酒供应链进行追溯，提出通过提高所执行过程的可见性和对产品质量的相关控制来为公司提供竞争优势[152]。施泰纳（Steiner）研究了葡萄酒供应链中的双边道德风险，采用拟定案例研究方法对葡萄酒行业事实进行评估并进行最优分配规则的预测[153]。在当前严峻的环境问题下，国际葡萄与葡萄酒组织认识到需要制定一种标准和客观的方法，以及计算碳足迹（carbon footprint, CF）的相关工具。帕塔拉（Pattara）等研究将此工具应用于以前使用生命周期评估（life cycle assessment, LCA）方法分析的葡萄酒，目的是测试该工具的潜力和可能的限制，从而评估其作为标准工具的适用性[154]。

关于酒行业具体情境下的供应链管理研究相对较少，更深层次的白酒供应链价值创造及其内部机制的研究更是缺乏。究其原因，一方面，由于白酒行业相对传统，其供应链结构与运营模式相对成熟，导致对其研究的创新性关注度不够；另一方面，由于白酒行业自身的特殊性，其供应链结构与模式具有涉农异质性导致相关前沿热点问题的研究较为复杂。

2.3.2 大型企业供应链管理与行为模式研究

大型企业供应链是供应链研究的重点领域。荆树伟、刘泽岩等应用广域价值流方法分析大型企业的供应链管理及优化策略，研究发现大型企业一般存在供应链不稳定、供应链的柔性化程度不高、供应链协调性差等问题，提出广域价值流分析方法可以有效解决大型制造企业供应链管理机制优化问题，且能够以最终客户需求为导向，提高供应链上各个环节的配合程度和工作效率[155]。程红礼基于供应链协同理论，对大型企业物资供应商选择模型的构建、物资供应商评价与选择的方法、物资供应商选择模型进行分析与论述[156]。郑兴远从优化企业供应链的角度寻找企业"提质增效"的方法途径，得出大型国有企业供应链优化最大的潜能关键点为内部制造企业。而内部制造企业对供应链造成劣势的原因是母公司没有对内部装备制造企业在供应链上准确定位，同时内部制造企业自身没有找准自己的发展方向[157]。阎枫构建了基于供应链协同的大型煤炭企业物资供应商选择模型，并围绕模型框架提出了卡拉杰克矩阵（Kraljic Matrix）分类法和供应商的协同能力评价指标体系，将层次分析法（analytic hierarchy process, AHP）、理想点法（technique for order preference by similarity to an ideal solution, TOPSIS）、数据包络分析法（data envelopment analysis, DEA）三种方法组合应用到煤炭企业物资供应商选择的研究中[158]。沙林认为大型船舶制造企业作为船舶供应链的核心，应该构建完备的供应商选择和评价控制程序，船舶供应链关联企业应建立互相信任、合作共赢的伙伴关系。只有多种机制共同运作，才能建立高效的船舶企业供应链管理体系[159]。赵雪娇、朱向梅运用约束理论对大型零售企业的核心地位提供理论依据，使供应链各节点企业为满足消费者最终需求而努力协作，实现供应链增值[160]。马俊鹏验证了集成化供应链物流管理系统对大型企业的效益优势，提出三维集成管理的思想，并规划了大型企业供应链物流的总体管理模式，最后对具体的模式进行了阐述，认为大型企业应逐步发展管理系统的集成化程度，以获取多方面的竞争优势[161]。

参考文献

[1] 陆雄文 . 管理学大辞典 [M]. 上海：上海辞书出版社，2013.

[2]CHRISTOPHER M L. Logistic and supply chain management: strategies for reducing costs and improving services [M].London: Financial Times/ Pitman Publishing, 1998.

[3]SIMATUPANG T M, SRIDHARAN R. An integrative framework for supply chain collaboration [J]. The international journal of logistics management, 2005，16（2）:257-274.

[4]ANDERSON D, LEE H. Synchronized supply chains: the new frontier [J]. Achieving supply chain excellence through technology, 1999, 6（1）: 75-82.

[5] 张金华 . 绿色供应链管理运作框架及信息集成模式分析 [J]. 情报科学，2014，32（12）:105-108，114.

[6] 李健，张素梦 . 制造业集成绿色化精益、敏捷和弹性供应链管理研究 [J]. 科技管理研究，2014，34（18）:228-231, 237.

[7] 窦亚芹，朱金福 . 资金约束供应链中的融资优化与营运管理协同决策研究 [J]. 管理工程学报，2014，28（3）:156-163, 147.

[8] 童利忠，谷春梅 . 供应链管理的 5F 研究模型 [J]. 管理世界，2013（6）:184-185.

[9] 赵亮，庄新田，石军 . 制造商资金约束下的双渠道供应链协调 [J]. 东北大学学报（自然科学版），2018，39（2）:288-292.

[10]AHMADI R, IRAVANI F, MAMANI H. Supply chain coordination in the presence of gray markets and strategic consumers [J]. Production and operations management, 2017, 26(2): 252-272.

[11] 曹细玉，覃艳华，陈本松 . 双渠道供应链管理研究综述 [J]. 科技管理研究，2014，34（17）:185-189.

[12] 陆小成，杜静 . 低碳物流管理的知识供应链模型 [J]. 中国流通经济，2014，28（7）:47-51.

[13] 文梦爵，李向波 .ERP 在企业供应链管理中应用的研究 [J]. 东南大学学报（哲学社会科学版），2014，16（S1）:94-97.

[14]ALJAZZAR S M, JABER M Y, MOUSSAWI H L. Coordination of a three-level supply chain (supplier–manufacturer–retailer) with permissible delay in payments and price discounts [J]. Applied mathematical modelling, 2017, 48: 289-302.

[15]VENEGAS B B, VENTURA J A. A two-stage supply chain coordination mechanism considering price sensitive demand and quantity discounts [J]. European journal of operational research, 2018, 264(2): 524-533.

[16]HEYDARI J, RASTEGAR M, GLOCK C H. A two-level delay in payments contract for supply chain coordination: the case of credit-dependent demand [J]. International journal of production economics,2017,191: 26-36.

[17]KERKKAMP R B O,HEUVEL W V D, WAGELMANS A P M. Two-echelon supply chain coordination under information asymmetry with multiple types [J]. Omega, 2018, 76:137–159.

[18]MOON I, FENG X H. Supply chain coordination with a single supplier and multiple retailers considering customer arrival times and route selection [J]. Transportation research part E: logistics and transportation review, 2017, 106: 78-97.

[19]NEMATOLLAHI M,MOTLAGH S M H, HEYDARI J. Coordination of social responsibility and order quantity in a two-echelon supply chain: a collaborative decision-making perspective [J]. International journal of production economics, 2017, 184: 107-121.

[20] 张洪武 . 收益共享契约下新型网状供应链协调研究 [J]. 商业经济研究，2018（4）:24-27.

[21] 李健，杨扬 . 考虑紧急订购的两阶段易逝品供应链协调模型 [J]. 统计与决策，2018，34（1）:40-44.

[22] 王夫冬，周梅华 . 基于价格规制的两级供应链协调机制探讨 [J]. 统计与决策，2018，34（1）:55-58.

[23] 马雪丽，王淑云，金辉，柏庆国 . 考虑保鲜努力与数量 / 质量弹性的农产品三级供应链协调优化 [J]. 中国管理科学，2018，26（2）:175-185.

[24] 陈志松，方莉 . 线上线下融合模式下考虑战略顾客行为的供应链协调研究 [J].

中国管理科学，2018，26（2）:14-24.

[25] 杨怀珍，卢高达．电子商务模式下生鲜农产品三级供应链协调 [J]. 系统科学学报，2018，26（1）:126-130.

[26] 张红，张凤武，周智雄．创新成本共担期权契约下损失厌恶型零售商主导的供应链协调研究 [J]. 工业技术经济，2018，37（4）:22-29.

[27] 孙金凤，邹宗保．产品价格和模块化水平决策及其供应链协调 [J]. 统计与决策，2018，34（3）:49-53.

[28] 谢家平，杨光．电商购物节环境下供应链协调问题研究 [J]. 统计与决策，2018，34（3）:58-61.

[29] 白世贞，阮雨璐，谢爽．考虑第三方支付促销方式的供应链定价及协调研究 [J]. 工业技术经济，2018，37（1）:57-64.

[30] 张杰芳，曹细玉．碳限额政策下闭环供应链的生产决策及协调研究 [J]. 软科学，2018，32（2）:44-49.

[31] 刘昊，王志平，李桃迎．制造商统一定价下双渠道供应链促销及协调策略[J]. 工业技术经济，2018，37（2）:74-81.

[32] 吴晓志，陈宏，张俊．需求和成本同时扰动下零售商双渠道供应链协调研究 [J]. 系统管理学报，2017，26（6）:1151-1157, 1167.

[33] 周茂森，但斌．竞争环境下存在规模经济的集团采购供应链协调 [J]. 中国管理科学，2017，25（2）:98-110.

[34] 鄢章华，刘蕾，白世贞，等．基于收益共享契约的"饥饿营销"模式供应链协调研究 [J]. 管理评论，2017，29（2）:69-78.

[35] 陈宇科，熊龙，董景荣．基于均值 -CVaR 的闭环供应链协调机制 [J]. 中国管理科学，2017，25（2）:68-77.

[36] 支帮东，陈俊霖，刘晓红．碳限额与交易机制下基于成本共担契约的两级供应链协调策略 [J]. 中国管理科学，2017，25（7）:48-56.

[37] 刘云志，樊治平．考虑损失规避与质量水平的供应链协调契约模型 [J]. 系统工程学报，2017，32（1）:89-102.

[38] 周建亨，王琦．基于产品体验性的双渠道供应链协调 [J]. 系统工程学报，2017，32（1）:66-77.

[39] 徐翔斌，李恒，史峰．多重社会偏好下供应链协调研究 [J]. 系统管理学报，

2017，26（1）:154-162.

[40] 陈戈，但斌，覃燕红 . 不同公平偏好模型下基于批发价格契约的供应链协调 [J]. 预测，2017，36（3）:62-68.

[41] 王道平，李小燕，张博卿 . 信息非对称下考虑零售商促销努力竞争的供应链协调研究 [J]. 工业工程与管理，2017，22（1）:27-35.

[42] 浦徐进，李栋栋，王执杰 . 考虑参照价格效应的双渠道供应链协调机制设计 [J]. 控制与决策，2017，32（7）:1273-1278.

[43]HENDRY L C, STEVENSON M, MACBRYDE J, et al. Local food supply chain resilience to constitutional change: the Brexit effect [J]. International journal of operations & production management, 2019，39（3）: 429-453.

[44] 杨传明，李晓峰，王佳 . 供应链不确定性管理研究述评与展望 [J]. 科技管理研究，2014，34（12）:194-199.

[45] ZHANG S J. Research on the construction and elements of integrated supply Chain management-an example of P.G. logistics group [J]. Open journal of business and management, 2017, 6(1): 87-102.

[46] CHAND M,BHATIA N, SINGH R K. ANP-MOORA-based approach for the analysis of selected issues of green supply chain management [J]. Benchmarking: an international journal, 2018, 25(2): 642–659.

[47]SELLITTO M A. Assessment of the effectiveness of green practices in the management of two supply chains [J]. Business process management journal, 2018, 24(1): 23–48.

[48]CHAUDHURI A, BOER H, TARAN Y. Supply chain integration, risk management and manufacturing flexibility [J]. International journal of operations & production management, 2018, 38(3): 690–712.

[49]FAMIYEH S, KWARTENG A, DARKO D A, et al. Green supply chain management initiatives and operational competitive performance [J]. Benchmarking: an international journal, 2018, 25(2): 607–631.

[50]JAMKHANEH H B, GHADIKOLAEI A H S, MADHOUSHI M, et al. Excellence criteria of services supply chain in management consulting institutes of Iran [J]. Journal of science and technology policy management, 2018, 9(1):

42–65.

[51]KAZANCOGLU Y, KAZANCOGLU I, SAGNAK M. Fuzzy dematel-based green supply chain management performance[J]. Industrial management & data systems, 2018, 118(2): 412-431.

[52]TU M. An exploratory study of Internet of Things (IoT) adoption intention in logistics and supply chain management [J]. The international journal of logistics management, 2018, 29(1): 131-151.

[53]SWEENEY E, GRANT D B, MANGAN D J. Strategic adoption of logistics and supply chain management[J]. International journal of operations & production management, 2018, 38(3): 852-873.

[54] 郁玉兵，熊伟，代吉林. 供应链质量管理与绩效关系研究述评及展望 [J]. 软科学，2014，28（8）:141-144.

[55] 郝晓旭，李向波. 敏捷供应链库存管理绩效评价研究 [J]. 东南大学学报（哲学社会科学版），2014，16（S1）:68-71.

[56]SHEFFI Y. Supply chain management under the threat of international terrorism [J]. The international journal of logistics management, 2001，12（2）:1-11.

[57]CHRISTOPHER M, PECK H. Building the resilient supply chain [J]. International journal of logistics management, 2004，15（2）:1-14.

[58]BAG S, GUPTA S, FOROPON C. Examining the role of dynamic remanufacturing capability on supply chain resilience in circular economy [J]. Management decision，2019, 57（4）: 863-885.

[59]BAG S, GUPTA S, FOROPON C. Examining the role of dynamic remanufacturing capability on supply chain resilience in circular economy [J]. Management decision, 2019，57（4）: 863-885.

[60] 刘璠. 企业创新性、创新程度、中断严重度和供应链弹性的关系研究 [J]. 宏观经济研究，2015（4）:114-122.

[61] 曾贵荣. 商贸企业供应链弹性管理的优化研究 [J]. 商业经济研究，2018（8）:86-88.

[62] 王宇奇，高岩，滕春贤. 扰动下的供应链弹性研究回顾与拓展 [J]. 管理评论，2017，29（12）:204-216

[63]WIELAND A, WALLENBURG C M. The inf luence of relational competencies on supply chain resilience: a relational view [J]. International journal of physical distribution & logistics management, 2013, 43 （4）:300-320.

[64]JÜTTNER U, MAKLAN S. Supply chain resilience in the global financial crisis: an empirical study [J]. Supply chain management: an international journal, 2011, 16（4）:246-259.

[65]KOCHAN C G, NOWICKI D V. Supply chain resilience: a systematic literature review and typological framework [J]. International journal of physical distribution & logistics management, 2018，48 （8）:842-865.

[66]UBAIDULLAH M, YOUSAF A, ANTONELLA P. A linear regression approach to evaluate the green supply chain management impact on industrial organizational performance [J]. The science of the total environment, 2018, 624:162-169.

[67]EVE N, MATTHEW J A, RICHARD A P, STEFAN J F,et al. Investigation of the practices, legislation, supply chain, and regulation of opioids for clinical pain management in Southern Africa: a multi-sectoral, cross-national, mixed methods study [J]. Journal of pain and symptom management, 2018, 55(3): 851–863.

[68]TIAN A. The impact of supply chain cooperative relationship on performance: a knowledge management perspective[J]. Journal of service science and management, 2018, 11(1): 44.

[69] 雷长群. 浅析供应链、价值链理论的发展与价值型企业的特征 [J]. 中国人口·资源与环境，2003（3）:114-117.

[70] 刘三（女牙），王红卫，孙建华. 供应链中共享信息价值的量化：基于 Agent 的仿真研究 [J]. 系统工程学报，2004（1）:66-73.

[71] 吴冰，刘仲英. 供应链协同的知识创新价值链模型 [J]. 软科学，2007（4）:102-106.

[72] 赵红梅. 虚拟整合供应链网络价值创造研究 [D]. 成都：西南财经大学，2010.

[73] 李果，马士华. 分布式供应链节点企业物流能力柔性价值研究 [J]. 管理科学，2009，22（2）:40-48.

[74] 张正，孟庆春．技术创新、网络效应对供应链价值创造影响研究 [J]．软科学，2017，31（12）:10-15.

[75] 徐可，何桢，王瑞．供应链关系质量与企业创新价值链——知识螺旋和供应链整合的作用 [J]．南开管理评论，2015，18（1）:108-117.

[76] 张晴．物联网背景下对供应链价值创造的探讨——基于信息视角 [J]．管理现代化，2017，37（6）:97-99.

[77] 王清刚，李琼．企业社会责任价值创造机理与实证检验——基于供应链视角 [J]．宏观经济研究，2015（1）:116-127.

[78] 陈永平，蒋宁．大数据时代供应链信息聚合价值及其价值创造能力形成机理 [J]．情报理论与实践，2015，38（7）:80-85.

[79] 刘启明．零售商主导闭环供应链信息共享价值研究 [D]．北京：中国科学技术大学，2017.

[80] 肖静华，汪鸿昌，谢康，等．信息共享视角下供应链信息系统价值创造机制 [J]．系统工程理论与实践，2014，34（11）:2862-2871.

[81] 李晓静，艾兴政，唐小我．基于供应链竞争的技术创新价值与溢出效应 [J]．系统工程学报，2017，32（6）:808-817.

[82] 高志军，刘伟，高洁．服务主导逻辑下物流服务供应链的价值共创机理 [J]．中国流通经济，2014，28（11）:71-77.

[83] 戴建平，骆温平．流程协同下供应链价值创造研究——基于物流企业与供应链成员多边合作的视角 [J]．技术经济与管理研究，2017（2）:3-7.

[84] 万骁乐，郝婷婷，戎晓霞，等．共创视角下考虑开放式创新的供应链价值创造研究 [J]．中国管理科学，2017，25（7）:57-66.

[85] 丁宁．流通商主导的供应链战略联盟与价值链创新 [J]．商业经济与管理，2014（2）:22-28.

[86] 孟庆春，董建华，厉聪聪．基于新产销合一的供应链价值最大化研究 [J]．中国管理科学，2012，20（6）:102-109.

[87] 何新宇，王满．基本报童模型下供应链信息的价值创造 [J]．中国管理信息化，2016，19（11）:4-6.

[88] 骆温平，戴建平．物流企业与供应链成员多边合作价值创造机理及实现——基于组织间学习效应视角 [J]．吉首大学学报（社会科学版），2016，

37（6）:24-30.

[89] 程长明，李赫 . 农产品封闭供应链协同与价值创造路径研究 [J]. 南方农村，2015，31（2）:62-67.

[90] 戴建平，骆温平 . 组织间学习与供应链价值创造研究——基于物流企业与供应链上下游客户多边合作视角 [J]. 技术经济与管理研究，2017（8）:48-52.

[91] 孟庆春，李慧慧 . 基于新产销合一考虑链间竞争的供应链价值最大化研究 [J]. 中国管理科学，2015，23（3）:168-176.

[92] 陈永平 . 供应链信息资源优化及其价值创造能力提升——以农产品物流业为例 [J]. 商业经济与管理，2014（10）:5-14.

[93] 宋远方，宋华 . 协同价值创造能力对服务供应链关系绩效的影响研究 [J]. 经济理论与经济管理，2012（5）:91-102.

[94]GRONROOS C, VOIMA P. Critical service logic: making sense of value creation and co-creation [J].Journal of the academy of marketing science, 2013，41（2）: 133–150.

[95]RATZMANN M, GUDERGAN S P, BOUNCKEN R. Capturing heterogeneity and PLS-SEM prediction ability:alliance governance and innovation[J].Journal of business research, 2016, 69（10）:4593-4603.

[96]CHU S H, YANG H, LEE M, et al. The impact of institutional pressures on green supply chain management and firm performance: top management roles and social capital [J]. Sustainability, 2017, 9（5）:764.

[97]VARGO S L, LUSCH R F. Institutions and axioms：an extension and update of service-dominant logic [J]. Journal of the academy of marketing science, 2016（1）: 5-23.

[98]PAPAGEORGIADIS N, SHARMA A. Intellectual property rights and innovation: a panel analysis [J]. Economics letters，2016, 141:70-72.

[99]GRANT S B. Classifying emerging knowledge sharing practices and some insights into antecedents to social networking: a case in insurance [J]. Journal of knowledge management, 2016，20（5）: 898-917.

[100] 陈泽明，杨敏，何山 . 三维空间对企业内生创新的知识流溢出机理及其实证研究——基于开放创新视角 [J]. 软科学，2016，30（1）:9-13，35.

[101] 杨敏，王静娴. 企业创新空间系统的知识流耦合效应研究 [J]. 华东经济管理，2018，32（3）:128-133.

[102]LEEM B H, ROGERS K J. The moderating effect of supply chain role on the relationship between social capital and performance [J]. International journal of services and operations management, 2017，26（1）:1-140.

[103]SANGARI M S, HOSNAVI R，ZAHEDI M R. The impact of knowledge management processes on supply chain performance [J].The international journal of logistics management, 2015（3）: 603-626.

[104] 李璨. 企业动态能力的跨层整合框架 [J]. 华东经济管理，2018，32（9）:158-164.

[105]TEECE D J, PISANO G，SHUEN A. Dynamic capabilities and strategic management [J]. Strategic management journal, 1997, 18（7）: 509-533.

[106]LEIH S, LINDEN G, TEECE D J. Business model innovation and organizational design: a dynamic capabilities perspective [R]. New York：Oxford University Press, 2015: 1-20.

[107]BYRNE L F, HARNEY B. Micro foundations of dynamic capabilities for innovation: a review and research agenda [J]. The irish journal of management, 2017, 36（1）: 21-31.

[108]FISHER J R B, MONTAMBAULT J, BURFORDK P, et al. Knowledge diffusion within a large conservation organization and beyond [J]. Plosone, 2018, 13(3): e0193716.

[109]ROGERS E M. Diffusion of innovations [J]. Journal of continuing education in the health professions, 2009，17（1）: 62-64.

[110] 张路蓬，薛澜，周源，等. 社会资本引导下的新兴产业技术扩散网络形成机理与实证研究 [J]. 中国软科学，2019，3:34-45.

[111] 姜斌远，姜佳文. 基于技术流视角下的供应链竞争力研究 [J]. 生产力研究，2018（12）:22-27.

[112] 秦佳良，张玉臣，贺明华. 技术—市场双重未知下企业共性技术设计：从试错学习到共同未知 [J]. 中国科技论坛，2019（7）:128-137.

[113] 张衍芳，凌海英. 中小企业共性技术供给的"盲点"困境及破解：一项案

例研究 [J]. 科研管理，2019，40（8）:215-223.

[114]OETTMEIER K, HOFMANN E. Additive manufacturing technology adoption: an empirical analysis of general and supply chain-related determinants [J]. Journal of business economics, 2017，87（1）:97-124.

[115] 韩元建，陈强. 共性技术扩散的影响因素分析及对策 [J]. 中国科技论坛，2017（1）: 53-59.

[116]BARATA J, CUNHA P R D, STAL J. Mobile supply chain management in the industry 4.0 era [J]. Journal of enterprise information management, 2018, 31（1）:173-192.

[117] 李玉琼，赵贝贝. 政府在产业关键共性技术研发中的作用研究 [J]. 经营与管理，2019（3）:114-117.

[118] 陈朝月，许治. 政府R&D资助政策对企业共性技术项目决策的影响探究 [J]. 管理评论，2019，31（9）:70-80.

[119]AYDIN A, PARKE R P. Innovation and technology diffusion in competitive supply chains[J]. European journal of operational research, 2018, 265（3）:1102-1114.

[120]MAGRABI F, LIAW S T，ARACHI D，et al. Identifying patient safety problems associated with information technology in general practice: an analysis of incident reports [J].BMJ quality & safety, 2015，25（11）: 870-880.

[121] 张正，孟庆春. 技术创新、网络效应对供应链价值创造影响研究 [J]. 软科学，2017，31（12）:10-15.

[122] 张正，孟庆春，张文姬. 技术创新情形下考虑政府补贴的供应链价值创造研究 [J]. 软科学，2019，33（1）:39-44.

[123] 李保林，王娟茹，杨丽华，等. 考虑信息分享的产业共性技术市场价值评估模型 [J]. 统计与决策，2019，35（9）:43-46.

[124]GRAAFLAND J. Does corporate social responsibility put reputation at risk by inviting activist targeting? An empirical test among European SMEs [J]. Corporate social responsibility and environmental management, 2017，25（1）:1-13.

[125]ASMUSSEN C G, FOSFURI A. Orchestrating corporate social responsibility in the multinational enterprise [J]. Strategic management journal, 2019，40 （6）:894-916.

[126]ANBARASAN P, SUSHI L. Stakeholder engagement in sustainable enterprise: evolving a conceptual framework, and a case study of ITC [J]. Business strategy and the environment, 2017，27（3）:282-299.

[127] 刘芳，黄于桐，李涛.变革型领导对包容性创新的影响机制研究——基于组织惯例更新的中介作用与企业社会资本的调节作用 [J].唐山学院学报，2019，32（3）:54-62.

[128] 邹成武，王江娜，徐宗玲.高管激励、企业社会资本与企业社会责任——基于中国上市公司的经验数据 [J].汕头大学学报（人文社会科学版），2019，35（4）:47-56，95.

[129] 简佩茹.高新技术企业社会资本促进创新绩效提升的机理及途径研究 [J].科技进步与对策，2019，36（6）:101-110.

[130] 闵惜琳，杨帆捷，蔡煌，等.基于企业社会资本视角的供应链整合决策选择机理仿真 [J].系统工程，2019，37（5）:87-98.

[131] 熊捷，孙道银.企业社会资本、技术知识获取与产品创新绩效关系研究 [J].管理评论，2017，29（5）:23-39.

[132] 宋锋森，陈洁.供应商企业声誉对分销商角色外利他行为的影响研究：信任的中介作用 [J].经济经纬，2019，36（4）:110-117.

[133] 尚海燕.企业声誉资本对顾客响应的影响——基于消费者个人特征 [J].商业经济研究，2019（7）:39-42.

[134] 吴昊，平瑛.我国白酒企业生产链风险识别研究 [J].食品工业，2013，（11）:203-206.

[135] 马海峰.我国白酒生产企业的物流与供应链管理策略研究 [J].中国管理信息化，2014（19）:41-42.

[136] 王群智，向琴.白酒行业供应链运作及风险研究 [J].交通运输工程与信息学报，2016（2）:26-35.

[137] 胡静.白酒行业供应链融资产品优化研究 [D].成都：西南财经大学，2011.

[138] 卢琳．宜宾白酒企业供应链整合的必要性分析 [J]. 中国商贸，2011
（32）:22-23.

[139] 卢琳．供应链整合对宜宾白酒企业竞争力提升的关系研究 [J]. 中国商贸，
2011（12）:175-176.

[140] 黄珊．贵州白酒企业供应链管理发展研究 [J]. 福建质量管理，2016
（3）:97-98.

[141] 严娜．茅台供应链的优化问题探究——以经销商的角度 [J]. 黑河学院学报，
2016（5）:64-66.

[142] 陈圣权．基于 O2O 电子商务背景下白酒供应链优化策略研究 [J]. 商场现
代化，2016（5）：88，90.

[143] 李明灿，徐章一．白酒行业供应链优化环境下经销商能力评价与选择 [J].
财会通讯，2009（32）:101-103.

[144] 胡静．白酒行业供应链融资产品优化研究 [D]. 成都：西南财经大学，
2011.

[145] 李桂英．供应链物流管理下的白酒企业竞争策略研究——以沱牌舍得酒
业的发展为例 [J]. 时代金融，2012（9）:202.

[146] 马海峰．我国白酒生产企业的物流与供应链管理策略研究 [J]. 中国管理信
息化，2014，17（19）:41-42.

[147] 王群智，向琴．白酒行业供应链运作及风险研究 [J]. 交通运输工程与信息
学报，2016，14（2）:26-35.

[148] 黄珊．贵州白酒企业供应链管理发展研究 [J]. 福建质量管理，2016
（3）:97-98.

[149] 杨文昕．基于绿色供应链管理的白酒企业物流管理模式研究 [J]. 中国物流
与采购，2019（13）:43.

[150] GARCIA F A, MARCHETTA M G, CAMARGO M，et al. A framework for
measuring logistics performance in the wine industry[J]. International journal
of production economics，2012（135）：284–298.

[151] VARSEI M，POLYAKOVSKIY S. Sustainable supply chain network design: a
case of the wine industry in Australia[J]. Omega，2017（66）：236–247.

[152] EXPÓSITO I, FERNÁNDEZ J A G, CUIÑAS I. A complete traceability system

for a wine supply chain using radio-frequency identification and wireless sensor networks（wireless corner）[J]. Antennas and propagation, 2013（55）:255-267.

[153]STEINER B. Contracting in the wine supply chain with bilateral moral hazard，residual claimancy and multi-tasking[J].European review of agricultural economics,2012（39）: 369-395.

[154]RAGGI C P, CICHELLI A. Life cycle assessment and carbon footprint in the wine supply-chain[J]. Environmental management, 2012（49）:1247-1258.

[155] 荆树伟，刘泽岩，阎俊爱，等 . 基于广域价值流的大型制造企业供应链管理机制优化研究 [J]. 科技管理研究，2017，37（11）:112-116.

[156] 程红礼 . 基于供应链协同的大型煤炭企业物资供应商选择模型构建及应用 [J]. 内蒙古煤炭经济，2017（1）:19-20.

[157] 郑兴远 . 国有大型石油公司内部制造企业对其供应链管理的影响 [J]. 北京石油管理干部学院学报，2017，24（1）:35-37.

[158] 阎枫 . 基于供应链协同的大型煤炭企业物资供应商选择模型构建及应用 [D]. 太原：太原理工大学，2016.

[159] 沙林 . 大型船舶制造企业供应链管理体系的构建 [D]. 南京：东南大学，2016.

[160] 赵雪娇，朱向梅 . 基于约束理论的供应链大型零售企业核心地位分析 [J]. 科技和产业，2015，15（6）:75-77.

[161] 马俊鹏 . 大型企业供应链物流管理系统规划研究 [J]. 物流技术，2014，33（23）:360-362.

第 3 章

大型白酒企业供应链态势解析

3.1 中国白酒行业概况

3.1.1 中国白酒行业规模

白酒行业近十年来产量的增长是缓慢的，但仍保持逐年增长的态势（见图 3-1）。增长率从 2011 年的 15.50% 跌至 2014 年的 2.44%，随后触底反弹，在 2015 年增长率上涨到 4.46%，之后 2016 年的增长率略有下降。2014—2016 年，白酒行业经历近三年的调整期，酒企为应对新的市场环境，通过强化内部结构优化，重新定位产品，引入外资等，使国内白酒市场呈现稳中有进的态势。

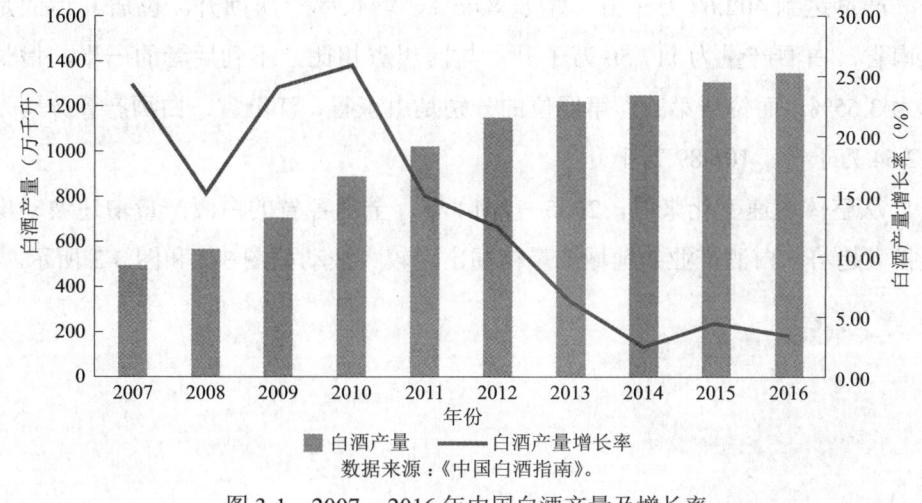

数据来源：《中国白酒指南》。

图 3-1 2007—2016 年中国白酒产量及增长率

3.1.2 中国白酒主要产区分布及其变化趋势

中国白酒的区域划分包含华东地区、华北地区、西南地区、东北地区等七大产区，具体产区省份见表 3-1。

表 3-1　中国白酒主要产区分布

地区	包含
华东	上海市、江苏省、浙江省、安徽省、福建省、江西省、山东省、台湾省
华北	北京市、天津市、山西省、河北省、内蒙古自治区中部
华中	河南省、湖北省、湖南省
华南	广东省、广西壮族自治区、海南省、香港特别行政区、澳门特别行政区
西南	四川省、贵州省、云南省、重庆市、西藏自治区
西北	陕西省、甘肃省、青海省、宁夏回族自治区、新疆维吾尔自治区、内蒙古自治区西部
东北	黑龙江省、吉林省、辽宁省、内蒙古自治区东部

其中白酒企业多集中在气候、土壤、水源等利于白酒酿造的地理区位，如西南地区的四川省和贵州省、华东地区和华中地区等，也使这些地区部分省份的白酒产量高于其他省份。从 2014 年各省白酒产量数据看，作为白酒产量最高的省份，四川省年产量为 349.97 万千升，同比增速为 5.57%，远高于全国 2.70% 的平均水平。其次是河南省年产量为 107.75 万千升，同比增速为 1.76%。另据中商情报网数据显示，2016 年四川省作为全国白酒产量最高的省份，产量达到 402.67 万千升，增长 8.65%，增长率有所回升。位居其后的是河南省，白酒产量为 117.50 万千升，与四川省相比，不到后者的一半，增长率为 3.65%。而位居第三、第四位的分别是山东省、江苏省，白酒产量分别为 112.64 万千升、106.89 万千升。

从整体增速变化来看，2005—2014 年，全国各省的白酒产量增速波动出现扩大趋势，白酒产业的地域产量格局出现较大波动如图 3-2 和图 3-3 所示。

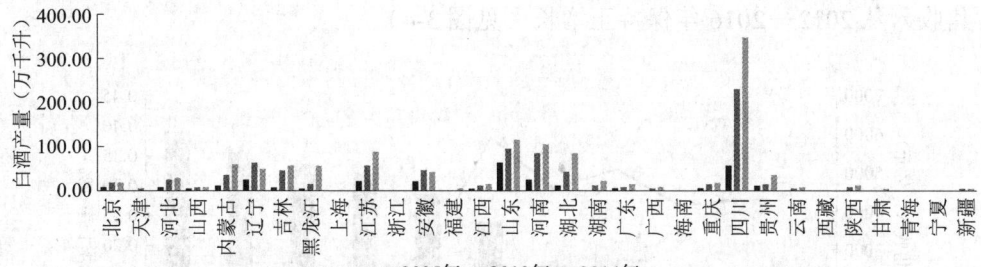

数据来源：国研网工业产品产量数据库（2015 年后，国家统计局不再分地区统计）。

图 3-2　各地区白酒产量

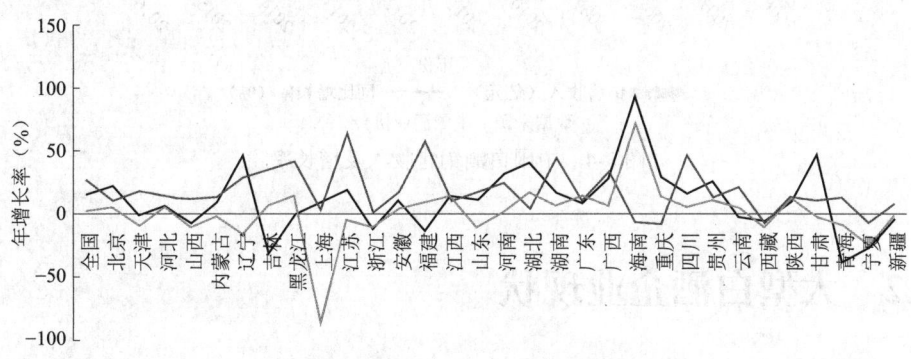

数据来源：国研网工业产品产量数据库（2015 年后的数据国家统计局不再分地区统计）。

图 3-3　各地区白酒产量年增长率

3.1.3　白酒行业销售规模

2003—2012 年，是中国白酒行业发展的黄金时期，因为高端白酒消费的推动而使得行业的销售收入不断攀升。2003 年白酒行业销售收入为 545 亿元，至 2012 年销售收入增长至 4466 亿元，约为 2003 年的 8 倍之多。其中 2007—2012 年，白酒年销售收入分别为 1242 亿元、1575 亿元、2095 亿元、2713 亿元、3747 亿元、4466 亿元；同比增长率分别为 27.9%、26.8%、33.0%、29.5%、38.1%、19.2%。10 年的高速发展期，为白酒企业的发展壮大提供了难得的机遇。2013—2016 年中国白酒行业销售收入分别为 5018 亿元、5259 亿元、5559 亿元、6126 亿元，与上年同期相比增长率分别为 12.4%、4.8%、5.7%、10.2%。其中 2014 年，白酒销售收入增速降至 2006 年以来的最低点，行业销售收入从 2012—2016 年保持正增长（见图 3-4）。

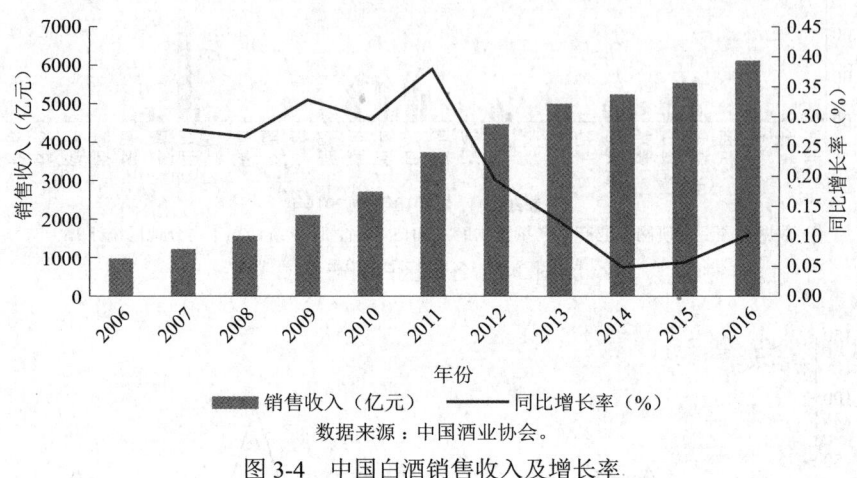

数据来源：中国酒业协会。

图 3-4　中国白酒销售收入及增长率

3.2　大型白酒企业现状

从整个白酒行业发展来看，2003—2012 年，是中国白酒行业发展的黄金时期，因为高端白酒消费的推动而使得行业的销售收入不断攀升。随着党的十八大召开，国内高端白酒行业形成短暂的结构性调整。此后，从 2016 年开始触底反弹。吹响反弹号角的正是国内大型白酒企业。

需要说明的是，本书以大型白酒企业为研究对象，对于其操作性界定以国家统计局印发的《统计上大中小微型企业划分办法（2017）》为标准，即同时满足员工大于 1000 人，年营业收入大于 4 亿元人民币。按照这一标准，国内大型白酒企业以 A 股上市公司为主体（19 家白酒企业中，甘肃皇台酒业股份有限公司近几年营业收入不超过 1 亿元，将其剔除后共有 18 家企业）。

从这些企业近几年的发展情况，基本可以得出一个感性的结论：有别于其他制造型企业的发展形势，中国白酒企业整体发展向好。2014 年，18 家大型白酒上市公司共创营业收入 1086.55 亿元，占全国白酒收入的 19.5%，但整体业绩仍然不甚理想，净利超过 10 亿元的仅有贵州茅台酒股份有限公司、宜宾五粮液股份有限公司、江苏洋河酒厂股份有限公司 3 家，实现营业收入同比增加的只贵州茅台酒股份有限公司、宜宾五粮液股份有限公司、江苏洋河酒厂股份有限公司、河北衡水老白干酒业股份有限公司、北京顺鑫农业股份有限公司 5 家。2015 年情况有所好转，营业收入同比增加的企业扩展到 12 家。2016 年为 13 家，2017 年仅有 2 家未实现增长，2018 年则全部实现增长。

从表 3-2 至表 3-6 中的公司经营的一般性数据可以发现，2014—2018 年，中国大型白酒上市公司的经营渐入佳境。从营业收入与净利润看，2014—2018 年，各上市公司的经营情况呈单向递增的趋势，并且前三家企业（贵州茅台酒股份有限公司、宜宾五粮液股份有限公司、江苏洋河酒厂股份有限公司）基本形成无法撼动的寡头垄断优势如图 3-5 和图 3-6 所示。

表 3-2　2014 年上市大型白酒企业经营情况　　单位：亿元

公司名称	营业收入	利润总额	净利润
贵州茅台酒股份有限公司	315.74	218.82	162.69
宜宾五粮液股份有限公司	210.11	80.16	60.58
江苏洋河酒厂股份有限公司	146.72	60.31	45.08
北京顺鑫农业股份有限公司	94.81	5.35	3.65
泸州老窖股份有限公司	53.53	12.18	9.76
安徽古井贡酒股份有限公司	46.51	7.96	5.97
山西杏花村汾酒厂股份有限公司	39.16	4.77	3.58
安徽迎驾贡酒股份有限公司	29.59	6.50	4.87
安徽口子酒业股份有限公司	22.59	5.60	4.22
江苏今世缘酒业股份有限公司	24.00	8.53	6.42
河北衡水老白干酒业股份有限公司	21.09	1.50	0.59
新疆伊力特实业股份有限公司	16.28	3.93	2.69
舍得酒业股份有限公司	14.45	0.35	0.13
青海互助青稞酒股份有限公司	13.55	4.06	3.17
安徽金种子酒业股份有限公司	20.75	1.17	0.89
金徽酒股份有限公司	10.13	1.56	1.25
四川水井坊股份有限公司	3.65	-2.96	-4.18
酒鬼酒股份有限公司	3.88	-1.29	-1.04
合计	1086.55	418.51	310.32

数据来源：RESSET 数据库。

表 3-3 2015 年上市大型白酒企业经营情况

公司名称	营业收入（亿元）	利润总额（亿元）	净利润（亿元）	营业收入增长率（%）	利润总额增长率（%）	净利润增长率（%）
贵州茅台酒股份有限公司	326.60	220.02	164.55	0.01	0.01	0.00
宜宾五粮液股份有限公司	216.59	82.87	64.10	0.03	0.06	-0.02
江苏洋河酒厂股份有限公司	160.52	71.65	53.65	0.19	0.19	-0.01
北京顺鑫农业股份有限公司	96.37	5.60	3.83	0.05	0.05	-0.04
泸州老窖股份有限公司	69.00	19.67	15.51	0.62	0.59	-0.03
安徽古井贡酒股份有限公司	52.53	9.66	7.16	0.21	0.20	-0.03
山西杏花村汾酒厂股份有限公司	41.29	7.60	5.42	0.59	0.51	-0.02
安徽迎驾贡酒股份有限公司	29.27	7.10	5.30	0.09	0.09	0.12
安徽口子酒业股份有限公司	25.84	8.20	6.05	0.46	0.43	0.16
江苏今世缘酒业股份有限公司	24.25	9.03	6.83	0.06	0.06	-0.09
河北衡水老白干酒业股份有限公司	23.36	1.86	0.75	0.24	0.27	-0.03
新疆伊力特实业股份有限公司	16.38	4.08	2.82	0.04	0.05	-0.03
舍得酒业股份有限公司	11.56	0.33	0.07	-0.07	-0.47	-0.03
青海互助青稞酒股份有限公司	13.64	3.05	2.27	-0.25	-0.28	0.00
安徽金种子酒业股份有限公司	17.28	0.63	0.52	-0.46	-0.41	-0.03
金徽酒股份有限公司	11.82	2.11	1.66	0.35	0.33	-0.03
四川水井坊股份有限公司	8.55	1.06	0.88	-1.36	-1.21	-0.37
酒鬼酒股份有限公司	6.01	1.00	0.74	-1.78	-1.72	-0.03
合计	1150.86	455.53	342.12	0.09	0.10	-0.01

数据来源：RESSET 金融研究数据库。

表 3-4 2016 年上市大型白酒企业经营情况

公司名称	营业收入（亿元）	利润总额（亿元）	净利润（亿元）	营业收入增长率（%）	利润总额增长率（%）	净利润增长率（%）
贵州茅台酒股份有限公司	388.62	239.58	179.31	0.09	0.09	-0.01
宜宾五粮液股份有限公司	245.44	93.37	70.57	0.13	0.10	-0.02
江苏洋河酒厂股份有限公司	171.83	77.61	58.05	0.08	0.08	-0.02
北京顺鑫农业股份有限公司	111.97	5.45	4.25	-0.03	0.11	-0.02
泸州老窖股份有限公司	83.04	25.30	19.50	0.29	0.26	-0.03

续表

公司名称	营业收入（亿元）	利润总额（亿元）	净利润（亿元）	营业收入增长率（%）	利润总额增长率（%）	净利润增长率（%）
安徽古井贡酒股份有限公司	60.17	11.51	8.50	0.19	0.19	1.35
山西杏花村汾酒厂股份有限公司	44.05	9.20	6.42	0.21	0.18	0.01
安徽迎驾贡酒股份有限公司	30.38	9.07	6.83	0.28	0.29	0.26
安徽口子酒业股份有限公司	28.30	10.60	7.83	0.29	0.29	0.19
江苏今世缘酒业股份有限公司	25.54	10.06	7.53	0.11	0.10	-0.15
河北衡水老白干酒业股份有限公司	24.38	1.85	1.11	-0.01	0.48	0.07
新疆伊力特实业股份有限公司	16.93	4.02	2.77	-0.02	-0.02	-0.03
舍得酒业股份有限公司	14.62	1.84	0.80	4.61	10.25	-0.03
青海互助青稞酒股份有限公司	14.37	2.99	2.10	-0.02	-0.07	0.00
安徽金种子酒业股份有限公司	14.36	0.27	0.18	-0.57	-0.67	-0.03
金徽酒股份有限公司	12.77	2.87	2.22	0.36	0.34	-0.02
四川水井坊股份有限公司	11.76	2.68	2.25	1.53	1.56	-0.03
酒鬼酒股份有限公司	6.55	1.12	0.97	0.12	0.31	-0.03
合计	1305.10	509.38	381.19	0.12	0.11	0.04

数据来源：RESSET 金融研究数据库。

表 3-5　2017 年上市大型白酒企业经营情况

公司名称	营业收入（亿元）	利润总额（亿元）	净利润（亿元）	营业收入增长率（%）	利润总额增长率（%）	净利润增长率（%）
贵州茅台酒股份有限公司	582.18	387.40	290.06	0.50	0.62	0.62
宜宾五粮液股份有限公司	301.87	133.92	100.86	0.23	0.43	0.43
江苏洋河酒厂股份有限公司	199.18	88.48	66.19	0.16	0.14	0.14
北京顺鑫农业股份有限公司	117.34	6.37	4.42	0.05	0.17	0.04
泸州老窖股份有限公司	103.95	34.34	26.02	0.25	0.36	0.33
安徽古井贡酒股份有限公司	69.68	16.12	11.85	0.16	0.40	0.39
山西杏花村汾酒厂股份有限公司	60.37	13.83	10.04	0.37	0.50	0.57
安徽口子酒业股份有限公司	36.03	15.61	11.14	0.27	0.47	0.42
安徽迎驾贡酒股份有限公司	31.38	8.89	6.67	0.03	-0.02	-0.02
江苏今世缘酒业股份有限公司	29.52	12.04	8.95	0.16	0.20	0.19

续表

公司名称	营业收入（亿元）	利润总额（亿元）	净利润（亿元）	营业收入增长率（%）	利润总额增长率（%）	净利润增长率（%）
河北衡水老白干酒业股份有限公司	25.35	2.39	1.64	0.04	0.29	0.48
四川水井坊股份有限公司	20.48	4.17	3.35	0.74	0.56	0.49
新疆伊力特实业股份有限公司	19.19	4.95	3.57	0.13	0.23	0.29
舍得酒业股份有限公司	16.38	2.04	1.42	0.12	0.11	0.77
金徽酒股份有限公司	13.33	3.24	2.53	0.04	0.13	0.14
青海互助青稞酒股份有限公司	13.18	-0.55	-0.98	-0.08	-1.18	-1.47
安徽金种子酒业股份有限公司	12.90	0.25	0.09	-0.10	-0.06	-0.48
酒鬼酒股份有限公司	8.78	2.29	1.74	0.34	1.04	0.80
合计	1661.11	735.79	549.57	0.27	0.44	0.44

数据来源：RESSET 金融研究数据库。

表 3-6　2018 年上市大型白酒企业经营情况

公司名称	营业收入（亿元）	利润总额（亿元）	净利润（亿元）	营业收入增长率（%）	利润总额增长率（%）	净利润增长率（%）
贵州茅台酒股份有限公司	736.39	508.28	378.30	0.26	0.31	0.30
宜宾五粮液股份有限公司	400.30	186.07	140.39	0.33	0.39	0.39
江苏洋河酒厂股份有限公司	241.60	108.39	81.15	0.21	0.23	0.23
泸州老窖股份有限公司	130.55	46.59	35.10	0.26	0.36	0.35
北京顺鑫农业股份有限公司	120.74	10.59	7.28	0.03	0.66	0.65
山西杏花村汾酒厂公司	93.82	21.74	15.60	0.55	0.57	0.55
安徽古井贡酒股份有限公司	86.86	23.69	17.41	0.25	0.47	0.47
安徽口子酒业股份有限公司	42.69	20.61	15.33	0.18	0.32	0.38
江苏今世缘酒业股份有限公司	37.36	15.25	11.51	0.27	0.27	0.29
河北衡水老白干酒业公司	35.83	4.19	3.50	0.41	0.75	1.14
安徽迎驾贡酒股份有限公司	34.89	10.29	7.79	0.11	0.16	0.17
四川水井坊股份有限公司	28.19	7.32	5.79	0.38	0.75	0.73
舍得酒业股份有限公司	22.12	4.41	3.73	0.35	1.16	1.62
新疆伊力特实业股份有限公司	21.24	5.76	4.34	0.11	0.16	0.22
金徽酒股份有限公司	14.62	3.36	2.59	0.10	0.04	0.02

续表

公司名称	营业收入（亿元）	利润总额（亿元）	净利润（亿元）	营业收入增长率（%）	利润总额增长率（%）	净利润增长率（%）
青海互助青稞酒股份有限公司	13.49	1.63	1.02	0.02	-3.95	-2.03
安徽金种子酒业股份有限公司	13.15	1.31	1.03	0.02	4.18	10.22
酒鬼酒股份有限公司	11.87	2.99	2.23	0.35	0.31	0.28
合计	2085.72	982.45	734.08	0.26	0.34	0.34

数据来源：RESSET 金融研究数据库。

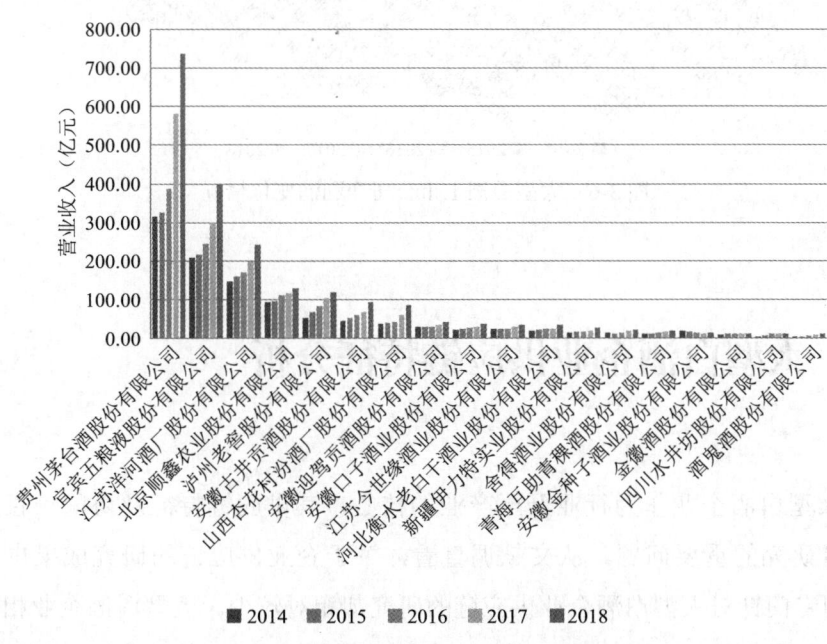

■2014 ■2015 ■2016 ■2017 ■2018

图 3-5　大型白酒上市公司营业收入变化情况

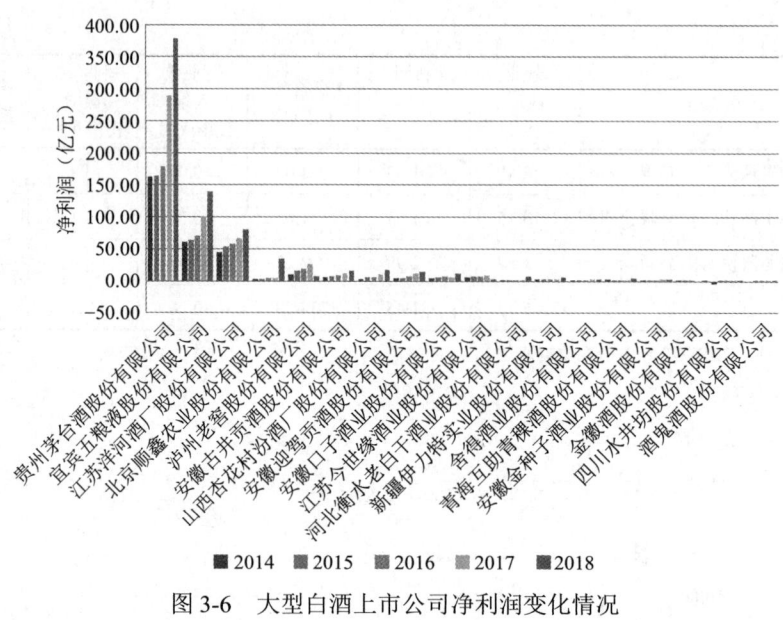

图 3-6　大型白酒上市公司净利润变化情况

3.3　大型白酒企业供应链特征分析

　　大型白酒企业作为行业乃至产业的核心，其供应链特征及协同一直是很多学者研究的重要问题。从文献调查看，关于企业供应链的研究成果也比较多。但专门针对大型白酒企业供应链的研究却相对较少。大型白酒企业相比一般企业的供应链存在诸多异质性特征，使得大型白酒企业的供应链协同问题表现出强烈的异化特征，特别是在现代经济条件下，由于涉农主体参与、中心化生产、去中心化交易、虚拟价值泛化、销售路径依赖，使这种异化特征得到进一步增强。

3.3.1　大型白酒企业供应链结构一般化

　　从供应链的研究发展进程看，虽然人们对供应链的认识经历了若干阶段，但最新的研究成果仍使已有的一些研究快速演化，使供应链结构处在由简及繁的进化中。最初提出供应链时，被认为是制造企业中的一个内部过程，即被视为企业内部的一个物流过程，所涉及的主要是物料采购、库存、生产和分销活动的职能协同。最初的供应链结构被视为是企业内部的物料流程结构，强调生产型企业的原料采购、库存、生产和分销等内部管理职能协同问题（见图3-7）。

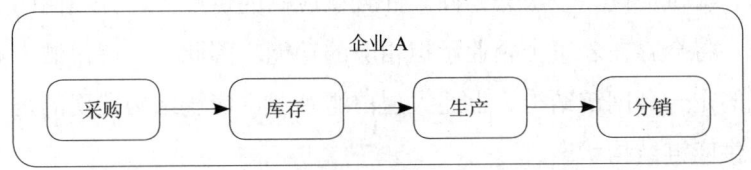

图 3-7　基于内部过程的白酒供应链结构

随着需求环境的变化，白酒消费端的地位得到空前重视，供应链被视为覆盖整个白酒产品运动过程的价值增值链。供应链不再是白酒企业内部的一条生产链，而是突破了白酒企业严格边界的核心企业与外界关联活动的价值链（见图3-8）。

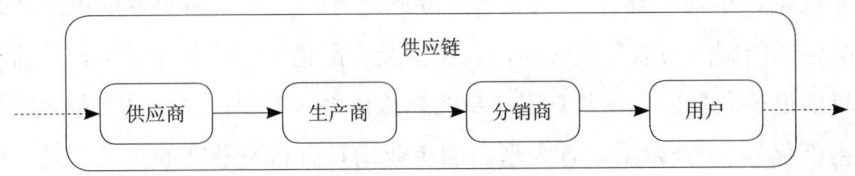

图 3-8　基于内外互动的白酒供应链结构

其后，随着企业竞争的加剧，学界与业界一致认为供应链的协同与管理优势是企业竞争优势的一个重要组成部分，企业与上下游节点企业、企业与终端客户之间的关系处理成为供应链管理的重点。供应链逐渐发展成为围绕制造商的一种强调关系与契约的包含物流、信息的网链关系（见图3-9）。

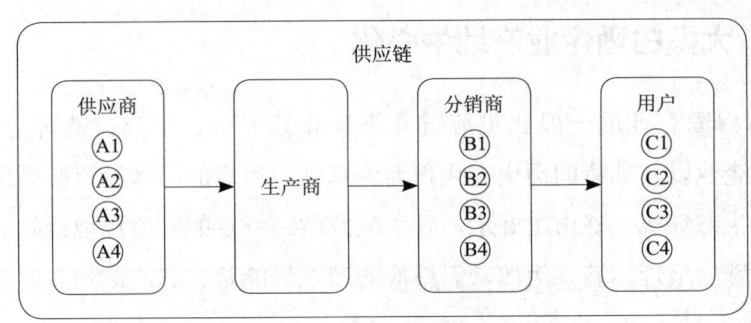

图 3-9　基于竞合关系的白酒供应链结构

在图 3-9 中，白酒产品从原材料到用户的流动过程，分别经历了原料供应商、白酒制造商、白酒分销商三级传递。其中供应商 A 在供应链中为一级供应商、分销商 B 在供应链中为一级分销商。现实中，根据市场的需要，一般一级供应商、一级分销商分别还会有自己的供销商和分销商，在整个供应链中则表现为二级供应商、二级分销商。并且供应商的供应商、分销商的企业构成并不唯一，将会存在若干个企业承担相应的功能。因此，大型白酒企业供应链最终呈现的是一种网链结构。上述大型白酒企业供应链结构展现的是一般意义上的企业供应链结构状态。

相对其他行业，特别是高科技行业，大型白酒企业的供应链结构略显一般化。从供应链结构看，大型白酒企业的原料供应由农户或农业公司提供。大型白酒企业往往追求产品品质，因此在生产过程一般为粮食酿造，而非酒精勾兑，如茅台酒的原料为高粱和小麦，五粮液的原料为高粱、大米、糯米、小麦和玉米，洋河的原料为优质黏高粱、小麦、大麦、豌豆，牛栏山二锅头的原料为优质高粱、小麦、豌豆、大麦等。除此之外，大型白酒企业的供应商还涉及产品包装的制造与服务供应商，以及涉及产品销售的广告服务商、物流服务商（目前很多大型白酒企业有用自身的物流体系，即物流供应商在很大程度上已经内部化）。在技术上，各大型白酒企业均具有自身独特的生产工艺，因此不存在技术供应商。从经销商看，不同的白酒企业由于采取的销售模式不同，在经销商的选择上，存在一定的差距，有的白酒企业采取的是深度分销模式，即区域滚动销售，有的采取的是分销协作模式，有的采取的是专卖店模式，还有的采取新型的线上集中购销模式。但无论何种销售模式，供应链下游的经销体系是健全的，在其末端就是终端消费者群体。

3.3.2 大型白酒企业产地中心化

大型白酒企业的一般化供应链并不意味其采购、生产、销售的简单化。大型白酒企业以其独特的历史文化积淀为基础，形成的品牌价值必须根植于特殊的地理生态环境。好山出好水，好水酿好酒。特定的时空环境给好酒、名酒标注了特殊的地理标签。例如，五粮液的产地只能是宜宾，泸州老窖的产地只能是泸州，茅台的产地只能是赤水河畔的仁怀。若这些大型酒企为了扩大产能或者其他原因进行异地生产，即生产的去中心化，则生产出来的产品将失去其因历史文化地理维度所赋予的白酒品质与品牌价值，甚至是对其自身历史文化积淀的一种否定，得不偿失。经典案例是 1975 年的贵州茅台酒易地试验。当时，根据党中央的指示，为了扩大茅台酒的产量，贵州茅台酒股份有限公司决定在维持所有技术与原料投入不变的情况下，在距离茅台酒厂 100 公里的遵义市汇川区进行易地生产试验。最终试验只得其形而未得其神，并形成了今天的贵州珍酒，即原国务院副总理方毅所说的"酒中珍品，异地茅台"。

大型白酒企业产地中心化是由其特殊的历史、文化、地理禀赋所决定的，这一点同时也意味着大型白酒企业在原料投入及工艺技术方面对特殊的历史、文化、地理禀赋的高度路径依赖。这种路径依赖反过来对于大型白酒企业的供应链形成极大的地域影响。经过长时间的中心化生产形成的品质特性对其品牌价值形成了慢性渗透，造就了独特的品牌价值。消费者作为供应链的最终环节，同样形成了对这种独特品质的依赖与忠诚。这意味着，大型白酒企业由于特殊的历史、文化、地理禀赋所造成的中心化生产将导致产品品质与风格的独特性，进而培养出忠诚于这一产品品质的消费群体与品牌效应，而消费者的感知价值将再次反过来强化大型白酒企业的中心化生产，最终形成强的路径依赖与闭环回路。产地中心化决定了供应商（原料）的中心化及经销商的去中心化，同时也决定了大型白酒企业供应链中的物流环节成本高企。

3.3.3　大型白酒企业供应商（原料）特异化

大型白酒企业产地中心化决定了供应商（原料）的中心化。如前文所述，大型白酒企业的生产原料基本都是常见的几种粮食作物。这些作物在全国范围内都有生产且优质作物的产地与大型白酒企业的产地并不完全吻合。但大型白酒企业却不约而同地选择其产地的粮食作物，一方面，由于白酒生产工艺的特殊性需要就近取材；另一方面，由于其白酒产品对于这些粮食作为原材料在其产品品质中的特殊作用。例如，茅台酒所选用的高粱绝大部分是仁怀市本地的糯高粱，虽然澳大利亚进口的高粱无论是在品质还是价格上都要优质，但改变之后对于酒的生产工艺有新的要求，并且改变工艺对于酒的品质是完全没有保障的。除了茅台酒以外，五粮液、洋河等其他大型白酒品牌同样存在这种情况。此外，最特殊的一种原料投入是水，如茅台酒投入使用的只能是赤水河的酒，五粮液投入的水也只能是宜宾市地下 90 米抽取的古河道下的天然矿泉水，杏花村酒所用的水是取自郭庄泉深藏地下 800 米深处的岩溶水等。

这种特异的原料供应导致大型白酒企业的供应链必须严格地与地理禀赋捆绑在一起。这一点也决定了供应链在很大程度上是刚性的。一旦原料供应出现问题，大型白酒企业生产的白酒在品质上将出现较大的波动。这种波动的方向客观而言可正可负，如在茅台镇采用茅台酒的原料生产五粮液，生产出来的酒的品质在理化客观层面上甚至有可能会高于原来的茅台酒与五粮液，但其生产出来的酒已经不再是茅台酒与五粮液，其品质在很大程度上并不是由其理化成分或效应决定的，而是由客户的主观感知所决定。

3.3.4　原料供应的战略库存刚性

由于原料供应商的特异属性，大型白酒企业的原料库存必须进行战略储备。大型白酒企业的原料多为粮食作物，并且是具有特殊地理禀赋的分散化、碎片化生产的粮食作物。这类粮食的成产在很大程度上具有不稳定性。这种不稳定性源于原料生产对环境、气候等自然条件的高度依赖。在歉收年份，高品质的原料供应是不稳定的，因此企业必须建立战略性储备。

按照现代化生产而言，为了控制成本，企业成产过程一般要求最低的原料库存，但在大型白酒企业这一被反复验证的生产经营标准并不适合。大型白酒企业的生产周期一般在 1 年以上，意味着原料投入周期一般也在 1 年以上，加上粮食作物生产的不确定性，大型白酒企业的原料库存无论成本有多高，都必须具有 2~3 年的战略储备，这一点是刚性的。

3.3.5　白酒产品功能边界的泛化引致的供应链价值的高弹性

从消费行为学看，消费者购买一款产品其最基本的动因在于该产品带来的使用价值。大型白酒企业的产品——白酒，其使用价值是多维的。白酒从其产品功能属性上看不仅具有饮食商品的一般属性，同时还具备文化属性。白酒是国际烈性酒中承载的文化底蕴最深厚、文化内涵最丰富的酒种之一。白酒是数千年中华传统文化传承的重要见证之一，同时也是特殊历史、文化、地域禀赋下的"天人合一"产品。这种古老文明的"天人合一"产品造就了其品质的独特性预计不可替代性，进而在产业化道路上形成的独特的品牌价值。从价值表现形式上看，白酒消费的一般化价值摄取在于享受其产品内涵的饮食商品使用价值。除此之外，在消费过程中，其作为沟通的实物媒介起到了沟通桥梁和契机的作用。在更高级别的消费中，白酒的品质及品牌价值所带来的精神享受，以及由此所约束的沟通与协调行为成为其功能的另一种表现形式。由于大型白酒企业产品的特殊历史、文化、地理禀赋带来的产品稀缺性，部分白酒正朝着投资与收藏品衍变。一言以蔽之，大型白酒企业的白酒产品不仅是拿来"喝"的，还可以拿来"交流""协调""欣赏""收藏"及"投资"，其功能边界出现泛化特征。

由于大型白酒产品的这种功能泛化属性，在供应链视角下，大型白酒企业产品的价值创造主体所创造的价值用其投入价值与产业化价值增值进行概括是不全面的。在现实中，目前任何一款白酒其有型的成本少则几元，多则数十元或者 100 元左右，远远达不到其动辄几百元甚至几千元的市场售价。基于这一点，诸多评论认为白酒企业，特别是高端白酒企业的经营属于暴利。但是，从市场的角度看，目前所有的白酒企业均遵循市场的价格机制与竞争机制，其定价是消费市场需求的一种客观反映。根据马克思政治经济学原理，价格围绕价值波动，价格是价值的现实反映。这就意味着，大型白酒企业产品其内在价值远高于其物化成本是一种合理的市场现象。其价值高于物化成本的部分我们可以称之为虚拟价值，在产业环境下，表现为品牌价值。品牌价值的形成本身亦需要成本，即品牌运营成本，但这一成本亦远低于其虚拟价值。究其原因，笔者认为根本原因在于其产品功能价值边际的泛化。这种泛化源自消费者的主观感知系统，或者是一种主观感知价值。其取决于消费者群体对该产品的集体主观感知，其价值大小随消费者群体的感知体验变化而变化。因此，从供应链价值层面看，大型白酒企业供应链的价值存在高弹性的特征。

第 4 章

大型白酒企业供应链价值共创理论模型

大型白酒企业的供应链价值共创过程并不简单。现有的价值共创理论对生产—消费二元系统的价值创造机制与过程进行了探索，但在供应链层面的应用却存在诸多理论桎梏，需要在更加开放的视角下，进行深刻的理论探索，并以此为基础对大型白酒企业的供应链价值共创机制与问题进行梳理。

4.1　生产—消费二元系统中的价值共创理论模型

　　自 1985 年迈克尔·波特在《竞争优势》一书中，提出价值链这一概念以来，国内外学者对于企业系统价值的来源进行了广泛的探索。最初的研究成果认为企业的价值创造是由采购、设计、生产、销售等一系列生产经营环节构成的，每个环节都在创造价值，即从企业内部出发，认为价值仅由企业自身创造，与之关联的其他企业并无关系。随着研究该领域的学者们对新制度经济学、产销合一、开放式创新、供应链协同等研究的深入，企业要素配置边界的模糊性逐渐被正视。学者们开始关注企业间的关联机制在企业要素配置与价值创造过程中的贡献，笔者认为这需要在新的战略思维层面进行分析。由此带来的关于企业价值创造主体与价值创造机制的理论问题成为关注的焦点。

　　在此基础上，价值共创理论应运而生，其肯定了企业价值创造并非孤立了企业内部的行为机制过程，认为应将与企业关联的其他主体全部纳入考虑。消费者群体价值的增值是供应链价值流实现的前提和基础 [1]。沈小平 [2] 指出供应链是一个价值系统，并认为该价值系统的价值创造来源于供应链成员企业内部的价值创造活动与供应链外部价值创造活动，其中制造商、供应商、分销商及顾客等的价值链按照某种关系共同构成供应链的价值创造系统。价值共创理论基于消费者产品体验和基于服务主导两个逻辑进行了理论探索，并在学术界取得了一致认可。两者的理论视角和逻辑框架存在较大不同，但都是将企业生产环节与消费放在同一价值创造体系来对待。供应链系统是生产—消费二元系统的耦合叠加，其是若干一维的生产—消费二元系统在社会化分工基础上的有机结合。因此，在供应链系统上，探讨价值创造仍旧满足价值共创理论的一般框架。

在一维的生产—消费二元系统中，涉及的是生产商与消费者群体之间的合作机制与价值行为。按照价值共创理论，生产商根据消费者群体的体验与反馈，寻找适宜的市场契机，并结合自身的要素配置能力与消费者群体，在产品或服务的实现形式下共创价值。在这个过程中，生产者与消费者的分工是明确的。①消费者根据基期或过往的消费体验，提出消费需求；②生产者依据自身的动态能力及与消费者之间的沟通机制（如售后技术支持部门），捕捉市场契机；③生产者面对市场契机，根据自身的要素配置能力，进行产品与服务设计，并进行生产；④在市场交换机制下，生产者与消费者之间形成价值交换；⑤消费者在连续的消费过程中，形成自身的感知价值，并形成评价；⑥消费者感知价值评价反馈给市场，生产者根据市场评价提炼产品与服务价值，并形成品牌战略。这一逻辑过程，即一维的生产—消费二元系统中的价值共创过程如图 4-1 所示。

从一维的生产—消费二元系统中的价值共创过程来看基本包括 3 个环节，即生产者的设计创造、消费者的感知评价，以及生产者与消费者之间的交换过程。其中生产者的设计创造是经济系统的价值创造过程，消费者的感知与评价是整个经济系统的价值评价过程，而生产者与消费者的交换则是整个经济系统的价值分配过程。价值创造为整个系统提供了价值源泉，同时也是价值交换的基础；价值分配为价值创造提供了保障，同时也是价值创造的动力。价值创造、价值分配的循环嵌套共同塑造了价值共创机制。

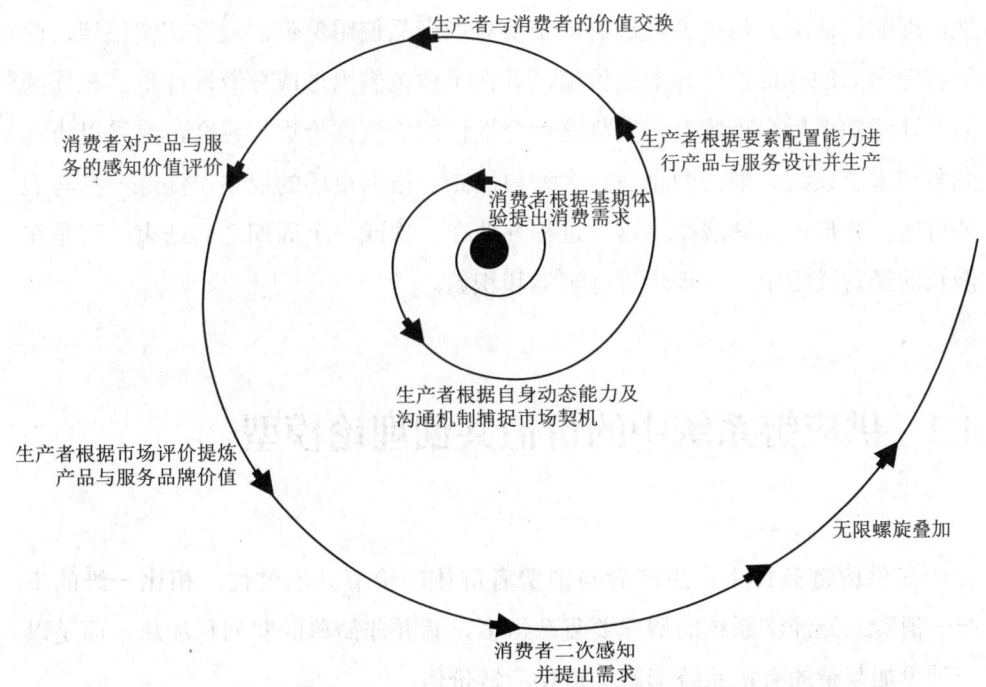

图 4-1　一维的生产—消费二元系统中的价值共创过程

基于价值共创理论，首先肯定的一点就是大型白酒企业的价值创造并非白酒企业独立的行为结果，而是白酒企业与消费者群体共同参与的结果。由于中国白酒的历史非常悠久，大型白酒企业产品的历史文化底蕴就更加深厚了。因此，大型白酒品牌天然具备一种基期价值体系。这种价值体系源自这些白酒品牌的历史、文化、地理禀赋。并且在此基础上，消费者群体已然形成了特殊的感知价值。例如，杏花村酒，有诗曰："……借问酒家何处有，牧童遥指杏花村。"此后 1000 多年里，消费者对杏花村酒的心理价值一直居高不下。时至今日，在谈到杏花村酒时，消费者甚至是普通大众最直观的评价就是"好酒"。基于这种天然的消费观和价值体验，消费者根据当下的特定消费偏好提出消费需求（如白酒文化、生态饮食、健康饮酒、理性消费等）。大型白酒企业通过市场渠道与消费者群体形成产销沟通机制捕捉市场契机，并依据自身的动态能力形成基本的生产理念和产品功能定位，结合市场环境根据自身的要素配置能力进行产品与服务设计，组织生产。继之，大型白酒企业通过市场研判，采取适宜的营销模式和定价机制，在市场交换机制下，与消费者之间形成价值交换，即购销活动。消费者通过价值交换获取产品使用价值，通过切实使用，感知特定白酒的有形价值和虚拟价值，并在个体范围内形成分散性评价。在连续的个体感知之后，市场会自发将这种分散性的价值评价进行融合，最终以市场竞争结果反馈给大型白酒企业。大型白酒企业根据市场的反馈，提炼产品与服务价值，并形成品牌战略。这一过程并非在一次或一个周期之后结束，而是在漫长的经营过程中，一步步进行沉淀和积累。

4.2 供应链系统中的价值共创理论模型

在供应链条件下，生产者与消费者群体的价值共创过程，相比一维的生产—消费二元经济系统的情况要复杂得多，其并非简单的罗列和加总，而是以一种更加复杂的有机系统形态塑造供应链价值。

供应链是具有严格边界的企业与微观企业主体、中观产业形态及宏观经济体制发生作用的系统纽带，是在社会化分工的基础上，各产业间、行业内主体因为最基本的供需关系而结成的复杂的生产—消费体系。在这一系统中，上一环的供应商，即本环企业的生产者，而本环节企业则为上一环企业的消费者。同时，本环企业相对下一环企业或者消费群体而言又是生产者。因此，在供应链系统中，除去最始端与最末端主体，其他主体均具有生产—消费双重属性。前文所述的生产—消费经济系统价值共创的过程，在供应链系统下，并不能简单累加，而应是一种系统嵌套过程（见图4-2）。

从供应链价值共创过程来看，任一两个供应链主体之间的价值演化均包含3个环节，即生产者的设计创造、消费者的感知评价，以及生产者与消费者之间的交换过程。与生产—消费二元经济系统中的价值共创情形类似，生产者的设计创造是经济系统的价值创造过程，消费者的感知是整个经济系统的价值实现的基础，而生产者与消费者的交换则是整个经济系统的价值分配过程。价值创造为整个系统提供了价值源泉，同时也是价值分配的基础。

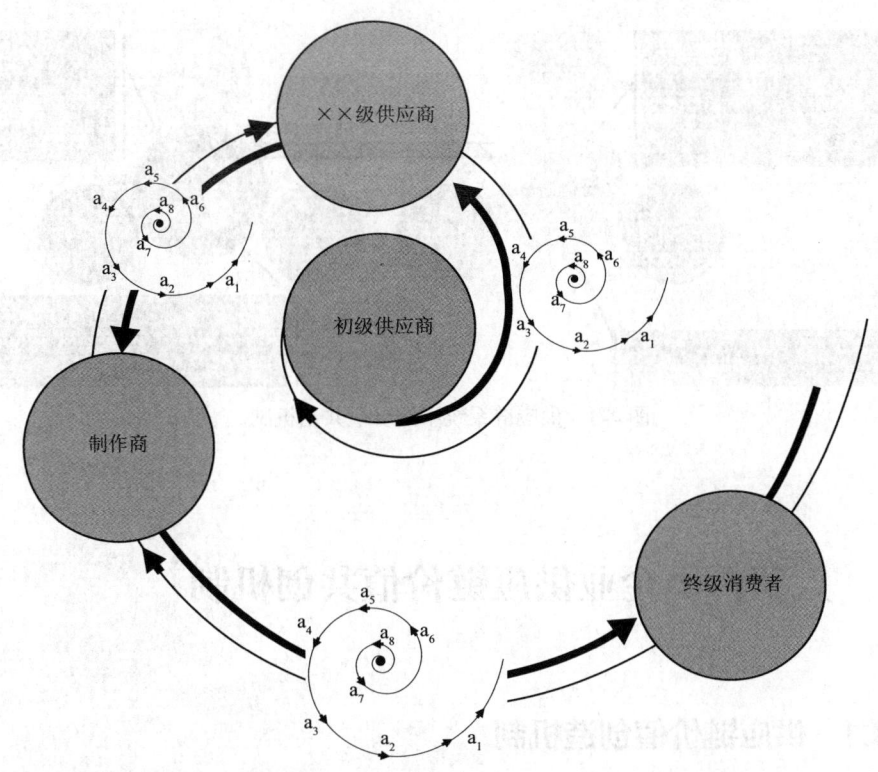

图 4-2　供应链价值共创过程

a_1: 无限螺旋叠加　a_2: 消费者二次感知并提出需求　a_3: 生产者根据市场评价提炼产品与服务品牌价值　a_4: 消费者对产品与服务的感知价值评价　a_5: 生产者与消费者的价值交换　a_6: 生产者根据要素配置能力进行产品与服务设计并生产　a_7: 生产者根据自身动态能力及沟通机制捕捉市场契机　a_8: 消费者根据基期体验提出消费需求

　　从供应链系统视角来看，供应链主体间相互割裂的价值创造、价值分配则需要在一个有机的协同机制下进行融合。价值创造、价值分配的循环嵌套共同塑造了价值共创机制。具体而言，可分为供应链价值创造机制、供应链价值分配机制（见图4-3）。

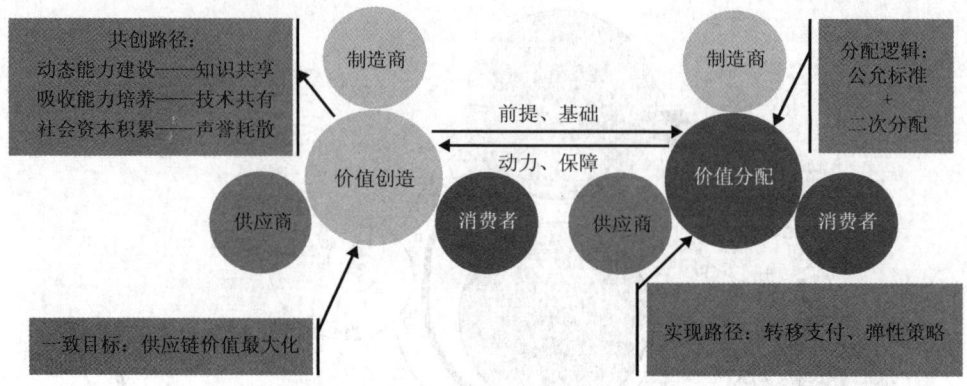

图 4-3　供应链系统中的价值共创机制

4.3　大型白酒企业供应链价值共创机制

4.3.1　供应链价值创造机制

在价值创造环节，基于价值共创的基本理念，供应商、制造商和消费者群体原本个体利益最大化的经济目标被具有一致性的供应链价值最大化目标取代。在此目标之下，供应商必须确保自身的供货质量、供货数量、供货速度及可协同的供货价格。制造商必须注重消费者群体的感知反应，根据消费者群体的感知反应及时调整自身的产品功能设计与技术参数，同时根据生产过程及要素配置状态向供应商传递关于原料、技术、服务的感知信息，供应商调整其供应效率。生产商在生产过程中，必须以客户需求为导向在企业内部以更加优异的效率配置资源，使虚拟价值具体化。消费者将根据自身的消费偏好对产品的市场价值进行感知体验，并以交换价值予以表达，通过长时间的感知体验形成对产品的价值确认。在此一致性目标的指导下，供应商、制造商和消费者群体通过知识共享、技术扩散与声誉耗散实现价值共创。

（1）基于知识共享视角。在开放条件下，知识作为现代经济中的超级要素，以开放互补、动态反馈、去中心化、高渗透性为主要特征在企业产权边界和能力边界中高频交互 [3]，使得大型白酒企业的要素配置边界以极低的配置成本得以扩张。非竞争性、非排他性、高渗透性、非契约性的"知识元"对现代企业理论所强调的企业严格边界产生的这种持续冲击 [4, 5]，决定了大型白酒供应链价值创造并非企业的排他性内部行为，而是一种进化的、非线性的、供应链知识交互作用的过程。供应链视角下的大型白酒企业竞争优势不仅源于企业的资源或者流程惯例，更源于企业如何重构资源与惯例的方式和过程，即动态能力 [6]。大型白酒企业的动态能力是其正确处理、整合和重构企业内外部知识、资源和技能以匹配动态供应链环境的核心能力 [7]，是协调供应链各主体关系，维系供应链价值体系的关键。大型白酒企业供应链的知识交互过程以企业动态能力建设为前提。知识共享条件下的大型白酒企业最优化供应链价值决策，应在价值创造、知识共享、动态能力的互动机理与动态作用机制框架下进行考查。

（2）基于技术扩散视角。技术扩散作为外部要素对于供应链各成员，在价值创造机制中，处理相互耦合关系极其重要，是大型白酒企业供应链协同的一个重要组成部分。在开放条件下，供应链竞争作为企业竞争的主要表现形式，并非对企业间技术竞争的否定，反而是对以技术为核心的企业竞争模式的深化与拓展。从大型白酒企业竞争的实际出发，可以明确观察到政府对于大型白酒企业供应链技术扩散的竞争性意识，以及供应链技术规制对于企业发展的重大影响。在信息技术应用、技术流动全球化等因素推动下，大型白酒企业向其供应商的技术扩散及融合呈加速态势。这种加速的技术扩散与融合趋势对于在开放条件下的大型白酒企业技术柔性、门槛及学习提出了新的更高的要求，同时也对供应链企业的利用式创新和流程再造提供了可能性。技术扩散条件下的大型白酒企业最优化供应链价值决策，应在价值创造、技术扩散、流程再造的互动机理与动态作用机制框架下进行分析。

（3）基于声誉耗散视角。声誉是企业的整体性无形资产，是企业站在社会责任与企业形象的角度，随时间的积累，与各利益相关者发展而形成的认知与情感吸引力，并为他们提供有价值的产出能力 [8]。这一点在白酒行业表现得尤为突出，因白酒产品不同于一般化的商品，其更多的是一种历史文化产品。作为大型白酒企业间建立合作关系的非市场安全机制，声誉对于激励供应链合作伙伴维持高质量的服务，减少伙伴信息不对称带来的风险及欺骗具有重要作用 [9]。大型白酒供应商、制造商、消费者群体的有效声誉组合，是供应链企业及消费者合理地利用合作伙伴的社会资源、提升自身无形社会价值、实现供应链价值共创的有效途径。大型白酒企业供应链在特定的机制安排下实现声誉耗散。这种机制可以是市场化的"交易"行为，亦可以是供应链企业非市场化的社会资本积累过程。供应链企业乃至消费者通过社会资本积累，在相互信任的基础上，与外部组织、机构及个人形成稳定的社会关系网络和社会结构，实现供应链伙伴间的声誉耗散，进而提升供应链价值的创造能力。在声誉耗散条件下，大型白酒企业最优化供应链价值决策，应在价值创造、声誉耗散、社会资本积累的互动机理与动态作用机制框架下进行分析。

4.3.2 供应链价值分配机制

4.3.2.1 供应链价值分配标准

迈克·波特认为供应链是一条价值链，并且以价值整合和创造而驱动。曹晨 [10] 根据系统论的观点，以及供应链价值系统的组成部分，认为供应链价值来源于 4 个部分：第一，来源于供应链外部其他供应链之间的竞争与合作；第二，来源于供应链内部企业联盟创造的价值；第三，来源于消费者群体创造的价值；第四，来源于企业与消费者合作所创造的价值。艾斯波（Esper）、埃林杰（Ellinger）等 [11] 研究表明，供应链各节点企业间的合作与融合将对供应链整体产生有益影响，形成一个共同价值创造整体，进而提升整个供应链价值。

在实际操作过程中，由于价值具有模糊性、复杂性、难以量化，导致供应链价值评价的研究相对较少。不少学者把供应链价值分配问题等同于利润分配问题，因为利润更容易测度。本书认为供应链价值分配不仅包括各参与主体，在供应链各环节，参与度与贡献的分配，同时更重要的是基于供应链体系可持续的价值评价。在价值评价环节，生产—消费二元经济系统以产品或服务的市场价值作为生产主体的价值评价标准，即以生产成本＋价值增值作为生产企业的价值分配依据。按照价值共创理论，消费者虽然参与价值创造过程，但消费者的价值创造贡献更多是一种无成本贡献，以产品或服务使用价值提升为收益。在价值分配中，该部分价值无法得到具体的量化分配，仅以消费者获取的感知价值提升进行表达，并且这种表达需要以交换价值提升为代价。因此，可以认为，在生产—消费二元经济系统下，消费者价值贡献并未获得真正的价值分配，关键原因在于缺乏应有的价值评价标准和机制。

在供应链系统中，涉及的主体更多，价值评价是否恰当、是否公允是供应链价值分配的关键环节，同时也决定了供应链价值共创动态可持续性与否。在供应链条件下，价值分配应具备一个让供应链各主体共同认可的评价标准，即公允标准。目前的研究大多将供应链价值分为企业价值与消费者价值。其中，企业价值一般以企业总收益—企业成本，即企业利润表达，也有学者选择托宾 Q 值或基于经济增加值（economic value added, EVA）等企业财务绩效来测量供应链价值增值情况。经济附加值，又称经济利润、经济增加值，是一定时期的企业税后营业净利润与投入资本的资金成本的差额。托宾 Q 值事实上是市场对企业资产价值与生产这些资产的成本的比值进行估算，高 Q 值意味着高产业投资回报率。有研究认为供应链价值最终均来自消费者群体的支付成本，即供应链价值等价于消费者价值，供应链创造的总价值应该是供应链上产品或服务价值与消费者价值之和，具体形式为

供应链价值 = 顾客价值 = 产品价值 + 消费者剩余价值

这些关于供应链价值的评价与分配方法，在很大程度上是通过市场价格机制进行统计分析。根据马克思关于价值理论的论述："价格是价值的市场表现，其围绕价值上下波动。"最直接的观点，即价格与价值并非等价物，两者存在质的区别。基于市场价格进行的企业与消费者群体的价值分配，只能是在一定程度上的替代与近似。

西方经济学经典理论关于市场失灵的探索表明，垄断、政府管制、信息不对称等一系列因素均可能导致市场失灵。市场失灵将加剧价格对价值的背离，同时导致供应链价值分配的失衡。杜义飞、李仕明[12]认为在供应链企业间的价值分配过程中，中间产品（或服务）的价格决定企业间利润分配，即中间产品（或服务）的市场价格是供应链价值分配的核心。在一般情形下，默认供应链各主体的供应链价值分配以其市场价值为标准，即供货商品与服务，以

及产品与服务的市场价格为基础的分配标准。这一标准是市场竞争的直接结果，但并不一定是对供应链价值的合理分配。考虑大型白酒企业的垄断地位、供应商与原料的跨产业特殊性导致的信息不对称，以及经济结构与形态的不合理状态等，这一默认的分配标准存在修正的可能。

通过调研发现，白酒原料（高粱、小麦、大米、谷物等）供应商（农户）的年人均收入仅为 4000 元。若同样的原料供应商（农户）放弃供应而选择在第二产业或第三产业进行生产则其个人年收入将增长 10 倍以上。这就意味着，按照市场价值进行的供应链价值分配标准，原料供应商的供应链价值贡献被严重低估。这种低估并非源于大型白酒企业的主动行为，而是源于整体经济结构与产业效率。这种源于经济结构与产业效率的低估在通常情况下被默认接受，即导致了原料供应的不确定性，乃至农业中空化、老龄化的宏观经济问题。在价值共创理论的指导下，供应链被看作一个价值创造的整体，其价值分配必须在一个公允的一致的标准下进行。笔者认为这一公允标准应是供应链市场价值分配标准上，通过产业机会价值叠加的修正。

在操作过程中，本书将供应链最优决策市场价值核算与产业机会成本核算进行结合，进而形成对供应链价值的公允分配。关于供应链最优决策市场价值可援用现有的关于企业经济增加值的评价方法。关于机会成本核算，则在替代产业平均报酬统计分析的基础上，将其与白酒产业供应报酬进行比较，进而形成相应补偿。具体见后续章节。

4.3.2.2 供应链价值分配行为

根据供应链价值系统的组成及价值来源可知，供应链中的企业和消费者既是合作者又是竞争者。合作，即以创造更大的供应链价值为一致目标；竞争，即供应链价值系统各成员同时有追求自身利益最大化的诉求。因此，从供应链的竞合关系看，在供应链系统中，各成员将为了各自的利益进行相互博弈，其结果即为供应链价值分配。

已有研究对于供应链价值分配的定义是供应链中各成员（包括供应商、制造商及消费者）以一种双方都能接受的方式组成供应链并希望获取更大价值（至少要比没有组成供应链时获得的价值大），在参与供应链价值共创后，各成员根据自己所付出的成本代价来要求价值分配。基于供应链非合作博弈，供应链价值分配的问题被转译为对于中间产品与最终产品的定价权的问题。在博弈过程中，谁具有较大的定价权，则其在供应链价值分配中占据主导地位，获取的价值分配就越高。在价值共创理论框架下，供应链系统不仅存在非合作博弈行为，同时还具有合作博弈的驱动因子。因此，在价值共创理论框架下，供应链价值分配不能简单地以非合作博弈决策机制进行考量，而应在价值协同的大框架下进行分析。此时的供应链价值分配实质是供应链中各成员（包括供应商、制造商及消费者），在公允价值分配标准下，以各方均能接受的方式组成供应链并获取公允价值，各成员根据自己所付出的成本代价及因参与供应链价值共创损失的机会成本来要求价值分配。

价值共创理论框架下的价值分配以供应链价值协同的方式进行。供应链协同作为全球企业（特别是中国企业）的权变战术，是当前企业竞争差异化战略的必要选择，其被定位成企业价值战略的核心。从大型白酒供应链结构看，上游供应商（农业原料供应）以其独特的竞争优势和禀赋特征参与供应链，使得大型白酒企业供应链安全管理的不可控性更加明显。这种不可控性源于大型白酒企业因其供应链的特殊性，其供应链价值分配存在更为明显的复杂性和异质性。大型白酒企业供应链的涉农主体参与、中心化生产、去中心化交易、虚拟价值泛化，以及路径依赖等特征，使其价值仅仅依靠市场价值标准进行分配无法保障供应链价值的可持续创造。应根据价值评价机制，在市场价格机制决定的一次市场定价分配的基础上，通过供应链各主体间的契约与信任关系实现供应链主体间的二次转移支付。

供应链价值协同方式下的价值分配的实现路径包括供应链价值转移支付与弹性策略等。

（1）供应链价值转移支付。马克思的劳动价值论在"社会"这一抽象主体视角下是完全合理的。在具体的情境下，往往由于市场地位差异、决策权力的分散等一系列市场因素，导致在最终环节价格与价值的背离。在白酒供应链甚至扩大到更为宽泛的涉农供应链体系中，由于供应商（农户）的市场地位较弱，以及行为主体的分散，导致其供应商品的价格远低于按照其社会必要劳动时间的定价水平，不能真切反映其商品价值。在经济现实中，劳动价值论所强调的"社会"抽象主体的分支体系异常繁杂，其可分化为不同产业门类，且不同产业门类的"社会"性完全不同。第一产业（农业）的劳动强度、社会必要劳动时间、社会劳动生产率等明显异于工业、服务业。按照劳动价值论的逻辑观点，农业食品价值应该高于工业、服务业产品，并且以价格形式保障社会生产的有序进行。若白酒供应链中涉农供应商品的价格持续背离价值，作为一种应激反应，相关供应商完全有理由进行产业转移，进而减少供应，通过供求关系对其进行修正。这也就从劳动价值论角度论证了目前存在的"农业空心论""农民老龄化"的根本原因。

从白酒供应链的具体情境看，要维持大型白酒企业供应链的完整与可持续发展，进行供应链价值的合理分配，必须在供应链价值评判的基础上进行。在一般情形下，默认供应链各主体的供应链价值分配以其市场价值为标准，即供货商品与服务，以及产品与服务的市场价格为基础的分配标准。这一标准是市场竞争的直接结果，但并不一定是对供应链价值的有效评价。按照市场价值进行的供应链价值评价标准，原料供应商的供应链价值贡献可能被严重低估。这种低估并非源于企业的主动行为，而是源于整体经济结构与产业效率。在价值共创理论的指导下，供应链价值分配必须在一个公允的一致的标准下进行。笔者认为这一公允标准应是在供应链市场价值标准上，通过产业机会价值叠加的修正，应将供应链最优决策市场价值核算与产业机会成本核算进行结合，进而形成对供应链价值的公允评价，并向价值低估方进行一定的价值转移支付，使其达到或接近经济增加值的标准。

（2）供应链价值分配的弹性策略。供应链是具有严格边界的企业与微观企业主体、中观产业形态及宏观经济体制发生作用的系统纽带。供应链风险伴随供应链系统特征产生，具有必然性，即企业的价值活动从始至终均在供应链风险条件下进行[13]。供应链风险是供应链价值分配的天然约束条件。"外生"供应链风险与"内生"价值分配的方法论纽带，即供应链弹性管理。

供应链弹性管理对于供应链风险控制具有积极效果，以及将供应链弹性管理作为一种供应链风险抵御方法和手段，虽然短期看对供应链系统各主体而言是一种负向的约束机制，但长期看则是保持供应链价值分配的关键。加强大型白酒企业供应链弹性管理意味着供应链系统主体需要采取综合性的弹性管理措施。大型白酒企业建立多层次的供应链防御体系，一是可以增强对顾客需求变化的适应性和可调节性（战略储备）；二是可以减少企业"满负荷"运转带来的自身各种设施可靠性方面的风险；三是可以提高供应链的敏捷性，进而在供应链环节的关键节点上，节省比竞争对手更多的时间，面临突发事件或突发性的需求来临时，可以比对手更快地捕捉到机会并快速反应采取行动（替代型白酒供应商的选择）。供应链上各企业间（或者白酒企业与农户间）的弹性管理机制，一方面，有利于及时发现供应链上潜在的风险，提高供应链运作的协同性和效率，为规避风险及早采取补救措施赢得宝贵的时间；另一方面，弹性管理作为供应链参与各方价值分配的约束机制，无形中对供应链各参与方的价值分配行为进行前置性防御，有利于供应链价值系统的可持续发展。

参考文献

[1] 疏礼兵. 供应链价值流的分析与思考 [J]. 价值工程，2002（3）:13-16.

[2] 沈小平. 供应链价值系统与竞争优势 [J]. 物流工程与管理，2010，32（8）:137-139.

[3] 陈泽明，杨敏，何山. 三维空间对企业内生创新的知识流溢出机理及其实证研究——基于开放创新视角 [J]. 软科学，2016，30（1）:9-13, 35.

[4] 杨敏，王静娴. 企业创新空间系统的知识流耦合效应研究 [J]. 华东经济管理，2018，32（3）:128-133.

[5] 杨敏，王静娴. 空间、知识流与企业创新：机理与实证 [J]. 上海经济研究，2017（10）:95-104.

[6] 李璨. 企业动态能力的跨层整合框架 [J]. 华东经济管理，2018，32（9）:158-164.

[7]TEECE D J, PISANO G, SHUEN A. Dynamic capabilities and strategic management [J]. Strategic management journal, 1997，18（7）: 509-533.

[8] 张世新，张敏. 基于企业声誉理论的品牌价值提升 [J]. 商场现代化，2009，（35）:29-30.

[9] 卢志刚，林卡. 基于声誉的供应链合作伙伴选择模型 [J]. 计算机工程，2015，41（6）:152-157.

[10] 曹晨 . 共创价值背景下供应链价值分配研究 [D]. 青岛：山东大学，2015.

[11]ESPER T L, ELLINGER A E, STANK T P. Demand and supply integration: a conceptual framework of value creation through knowledge management[J]. Journal of the academy of marketing science, 2010，38（1）:5-18.

[12] 杜义飞，李仕明 . 供应链的价值分配研究——基于中间产品定价的博弈分析 [J]. 管理学报，2004（3）:260-263.

[13]HENDRY L C, STEVENSON M，MACBRYDE J, et al. Local food supply chain resilience to constitutional change: the Brexit effect [J]. International journal of operations & production management, 2019，39（3）: 429-453.

第 5 章

大型白酒企业供应链价值创造机制分析

在复杂多变、竞争激烈、保护主义暗潮涌动的全球经济背景下，企业不仅需要关注基于人才、技术、模式的核心竞争力要素的优化配置，而且要从企业发展战略维度对供应链价值的创造方式、实现路径进行重塑。大型白酒企业供应链的特异性及供应链主体间的交互作用，在很大程度上抑制了企业整体治理的效率，以及影响企业的价值创造过程。为有效处理环境规制、供应链风险等所带来的价值创造难题，充分挖掘大型白酒企业供应链网络协同过程中的价值空间，与之对应的企业决策是基于价值共创的供应链协同问题。其最终目的不应是高效、有序的管理过程，而应上升到开放条件下的供应链网络价值共创结果上来，即供应链价值管理的重心不应仅仅是处理"如何分蛋糕的问题"，还应将视野放到更加宏观的"如何做大蛋糕的问题"。

5.1 知识共享条件下的供应链价值创造

在更为开放的知识共享与动态能力视角下，供应链价值创造的研究不仅需要关注多主体参与的网络关系[1]，更需要从知识共享、动态能力、企业创新、客户体验等多维度探索供应链价值共创机制。本节在知识共享、动态能力与供应链价值共创关系分析的基础上，通过构建考虑知识共享与动态能力的三阶段供应链价值创造数理模型，进行理论推演，借助数值模拟仿真对知识共享条件下，考虑动态能力的大型白酒供应链价值创造机制进行探索。

5.1.1　知识共享、动态能力与供应链价值共创关系

在互联网经济思维的影响下，"共享""跨界""开放"等一系列新的企业发展战略思维诱发了关于供应链价值创造机制的审视。传统价值共创理论认为，消费者再也不是纯粹的价值消耗者，而是与生产者互动的价值共创者[2]。随着知识共享、技术扩散的不断深化，供应商、商业合作伙伴、客户乃至链外主体逐渐参与到供应链价值创造的过程中，供应链价值创造主体呈多元化趋势。在价值流中，供应链持续运作和企业活动的最终结果是实现价值转移和价值增值，并最终传递给消费者。网络环境下供应链中的价值共创并非仅来源于某一端的价值创造，而是上、中、下游容纳的所有组织共同价值创造的过程[3]。市场竞争开始从企业间竞争关系升级为供应链间的竞争[4]。供应链企业的价值决策也从单纯地追求自身利润最大化逐步转变为追求供应链共同价值最大化[5]，即供应链价值共创。

经济的全球化、知识的开放性，加速了供应链各企业间的知识与信息交换，使供应链系统表现出非平衡、非线性的知识共享结构特征[6]。企业必须在这一动态的知识共享结构中，与上下游各要素形成良性互动，整合信息与知识，从而共创价值[7]。知识作为现代经济中的超级要素，其流变趋势与耗散状态决定了这一复杂系统的存续与发展[8]。在开放条件下，以开放互补、动态反馈、去中心化、高渗透性为主要特征的知识要素在企业产权边界和能力边界中高频交互，使得企业的要素配置边界以极低的配置成本得以扩张[9]，决定了供应链价值创造并非企业的排他性内部行为，而是一种进化的、非线性的、供应链知识交互作用的过程[10, 11]。知识的非契约耗散，成为一种具有互动性、再生力和协同增值性的系统价值共创核心机制[12]，其既是获取、分类、存储、更新和共享知识的过程，也是供应链系统价值创造的管理战略和协同流程。目前，对供应链价值创造大多以组织为中心进行绩效验证[13]，从知识非契约共享的视角探索供应链协同的价值共创机制则相对缺乏。

知识共享条件下的供应链知识管理是从组织间无形资产交互、叠加、重构中创造出价值的艺术[14]，表现为通过供应链知识互动，提升知识管理能力，尤其是利用新知识或者整合知识来动态性地改善供应链静态知识结构，重构知

识价值，提升企业能力，即通过动态能力的建设提升知识价值。可见，供应链视角下的企业竞争优势不仅源于企业的资源、知识或者流程惯例，而且源于企业如何重构资源与惯例的方式和过程，即动态能力[15]。

动态能力是企业正确处理、整合和重构企业内外部知识、资源和技能以匹配动态供应链环境的核心能力[16]，其强调企业核心竞争力的关键在于整合、建立与重建内部与外部能力以应对快速变化的环境[17]。企业动态能力的演化路径嵌套于知识管理与耗散过程[18]，且对于知识共享具有路径依赖性。企业基于静态知识结构与知识要素禀赋，在知识管理与耗散过程中获取新知识，并不断地进行知识的整合、转型及利用，探索知识学习、分享、重构的机制与路径，加强对知识的融合与应用能力[19]。根据动态能力的路径依赖特性，企业需要不断地对目前的发展路径、当前的知识条件及知识共享的机制与路径进行判别分析，对企业静态性知识加以融合、转化和利用，转变成组织动态能力，进而使之成为内生价值创造的根本[20]。从供应链协同视角看，动态能力则是企业协调供应链各主体关系，维系供应链价值创造体系的关键。

5.1.2 不考虑知识共享的三阶段供应链价值共创模型

通过知识共享、动态能力与供应链价值共创关系的分析，首先构建不考虑知识共享的三阶段供应链价值共创模型，作为后续考虑知识共享与动态能力的三阶段供应链价值共创模型的比对标准。

在不考虑知识共享与动态能力建设的情况下，考查了包含供应商、制造商、消费者的三级供应链。假设制造商以价格 P 将商品销售给消费者，其单位成本为 c，且 P、c 均为模型的内生变量。P_s 为供应商中间产品价格，c_2 为供应商产品单位成本。对于供应链上的消费者群体，假设其行为具有一致性，即其消费需求由市场需求函数进行表达

$$Q = a - bP \tag{5-1}$$

式（5-1）为制造商面临的市场需求函数，其中，Q 为供应链制造商产量，a 为常数，b 为消费倾向。即制造商价值创造、供应商价值、消费者剩余为 SMV、SSV、SCV 有

$$\text{SMV} = \left(P - c - s\right) Q = aP - bP^2 - ac - sa + bcP + bsP \tag{5-2}$$

$$\text{SCV} = \int_0^Q P \mathrm{d}Q - PQ = \frac{1}{2b}Q^2 \tag{5-3}$$

$$\text{SSV} = s - c_2 Q = sa - c_2 a - sbP + c_2 bP \tag{5-4}$$

三阶段供应链决策过程中，首先，由制造商根据市场需求情况，以价值最大化为目标进行决策；其次，供应商根据制造商的需求决定其中间产品价格。前文式（5-2）即为制造商的决策目标函数。考查$\dfrac{\mathrm{dSMV}}{\mathrm{d}P}$，发现$\dfrac{\mathrm{d}^2\,\text{SMV}}{\mathrm{d}P^2} = -2b < 0$。

即制造商的决策目标函数为关于P的凸函数，存在极大值，令$\dfrac{\mathrm{dSMV}}{\mathrm{d}P} = 0$，计算得

$$P^* = \frac{a + bc + bs}{2b} \tag{5-5}$$

将式（5-5）代入式（5-4）得

$$\text{SSV} = sa - c_2 a - s\frac{a + bc + bs}{2} + c_2 \frac{a + bc + bs}{2} \tag{5-6}$$

考查$\dfrac{\mathrm{d}^2\,\text{SSV}}{\mathrm{d}s^2}$，发现$\dfrac{\mathrm{d}^2\,\text{SSV}}{\mathrm{d}s^2} = -b < 0$。

即供应商的决策目标函数为关于s的凸函数，存在极大值，令$\dfrac{\mathrm{dSSV}}{\mathrm{d}s} = 0$，有$\dfrac{\mathrm{dSSV}}{\mathrm{d}s} = a - bs - \dfrac{a + bc}{2} + \dfrac{c_2 b}{2} = 0$。

计算得

$$s^* = \frac{a - bc + c_2 b}{2b} \tag{5-7}$$

$$\text{SSV} = \frac{\left(a - bc - bc_2\right)^2}{8b} \tag{5-8}$$

$$P^* = \frac{3a + bc + c_2 b}{4b} \tag{5-9}$$

$$Q^* = \frac{a - bc - c_2 b}{4} \tag{5-10}$$

$$SMV = \frac{\left(a - bc - c_2 b\right)^2}{16b} \tag{5-11}$$

$$SCV = \frac{\left(a - bc - c_2 b\right)^2}{32b} \tag{5-12}$$

供应链价值由供应商、制造商、消费者共同创造,因此供应链总的价值 SV 为供应商价值、制造商价值、消费者剩余之和即

$$SV = SSV + SMV + SCV = \frac{\left(a - bc - bc_2\right)^2}{8b} + \frac{\left(a - bc - bc_2\right)^2}{16b} + \frac{\left(a - bc - bc_2\right)^2}{32b} \tag{5-13}$$

5.1.3　考虑知识共享与动态能力的三阶段供应链价值共创模型

在开放条件下,知识作为现代经济中的超级要素,以开放互补、动态反馈、去中心化、高渗透性为主要特征在企业产权边界和能力边界中高频交互,使得企业的要素配置边界以极低的配置成本得以扩张,即在知识势差的外生作用下,非竞争性、非排他性、高渗透性和非契约性的"知识元"成为企业无条件配置的"公用"资源。虽然这部分资源不需要进行契约性支付,但是其存在并不一定意味对企业的真实有用性。其有用性或价值必须以企业内生动态能力为前提。只有当企业的动态能力足够强时,这些无主知识才能够真正对企业的生产与经营活动产生质的影响。在此过程中,知识共享通过动态能力提升产品使用价值,并进一步在消费倾向的作用下提升产品价格(假设产品产量维持稳定)。企业需要额外支付的成本在于为吸收、利用该部分耗散知识进行的动态能力建设支出。

消费者根据产品使用价值与产品价格的对比决定其消费倾向,即是否购买,以及购买多少。假设所有消费者为均质的,消费倾向为 b,产品价格为 P,

产品的使用价值为 v，企业因耗散性知识识别、利用产生的动态能力投入为 c'，占单位成本的比重为 e，即 $c'=ec$。耗散知识在企业动态能力的消化作用之后产生新的价值以提升产品的使用价值，即 $v=\pi k$，其中 π 为企业动态能力系数，可视为耗散知识的利用效率，k 为耗散知识进入企业的流量。考虑知识共享与动态能力建设之后的使用价值必将上升 v，初始状态的产品价格为 P，在维持产量不变的情况下，知识共享与动态能力带来的产品使用价值在消费倾向的作用下转换成企业产品收益即

$$\Delta R=vb=b\pi k \tag{5-14}$$

此时的制造商价值 SMV′ 为

$$\begin{aligned}\mathrm{SMV}' &=\left(P+b\pi k-c-s-c'\right)Q=-bP^2\\ &+P\left(a-b^2\pi k+bc+bs+bec\right)+\left(ab\pi k-ac-as-aec\right)\end{aligned} \tag{5-15}$$

考查 $\dfrac{\mathrm{d}^2\,\mathrm{SMV}'}{\mathrm{d}P^2}$，发现 $\dfrac{\mathrm{d}^2\,\mathrm{SMV}'}{\mathrm{d}P^2}=-2b<0$。

即制造商的决策目标函数为关于 P 的凸函数，存在极大值，令 $\dfrac{\mathrm{d}\mathrm{SMV}'}{\mathrm{d}P}=0$，计算得

$$P'^{*}=\frac{a-b^2\pi k+bc+bs+bec}{2b} \tag{5-16}$$

$$Q'^{*}=\frac{a+b^2\pi k-bc-bs-bec}{2} \tag{5-17}$$

将式（5-16）代入式（5-4）得

$$\mathrm{SSV}'=\left(s-c_2\right)\frac{a+b^2\pi k-bc-bs-bec}{2} \tag{5-18}$$

考查 $\dfrac{\mathrm{d}^2\,\mathrm{SSV}'}{\mathrm{d}s^2}$，发现 $\dfrac{\mathrm{d}^2\,\mathrm{SSV}'}{\mathrm{d}s^2}=-b<0$。

即供应商的决策目标函数为关于 s 的凸函数，存在极大值，令 $\dfrac{\mathrm{d}\mathrm{SSV}'}{\mathrm{d}s}=0$，

计算得

$$s'^* = \frac{a + b^2 \pi k - bc - bec + bc_2}{2b} \tag{5-19}$$

将式（5-24）代入相关表达式得

$$P'^* = \frac{3a - b^2 \pi k + bc + bc_2 + bec}{4b} \tag{5-20}$$

$$Q'^* = \frac{a + b^2 \pi k - bc - bc_2 - bec}{4} \tag{5-21}$$

$$\mathrm{SMV}'^* = \frac{\left(a + b^2 \pi k - bc - bc_2 - bec\right)^2}{16b} \tag{5-22}$$

$$\mathrm{SSV}'^* = \frac{\left(a + b^2 \pi k - bc - bc_2 - bec\right)^2}{8b} \tag{5-23}$$

新的消费者剩余应是在保持消费倾向不变情况下的消费者剩余与增加的产品使用价值之和即

$$\mathrm{SCV}'^* = \frac{\left(a + b^2 \pi k - bc - bc_2 - bec\right)^2}{32b} + vQ'^* = \frac{\left(a + b^2 \pi k - bc - bc_2 - bec\right)^2}{32b} + \pi k \frac{a + b^2 \pi k - bc - bc_2 - bec}{4} \tag{5-24}$$

此时供应链总的价值 SV'^* 为

$$\mathrm{SV}'^* = 7 \frac{\left(a + b^2 \pi k - bc - bc_2 - bec\right)^2}{32b} + \pi k \frac{a + b^2 \pi k - bc - bc_2 - bec}{4} \tag{5-25}$$

5.1.4 模型求解与分析

5.1.4.1 考虑知识共享与动态能力的供应链价值共创变化

将知识共享条件下考虑动态能力的供应链价值共创与未考虑知识共享和

动态能力的供应链价值共创进行比较，用以考查两种条件下供应链价值共创的增减情况。

$$\text{SMV}'^* - \text{SMV}^* = \frac{\left(a + b^2\pi k - bc - bc_2 - bec\right)^2}{16b} - \frac{\left(a - bc - c_2 b\right)^2}{16b} \tag{5-26}$$

$$\text{SSV}'^* - \text{SSV}^* = \frac{\left(a + b^2\pi k - bc - bc_2 - bec\right)^2}{8b} - \frac{\left(a - bc - c_2 b\right)^2}{8b} \tag{5-27}$$

$$\text{SCV}'^* - \text{SCV}^* = \frac{1}{2b}\left(Q'^*\right)^2 + vQ'^* - \frac{1}{2b}\left(Q^*\right)^2 \tag{5-28}$$

分析式（5-26）、式（5-27）发现，两种条件下供应链价值共创的增减符号均由 $b^2\pi k - bec$ 的符号决定，即 $b(b\pi k - ec)$ 的符号决定。根据前文假设，$b\pi k$ 为知识共享与动态能力带来的产品使用价值在消费倾向的作用下转换成企业产品收益增加，ec 为企业因耗散性知识识别、利用产生的动态能力投入。制造商动态能力改进的行为逻辑在于：因知识识别与利用导致的投入必须在产品价值增值过程中得到完全反馈，即必然存在 $b(b\pi k - ec) > 0$。

对于消费者剩余，由于 $0 < Q^* < Q'^*$，且 $0 < v$，有 $\text{SCV}'^* - \text{SCV}^* > 0$。

综上可得命题一：$\text{SMV}'^* - \text{SMV}^* > 0$、$\text{SSV}'^* - \text{SSV}^* > 0$、$\text{SCV}'^* - \text{SCV}^* > 0$、$\text{SSV}'^* - \text{SSV}^* > 0$。

命题一表明，当知识共享与动态能力带来的产品使用价值，在消费倾向的作用下，转换成企业产品收益增加能够覆盖企业因耗散性知识识别、利用产生的动态能力投入时，制造商才会有意愿进行动态能力投入，进而使知识共享条件下考虑动态能力的制造商的供应链价值将得到改善。而供应商根据制造商的产品市场需求与价格情况进行最优决策，因而其供应链价值改善实质由制造商引致决定。消费者剩余受价格下降、销量增加及产品使用价值提升的双重影响得到提升。

5.1.4.2　动态能力对供应链价值共创的影响分析

现有研究一致认为动态能力是企业核心竞争力的重要组成，动态能力对于供应链价值共创的研究鲜有涉及。供应链价值共创涉及的供应链主体较多，各参与主体在制造商加大动态能力投入的条件下，其供应链价值是否得到增加，以及变化趋势如何，需要在考虑知识共享与动态能力的三阶段供应链博弈过程中进行考查。

在本书的研究中，e 为制造商的动态能力投入强度，同时 π 为企业动态能力系数，在长期内，其对于动态能力强度，以及价值创造均存在影响。制造商动态能力的变化是动态能力投入强度 e 与动态能力系数叠加的结果。

由于 $Q'^* > 0$，有 $a + b^2\pi k - bc - bc_2 - bec > 0$，因此

$$\frac{d\text{SMV}'^*}{de} = -bc \frac{a + b^2\pi k - bc - bc_2 - bec}{8b} < 0 \qquad （5-29）$$

$$\frac{d\text{SMV}'^*}{d\pi} = b^2 k \frac{a + b^2\pi k - bc - bc_2 - bec}{8b} > 0 \qquad （5-30）$$

即 SMV'^* 与 e 呈反方向变化，随着制造商动态能力投入的加大，将导致制造商供应链价值的减少。SMV'^* 与 π 呈同方向变化。随着制造商动态能力系数的加大，将导致制造商供应链价值的增加。

将式（5-29）与式（5-30）进行比值分析 $\dfrac{\dfrac{d\text{SMV}'^*}{d\pi}}{\dfrac{d\text{SMV}'^*}{de}} = \dfrac{de}{d\pi} = -\dfrac{bk}{c}$。

分析表明，π 与 e 呈反向关系，即随着动态能力系数的增加，在相同条件的价值创造约束下，需要的动态投入强度越少。这种负向关系能否最终导致两者的复合影响实现 SMV'^* 的增加取决于 $\left|\dfrac{de}{d\pi}\right|$ 的取值是否大于 1。若 $\left|\dfrac{de}{d\pi}\right| > 1$，即 $bk > c$，则 SMV'^* 在动态投入强度与动态能力系数的复合影响下得以提升；若 $\left|\dfrac{de}{d\pi}\right| < 1$，$bk < c$ 则 SMV'^* 在动态投入强度与动态能力系数的复合影响下得以降低。

由此得命题二：

$$\begin{cases} 若 bk > c，则：\text{SMV}'^* 在动态投入强度与动态能力系数的复合影响下得以提升 \\ 若 bk < c，则：\text{SMV}'^* 在动态投入强度与动态能力系数的复合影响下得以降低 \end{cases}$$

对于供应商而言，制造商的动态投入强度与动态能力系数由于供应链的中介作用成为其价值创造的内生变量，对于供应商的价值创造均存在影响。考查

$$\frac{dSSV'^*}{de} = -bc\frac{a + b^2\pi k - bc - bc_2 - bec}{4b} < 0 \qquad (5\text{-}31)$$

$$\frac{dSSV'^*}{d\pi} = b^2 k\frac{a + b^2\pi k - bc - bc_2 - bec}{4b} > 0 \qquad (5\text{-}32)$$

即 SSV'^* 与 e 呈反方向变化：随着制造商动态能力投入的加大，将导致供应商供应链价值的减少。原因在于随着制造商动态能力投入的加大最终以成本形式提升产品价格，降低产品销量，导致制造商对于供应商的采购减少，进而使得供应商价值减少。SSV'^* 与 π 呈同方向变化：随着制造商动态能力系数的加大，将导致供应商供应链价值的增加。原因在于随着制造商动态能力系数的提升，在同等价值约束下，制造商的动态能力投入强度得以降低，从而降低产品价格，提升产品销量，导致制造商对于供应商的采购增加，进而使供应商的价值增加。将式（5-31）与式（5-32）进行比较发现

$\dfrac{\dfrac{dSSV'^*}{d\pi}}{\dfrac{dSSV'^*}{de}} = \dfrac{\dfrac{dSMV'^*}{d\pi}}{\dfrac{dSMV'^*}{de}} = \dfrac{de}{d\pi} = -\dfrac{bk}{c}$。即 e 与 π 呈负向关系，这种负向关系能否

最终导致两者的复合影响实现 SSV'^* 的增加取决于 $\left|\dfrac{de}{d\pi}\right|$ 的取值是否大于 1。若 $\left|\dfrac{de}{d\pi}\right| > 1$，即 $bk > c$，则 SSV'^* 在动态投入强度与动态能力系数的复合影响下得以提升，制造商的动态能力投入能有效改善其动态能力系数，动态能力投入将一种叠加的价值创造效应；若 $\left|\dfrac{de}{d\pi}\right| < 1$，$bk < c$，则 SSV'^* 在动态投入强度与动态能力系数的复合影响下得以降低，制造商的动态能力投入不能有效改善其动态能力系数，则动态能力投入将单纯表现为一种成本效应。制造商的动态投入强度与动态能力系数之所以能够对供应商的价值产生影响是通过动态投入强度与动态能力系数对产品价格与销量的影响间接发生作用的。

由此得命题三：

$$\begin{cases} \text{若}bk > c\text{，则：SSV}'^* \text{在动态投入强度与动态能力系数的复合影响下得以提升} \\ \text{若}bk < c\text{，则：SSV}'^* \text{在动态投入强度与动态能力系数的复合影响下得以降低} \end{cases}$$

消费者是供应链价值得以实现的最终环节。无论制造商与供应商进行何种市场行为均以消费者需求为基础。根据模型设定，消费者在制造商确定最优价格之后，根据消费倾向采取消费行为，并产生消费者剩余。因此，最优消费者剩余由制造商确定的最优价格决定。

$$\frac{\text{dSCV}'^*}{\text{d}e} = \frac{\text{dSCV}'^*}{\text{d}Q'^*} \cdot \frac{\text{d}Q'^*}{\text{d}e} = -\left(\frac{Q'^*}{b} + v\right)\frac{cb}{4} < 0 \tag{5-33}$$

分析表明，消费者剩余与制造商的动态能力投入强度呈负向变化，即当制造商的动态能力投入强度不断增加时，消费者剩余将减少。根本原因在于随着动态能力投入的提升，产品成本增加，产品价格上升，产量下降，但产量提升的幅度要小于产品价格提升的幅度，因此消费者剩余下降。

$$\frac{\text{dSCV}'^*}{\text{d}\pi} = \frac{bkQ'^*}{4} + kQ'^* + \frac{b^2 k^2 \pi}{4} > 0 \tag{5-34}$$

分析表明，消费者剩余与制造商动态能力系数呈正向变化，即动态能力系数的增加将增加消费者剩余。根本原因在于随着动态能力系数的提升，产品使用价值提升，产量增加，同时制造商产品最优价格将减少，因此消费者剩余增加。

由此得命题四：$\begin{cases} \text{消费者剩余与制造商动态能力投入强度呈反向变化} \\ \text{消费者剩余与制造商动态能力系数呈正向变化} \end{cases}$

由式（5-34）、式（5-37）、式（5-40）可知

$$\frac{\text{dSV}'^*}{\text{d}e} = \frac{\text{dSMV}'^*}{\text{d}e} + \frac{\text{dSSV}'^*}{\text{d}e} + \frac{\text{dSCV}'^*}{\text{d}e} = -\frac{7cQ'^*}{4} - \frac{cbv}{4} < 0 \tag{5-35}$$

由式（5-35）、式（5-38）、式（5-41）可知

$$\frac{\text{dSV}'^*}{\text{d}\pi} = \frac{\text{dSMV}'^*}{\text{d}\pi} + \frac{\text{dSSV}'^*}{\text{d}\pi} + \frac{\text{dSCV}'^*}{\text{d}\pi} = \frac{5bkQ'^*}{2} + kQ'^* + \frac{b^2 k^2 \pi}{4} > 0 \tag{5-36}$$

由此得命题五：$\begin{cases} 供应链价值与制造商动态能力投入强度呈反向变化 \\ 供应链价值与制造商动态能力系数呈正向变化 \end{cases}$

5.1.4.3 知识共享对供应链价值共创的影响分析

开放条件下的企业可视为一个远离平衡态的知识组织，不断从外部环境中吸取知识和信息，从而使知识组织的有序度增加，即知识共享。知识共享因组织内外部知识势差而自发产生。这种近乎"零成本"的知识要素在企业内部的配置对于企业的生产与创新活动具有重要影响，是供应链价值共创的重要构成要素。本书着重关注知识共享产生的知识流在制造商动态能力的作用下对供应链价值共创的影响。

$$\frac{\mathrm{dSMV}'^*}{\mathrm{d}k} = b^2\pi \frac{a + b^2\pi k - bc - bc_2 - bec}{8b} > 0 \qquad （5-37）$$

$$\frac{\mathrm{dSSV}'^*}{\mathrm{d}k} = b^2\pi \frac{a + b^2\pi k - bc - bc_2 - bec}{4b} > 0 \qquad （5-38）$$

$$\frac{\mathrm{dSCV}'^*}{\mathrm{d}k} = b\pi Q'^* + \frac{\pi Q'^*}{4} + \frac{b^2\pi^2 k}{4} > 0 \qquad （5-39）$$

$$\frac{\mathrm{dSV}'^*}{\mathrm{d}k} = b\pi \frac{Q'^*}{2} + 2b\pi Q'^* + \frac{\pi}{4}Q'^* + \frac{b^2\pi^2 k}{4} > 0 \qquad （5-40）$$

即制造商价值与耗散知识流呈正向关系，即随着耗散知识的增加，在制造商动态能力的作用下，将带来制造商价值的增加；供应商价值与耗散知识流呈正向关系，即随着耗散知识的增加，在制造商动态能力的作用下，通过供应链的中介作用，将带来供应商价值的增加；消费者剩余与耗散知识流呈正向关系，即随着耗散知识的增加，在制造商动态能力与消费倾向作用下，将带来消费者剩余的增加。原因在于耗散知识是一种"零成本"要素，对于耗散知识的使用将降低制造商的成本，进而导致产品价格下降，同时带来产品使用价值与产量的增加。

综上可得命题六：$\dfrac{\mathrm{dSMV}^{\prime*}}{\mathrm{d}k} > 0$、$\dfrac{\mathrm{dSSV}^{\prime*}}{\mathrm{d}k} > 0$、$\dfrac{\mathrm{dSCV}^{\prime*}}{\mathrm{d}k} > 0$、$\dfrac{\mathrm{dSV}^{\prime*}}{\mathrm{d}k} > 0$。

命题六表明，耗散知识对于制造商价值、供应商价值、消费者剩余、供应链总价值均有正向影响。原因在于耗散知识是一种"零成本"要素，对于耗散知识的使用将降低制造商的成本，进而导致产品价格下降，且产量提升，产品使用价值提升。

5.1.5 小结

通过上述分析可知，知识共享及企业动态能力建设对于大型白酒企业供应链价值创造具有重要影响。大型白酒企业不仅需要关注基于人才、技术、模式的核心竞争力要素的优化配置，而且要从企业发展战略维度对供应链价值创造方式、实现路径进行重塑。在更为开放的知识共享与动态能力视角下，供应链价值创造的研究不仅需要关注多主体参与的网络关系，更需要从知识共享、动态能力、客户体验等多维度探索供应链价值共创机制。

首先，知识共享与动态能力是供应链价值共创的核心机制。当知识共享与动态能力带来的产品使用价值在消费倾向的作用下转换成企业产品收益增加能够覆盖企业因耗散性知识识别、利用产生的动态能力投入时，制造商、供应商、消费者剩余及供应链总价值均得到提升。

其次，动态能力投入与动态能力系数对供应链价值存在复合影响。当 $bk > c$ 时，$\mathrm{SMV}^{\prime*}$、$\mathrm{SSV}^{\prime*}$ 在动态投入强度与动态能力系数的复合影响下得以提升；当 $bk < c$ 时，$\mathrm{SMV}^{\prime*}$、$\mathrm{SSV}^{\prime*}$ 在动态投入强度与动态能力系数的复合影响下得以降低。消费者剩余、供应链总价值与制造商动态能力投入强度呈反向变化；与制造商动态能力系数呈正向变化。

最后，随着共享知识的增加，制造商价值、供应商价值、消费者剩余、供应链总价值增加。原因在于耗散知识是一种"零成本"要素，对于耗散知识的使用将降低制造商的成本，进而导致产品价格下降，同时带来产品使用价值与产量的增加。

5.2　技术扩散条件下的供应链价值创造

互联网经济思维强调技术扩散对企业核心竞争力"乘数"作用的审视。罗杰斯[21]将技术扩散定义为创新在一定时间内，通过某种渠道，在社会系统成员中，进行传播的过程。技术扩散是技术创新过程的一个后续子过程[22]，是大型白酒企业供应链协同的一个重要组成部分，对于供应链各成员在价值创造机制中处理相互耦合关系极其重要。共性技术作为一种竞争前的开源技术，既不属于纯粹经济学意义上的公共物品，也不具有商业应用上的独占性[23]，其扩散并产生市场价值，需要白酒供应链企业进行吸收能力建设并加以利用。本节将在技术扩散、吸收能力与供应链价值共创关系分析的基础上，通过构建考虑技术扩散与吸收能力的三阶段供应链价值创造数理模型，进行理论推演，借助数值模拟仿真对技术扩散条件下，考虑动态能力的大型白酒供应链价值创造机制进行探索。

5.2.1　技术扩散、吸收能力与供应链价值共创关系

在开放条件下，供应链竞争作为企业竞争的主要表现形式，并非对企业间技术竞争的否定，而是对以技术为核心的企业竞争模式的深化与拓展。在信息技术应用、技术流动全球化等因素推动下，共有技术扩散及融合呈加速态势。这种加速的共有技术扩散与融合趋势，推升了企业创新的能力与效果，丰富了供应链价值创造的内涵，同时也对于开放条件下的企业技术柔性、利用式创新和吸收能力提出新的更高的要求。此外，从企业现实可以明确观察到政府对于供应链技术扩散的竞争性意识，以供应链技术规制对于企业发展的重大影响。因此，共有技术扩散条件下的最优化供应链价值决策，应在价值创造、共有技术扩散、吸收能力及政府外部调控的互动机理与动态作用机制框架下进行分析。

技术的内部吸收与外部扩散对于供应链价值实现具有重要影响。一项先进的技术在供应链成员及潜在使用者中的广泛传播和扩散应用，将提高成员的

技术水平，进而有助于提高整个供应链的技术竞争力和价值创造能力。从技术的产权属性看，可分为公共技术、共性技术与产权技术。公共技术作为经济领域的开源技术，供应链内外所有企业均可无成本使用，且因其广泛性、持久性，已内化于企业人才能力，企业在使用过程中并不需要额外支付成本。产权技术作为经济领域内特定产权主体的"私有技术"，供应链内企业需付费使用。共性技术是介于公共技术与产权技术之间，既区别于公共技术的公共属性，也不同于产权技术的私有属性，其使用需要建立在企业在吸收、整合能力的基础上 [24-26]。相对于企业的专有技术，共性技术具有更广泛的应用性和更强的外部性——共性技术的社会价值远远高于创新者的私人价值 [27]，原因在于共性技术本质上是对企业私有技术惯性范式的异质性补充，并以客体身份强化企业内生创新要素的重组与适应性学习。反过来，由于共性技术的基础性、潜在价值性、准公共品性等特性，企业的学习与模仿行为客观上将促进共性技术共享和扩散 [28]，进而形成闭环创新路径。

从供应链视角看，企业共性技术的吸收乃至在价值创造过程中发挥作用，具有强烈的内生依存性。供应链的相互依赖和技术强度是共性技术外部扩散的重要环境因素，共性技术单元结构的集中化和规范化，以及高水平的技术知识管理是供应链技术吸收的重要驱动机制 [29]。此外，供应链成员的创新观念、企业文化，以及多样化的知识沟通机制等社会性、组织性因素将直接制约供应链共性技术扩散。共性技术扩散需要企业、科研机构、产业协会、政府部门等主体共同合作，强化技术协同 [30]。从企业层面看，企业需要通过内生创新要素的重组强化对共性技术的识别。在此基础上，重塑供应链产品规划、供应链协同机制、价值分配机制，实现供应链价值共创的目标。从政府作用机制看，作为产业转型升级基础和技术源头，共性技术的应用基础性、准公共物品性质等特征使得私人部门对共性技术研发的参与不足 [31]。因此，政府介入、政府作用的高效发挥在共性技术创新发展中具有关键作用，如对合适的供应链体系提供政府补贴进而鼓励共性技术的市场供应 [32]，促进其扩散 [33]。

从价值创造看，技术创新是供应链价值创造的有效路径。在供应商单独技术创新、制造商单独技术创新及两者同时进行技术创新时，供应链总价值均比不进行技术创新时，所创造的价值要高。这说明供应链内只要有企业进行技术创新、实现产品质量改进，供应链总价值就会得到提升 [34]。供应链内企业进行技术创新的过程已不再仅仅局限在供应链内部 [35]，共性技术扩散、政府技术补贴、耗散性知识流动等外源性创新资源，已成为企业创新的新途径。共性技术的扩散是企业技术创新的重要渠道。共性技术扩散的价值体现在生产端降低成本、在销售端提升产品功能，即体现在降低风险、利益共享及对市场变动的精准把握上 [36]。

5.2.2 不考虑共性技术扩散、吸收能力与政府补贴的三阶段供应链价值共创模型

本书在不考虑共性技术扩散、吸收能力与政府补贴的情况下，考查了包含供应商、制造商、消费者的三级供应链。假设制造商以价格 P 将商品销售给消费者，其单位成本为 c，且 P、c 均为模型的内生变量。P_s 为供应商中间产品价格，c_s 为供应商产品单位成本。对于供应链上的消费者群体，假设其行为具有一致性，即其消费需求由市场需求函数进行表达

$$Q = a - bP \tag{5-41}$$

式（5-41）即为制造商面临的市场需求函数，其中，Q 为供应链制造商产量，a 为常数，b 为消费倾向。即制造商价值创造、消费者剩余、供应商价值分别为 SMV、SCV、SSV，有

$$SMV = \left(P - c - P_s\right)Q = aP - bP^2 - ac - P_s a + bcP + bP_s P \tag{5-42}$$

$$SCV = \int_0^Q P \, dQ - PQ = \frac{1}{2b}Q^2 \tag{5-43}$$

$$SSV = P_s - c_s Q = P_s a - c_s a - P_s bP + c_s bP \tag{5-44}$$

三阶段供应链决策过程中，首先，由制造商根据市场需求情况，以价值最大化为目标进行决策；其次，供应商根据制造商的需求决定其中间产品价格。前文式（5-42）即为制造商的决策目标函数。考查 $\dfrac{d^2 SMV}{dP^2}$，发

现 $\dfrac{\mathrm{d}^2\mathrm{SMV}}{\mathrm{d}P^2} = -2b < 0$。

即制造商的决策目标函数为关于 P 的凸函数，存在极大值，令 $\dfrac{\mathrm{dSMV}}{\mathrm{d}P} = 0$，计算得

$$P^* = \frac{a + bc + bP_s}{2b} \tag{5-45}$$

将式（5-45）代入式（5-44）得

$$\mathrm{SSV} = P_s a - c_s a - P_s \frac{a + bc + bP_s}{2} + c_s \frac{a + bc + bP_s}{2} \tag{5-46}$$

考查 $\dfrac{\mathrm{d}^2\mathrm{SSV}}{\mathrm{d}P_s^2}$，发现 $\dfrac{\mathrm{d}^2\mathrm{SSV}}{\mathrm{d}P_s^2} = -b < 0$。

即供应商的决策目标函数为关于 P_s 的凸函数，存在极大值，令 $\dfrac{\mathrm{dSSV}}{\mathrm{d}P_s} = 0$，有 $\dfrac{\mathrm{dSSV}}{\mathrm{d}P_s} = a - bP_s - \dfrac{a + bc}{2} + \dfrac{c_s b}{2} = 0$。

计算得

$$P_s^* = \frac{a - bc + c_s b}{2b} \tag{5-47}$$

$$\mathrm{SSV}^* = \frac{(a - bc - bc_s)^2}{8b} \tag{5-48}$$

$$P^* = \frac{3a + bc + c_s b}{4b} \tag{5-49}$$

$$Q^* = \frac{a - bc - c_s b}{4} \tag{5-50}$$

$$\mathrm{SMV}^* = \frac{(a - bc - c_s b)^2}{16b} \tag{5-51}$$

$$SCV^* = \frac{(a - bc - c_s b)^2}{32b} \tag{5-52}$$

供应链价值由供应商、制造商、消费者共同创造，因此供应链总的价值 SV 为供应商价值、制造商价值、消费者剩余之和即

$$SV^* = SSV^* + SMV^* + SCV^* = 7\frac{(a - bc - bc_s)^2}{32b} \tag{5-53}$$

5.2.3 考虑共性技术扩散、吸收能力与政府补贴的三阶段供应链价值共创模型

从企业角度看，对于共性技术扩散，虽然这部分资源不需要进行契约性支付，但其存在也并不一定意味着其对企业的真实有用性。其有用性或价值必须以企业吸收能力为前提。只有当企业的吸收能力足够强时，通过二次开发，这些技术才能够真正对企业的生产与经营活动产生质的影响。在此过程中，共性技术扩散通过吸收能力进行操作性优化，进而提升产品使用价值，并进一步在消费倾向的作用下，提升产品价格（假设产品产量维持稳定）。企业需要额外支付的成本在于为吸收、利用该部分共性技术耗散进行的吸收能力建设支出。

从政府的角度看，共性技术扩散是社会技术进步或者全要素生产率得以提升的直接产物，对其使用即为"搭便车"行为。因此，从促进地区经济发展的角度出发，政府均有足够的动力采取相应的措施促进企业加快吸收、利用和二次开发共性扩散技术。

从消费者角度看，产品使用价值与产品价格的对比决定其消费倾向，即是否购买，以及购买多少。假设所有消费者为均质的，消费倾向为 b，产品价格为 P，产品的使用价值为 V。共性技术在企业动态能力的消化作用之后产生新的价值以提升产品使用价值，即 $V = \theta h$，其中 θ 为企业吸收能力系数，可视为共性技术的利用效率，h 为共性技术扩散进入企业的流量。企业因共性技术的识别、利用产生的吸收能力投入为 C_i，占单位成本的比重为 γ，即 $C_i = \gamma c$。

政府对企业共性技术利用补贴为 C_g，占单位成本的比重为 μ，即 $C_g = \mu c$。考虑技术扩散、吸收能力与政府补贴之后的产品使用价值必将上升 v，初始状态的产品价格为 P，在维持产量不变的情况下，技术扩散、吸收能力与政府补贴带来的产品使用价值在消费倾向的作用下转换成企业产品收益即

$$\Delta R = Vb = b\theta h \tag{5-54}$$

此时的制造商价值 SMV_t 为

$$\begin{aligned}\mathrm{SMV}_t = &-bP^2 + P\left(a - b^2\theta h + bc + bP_s + b\gamma c - b\mu c\right)\\ &+ \left(ab\theta h - ac - aP_s - a\gamma c + a\mu c\right)\end{aligned} \tag{5-55}$$

三阶段供应链决策过程中，首先，由制造商根据市场需求情况，以价值最大化为目标进行决策；其次，供应商根据制造商的需求决定其中间产品价格。式（5-55）即为考虑技术扩散、吸收能力与政府补贴的制造商决策目标函数。考查 $\dfrac{(\mathrm{d}^2\mathrm{SMV}_t)}{(\mathrm{d}P^2)}$，发现 $\dfrac{\mathrm{d}^2\mathrm{SMV}_t}{\mathrm{d}P^2} = -2b < 0$。

即制造商的决策目标函数为关于 P 的凸函数，存在极大值，令 $\dfrac{\mathrm{d}\mathrm{SMV}_t}{\mathrm{d}P} = 0$，计算得

$$P_t^* = \frac{a - b^2\theta h + bc + bP_s + b\gamma c - b\mu c}{2b} \tag{5-56}$$

$$Q_t^* = \frac{a + b^2\theta h - bc - bP_s - b\gamma c + b\mu c}{2} \tag{5-57}$$

将式（5-46）代入式（5-44）得

$$\mathrm{SSV}_t = \left(P_s - c_s\right)\frac{a + b^2\theta h - bc - bP_s - b\gamma c + b\mu c}{2} \tag{5-58}$$

考查 $\dfrac{\mathrm{d}^2\mathrm{SSV}_t}{\mathrm{d}P_s^2}$，发现 $\dfrac{\mathrm{d}^2\mathrm{SSV}_t}{\mathrm{d}P_s^2} = -b < 0$。

即供应商的决策目标函数为关于 P_s 的凸函数，存在极大值，令 $\dfrac{\mathrm{d}\mathrm{SSV}_t}{\mathrm{d}P_s} = 0$，

计算得

$$P_s^* = \frac{a + b^2\theta h - bc - b\gamma c + bc_s + b\mu c}{2b} \tag{5-59}$$

将式（5-59）代入相关表达式得

$$P_t^* = \frac{3a - b^2\theta h + bc + b\gamma c + bc_s - b\mu c}{4b} \tag{5-60}$$

$$Q_t^* = \frac{a + b^2\theta h - bc - b\gamma c - bc_s + b\mu c}{4} \tag{5-61}$$

$$\mathrm{SMV}_t^* = \frac{\left(a + b^2\theta h - bc - b\gamma c - bc_s + b\mu c\right)^2}{16b} \tag{5-62}$$

$$\mathrm{SSV}_t^* = \frac{\left(a + b^2\theta h - bc - b\gamma c - bc_s + b\mu c\right)^2}{8b} \tag{5-63}$$

新的消费者剩余应是在保持消费倾向不变情况下的消费者剩余与增加的产品使用价值之和即

$$\mathrm{SCV}_t^* = \frac{\left(a + b^2\theta h - bc - b\gamma c - bc_s + b\mu c\right)^2}{32b} \\ + \theta h \frac{a + b^2\theta h - bc - b\gamma c - bc_s + b\mu c}{4} \tag{5-64}$$

此时供应链总的价值 SV_t^* 为

$$\mathrm{SV}_t^* = 7\frac{\left(2a + b^2\theta h - bc - b\gamma c - bc_s + b\mu c\right)^2}{32b} \\ + \theta h \frac{a + b^2\theta h - bc - b\gamma c - bc_s + b\mu c}{4} \tag{5-65}$$

5.2.4 模型求解与分析

5.2.4.1 考虑技术扩散、吸收能力与政府补贴的供应链价值共创变化

将技术扩散条件下考虑吸收能力与政府补贴的供应链价值共创与考虑技术扩散、吸收能力与政府补贴的供应链价值共创进行比较，用以考查两种条件下供应链价值共创的增减情况。

$$\text{SMV}_t^* - \text{SMV}^* = \frac{\left(a + b^2\theta h - bc - b\gamma c - bc_s + b\mu c\right)^2}{16b} - \frac{\left(a - bc - c_s b\right)^2}{16b} \quad （5\text{-}66）$$

$$\text{SSV}_t^* - \text{SSV}^* = \frac{\left(a + b^2\theta h - bc - b\gamma c - bc_s + b\mu c\right)^2}{8b} - \frac{\left(a - bc - c_s b\right)^2}{8b} \quad （5\text{-}67）$$

$$\text{SCV}_t^* - \text{SCV}^* = \frac{1}{2b}\left(Q_t^*\right)^2 + VQ_t^* - \frac{1}{2b}\left(Q^*\right)^2 > 0 \quad （5\text{-}68）$$

分析式（5-66）、式（5-67）发现，在这两种条件下，供应链价值共创的增减符号均由 $b^2\theta h - b\gamma c + b\mu c$ 的符号决定。根据前文假设，$b\theta h$ 为技术扩散与吸收能力带来的产品使用价值在消费倾向的作用下，转换成企业产品收益增加，γc 为企业因技术识别、利用产生的吸收能力投入，μc 为政府补贴。制造商技术改进的行为逻辑在于，因技术识别与利用导致的吸收能力投入必须在产品价值增值与政府补贴过程中得到完全反馈，即必然存在 $b\theta h - \gamma c + \mu c > 0$。

对于消费者剩余，由于 $Q^* < Q_t^*$，且 $0 < V$，有 $\text{SSV}_t^* - \text{SCV}^* > 0$。

由此可得命题七：$\text{SMV}_t^* - \text{SMV}^* > 0$、$\text{SSV}_t^* - \text{SSV}^* > 0$、$\text{SCV}'^* - \text{SCV}^* > 0$、$\text{SV}_t^* - \text{SV}^* > 0$。

命题七表明，当共性技术扩散与吸收能力带来的产品使用价值在消费倾向的作用下，转换成企业产品收益增加与政府的技术性补贴之和，能够覆盖企业因技术识别、利用产生的吸收能力投入时，制造商才会有意愿进行吸收能力投入，进而使得共性技术扩散条件下，考虑吸收能力与政府补贴的制造商供应链价值得到改善。而供应商根据产品市场需求与价格情况进行最优决策，因而其供应链价值改善其实质由制造商引致决定。消费者剩余虽然因价格上升而降

低，但由于销量增加及产品使用价值的提升最终亦得到提升。

5.2.4.2 吸收能力对供应链价值共创的影响分析

吸收能力是源于主体学习意图并内化形成的决定目标知识可接受程度的固有学习能力[37]。吸收能力的强弱将直接影响供应链主体对合作网络技术、信息、知识等的获取和转化程度，进而成为左右供应链协同绩效的关键途径[38]。供应链价值共创涉及的供应链主体较多，各参与主体在制造商加大吸收能力投入的条件下，其供应链价值是否得到增加，以及变化趋势如何，需要在考虑共性技术扩散、吸收能力与政府补贴的三阶段供应链博弈过程中进行考查。

在本书中，θ 为企业吸收能力系数，长期来看，其对于吸收能力强度及价值创造均存在影响。制造商吸收能力的变化是吸收能力投入强度 γ 与吸收能力系数 θ 叠加的结果。

由于 $Q_t^* > 0$，有 $a + b^2\theta h - bc - b\gamma c - bc_s + b\mu c > 0$，因此

$$\frac{\mathrm{dSMV}_t^*}{\mathrm{d}\gamma} = -bc\frac{a + b^2\theta h - bc - b\gamma c - bc_s + b\mu c}{8b} < 0 \qquad （5\text{-}69）$$

$$\frac{\mathrm{dSMV}_t^*}{\mathrm{d}\theta} = b^2 h\frac{a + b^2\theta h - bc - b\gamma c - bc_s + b\mu c}{8b} > 0 \qquad （5\text{-}70）$$

由式（5-69）、式（5-70）可知，SMV_t^* 与 θ 呈同方向、与 γ 呈反向变化。随着制造商吸收能力系数的加大，将导致制造商供应链价值的增加。随着制造商吸收能力投入强度的加大，将导致制造商供应链价值的减少。

考虑吸收能力投入强度与吸收能力系数叠加的影响，将式（5-69）与式（5-70）相除得

$$\frac{\dfrac{\mathrm{dSMV}_t^*}{\mathrm{d}\theta}}{\dfrac{\mathrm{dSMV}_t^*}{\mathrm{d}\gamma}} = \frac{\mathrm{d}\gamma}{\mathrm{d}\theta} = -\frac{bh}{c} < 0 \qquad （5\text{-}71）$$

由式（5-71）可知，γ 与 θ 呈反方向变化，即 θ 的增加将导致 γ 对 SMV_t^* 的消极影响得以减弱，但这种负向影响的正强化是否能够实现 γ 对 SMV_t^* 的消

极影响方向性的改变需要在特定条件下得以实现。这种负向关系能否最终导致两者的复合影响，实现SMV_t^*的增加取决于$\left|\dfrac{d\gamma}{d\theta}\right|$的取值是否大于1。若大于1，则$\gamma$对$SMV_t^*$的负向影响会完全被$\theta$对$SMV_t^*$的正向影响所覆盖，最终导致$SMV_t^*$增加。若制造商的吸收能力投入不能有效改善其吸收能力系数，则吸收能力投入将单纯表现为一种成本效应。反之则表现为一种复合的价值创造效应。

由此得命题八：

$$\begin{cases} 若bh>c，则：SMV_t^*在吸收能力投入强度与吸收能力系数的复合影响下得以提升 \\ 若bh<c，则：SMV_t^*在吸收能力投入强度与吸收能力系数的复合影响下得以降低 \end{cases}$$

命题八表明，吸收能力投入强度与吸收能力系数对SMV_t^*存在复合影响，这种影响的正负方向取决于bh与c的比较。若$\left|\dfrac{d\gamma}{d\theta}\right|>1$，即$bh>c$，则$SMV_t^*$在吸收能力投入强度与吸收能力系数的复合影响下得以提升；若$\left|\dfrac{d\gamma}{d\theta}\right|<1$，即$bh<c$，则$SMV_t^*$在吸收能力投入强度与吸收能力系数的复合影响下得以降低。在消费倾向不变的情况下，共性技术扩散的增加将改善吸收能力投入强度与吸收能力系数交叉影响关系。

对于供应商而言，制造商的吸收能力投入强度与吸收能力系数由于供应链的中介作用，成为其价值创造的内生变量，对于供应商的价值创造均存在影响。考查

$$\frac{dSSV_t^*}{d\gamma} = -bc\frac{a+b^2\theta h-bc-b\gamma c-bc_s+b\mu c}{4b}<0 \tag{5-72}$$

$$\frac{dSSV_t^*}{d\theta} = b^2h\frac{a+b^2\theta h-bc-b\gamma c-bc_s+b\mu c}{4b}>0 \tag{5-73}$$

即SSV_t^*与γ呈反方向变化：随着制造商吸收能力投入的加大，将导致供应商供应链价值的减少。原因在于随着制造商吸收能力投入的加大，以成本形式提升产品价格，降低产品销量，导致制造商对于供应商的采购减少，进而使得供应商价值减少。SSV_t^*与θ呈同方向变化：随着制造商吸收能力系数的加大，将导致供应商供应链价值的增加。原因在于随着制造商吸收能力系数的提升，在同等价值约束下，制造商的吸收能力投入强度得以降低，从而降低产品

价格，提升产品销量，导致制造商对于供应商的采购增加，进而使得供应商价值增加。

吸收能力投入强度与吸收能力系数呈反方向变化，这种关系能否最终导致两者的复合影响，实现SSV_t^*的增加取决于$\left|\dfrac{d\gamma}{d\theta}\right|$的取值是否大于1。若大于1，即$bh>c$，则$\gamma$对$SSV_t^*$的负向影响会完全被$\theta$对$SSV_t^*$的正向影响所覆盖，最终导致$SSV_t^*$增加。若制造商的吸收能力投入不能有效改善其吸收能力系数，则吸收能力投入将单纯表现为一种成本效应。反之则表现为一种叠加的价值创造效应。

由此得命题九：

$$\begin{cases} 若bh>c，SSV_t^*在吸收能力投入强度与吸收能力系数的复合影响下得以提升 \\ 若bh<c，SSV_t^*在吸收能力投入强度与吸收能力系数的复合影响下得以降低 \end{cases}$$

命题九表明，制造吸收能力投入强度与吸收能力系数对SSV_t^*存在复合影响，这种影响的正负方向取决于bh与c的比较。共性技术扩散在这个过程是起到外部调节的作用。若$\left|\dfrac{d\gamma}{d\theta}\right|>1$，即$bh>c$，则$SSV_t^*$在吸收能力投入强度与吸收能力系数的复合影响下得以提升；若$\left|\dfrac{d\gamma}{d\theta}\right|<1$，$bh<c$则$SSV_t^*$在吸收能力投入强度与吸收能力系数的复合影响下得以降低。制造商的吸收能力投入强度与吸收能力系数之所以能够对供应商的价值产生影响是通过吸收能力投入强度与吸收能力系数对产品价格与销量的影响间接发生作用的。

消费者是供应链价值得以实现的最终环节。无论制造商与供应商进行何种市场行为均以消费者需求为基础。根据模型设定，消费者在制造商确定最优价格之后，根据消费倾向采取消费行为，并产生消费者剩余。因此，最优消费者剩余由制造商确定的最优价格决定。

$$\frac{dSCV_t^*}{d\gamma} = -\left(Q_t^* + bh\theta\right)\frac{c}{4} < 0 \tag{5-74}$$

分析表明，消费者剩余与制造商的吸收能力投入强度呈负向变化，即当制造商的吸收能力投入强度不断增加时，消费者剩余将减少。根本原因在于随着吸收能力投入强度的提升，产品成本增加，产品价格上升，产量下降，而产品使用价值上升所导致的消费者剩余增加幅度要小于价格上升与产量下降所导致的消费者剩余减少幅度，因此消费者剩余下降。

$$\frac{\mathrm{d}SCV_t^*}{\mathrm{d}\theta} = \frac{bhQ_t^*}{4} + hQ_t^* + \frac{b^2h^2\theta}{4} > 0 \qquad (5-75)$$

分析表明，消费者剩余与制造商吸收能力系数呈正向变化，即吸收能力系数的增加将增加消费者剩余。根本原因在于随着吸收能力系数的提升，产品使用价值提升，产量增加，同时制造商产品最优价格将减少，因此消费者剩余增加。

由此得命题十：$\begin{cases} 消费者剩余与制造商吸收能力投入强度呈反向变化 \\ 消费者剩余与制造商吸收能力系数呈正向变化 \end{cases}$

由式（5-69）、式（5-72）、式（5-74）可知

$$\frac{\mathrm{d}SV_t^*}{\mathrm{d}\gamma} = \frac{\mathrm{d}SMV_t^*}{\mathrm{d}\gamma} + \frac{\mathrm{d}SSV_t^*}{\mathrm{d}\gamma} + \frac{\mathrm{d}SCV_t^*}{\mathrm{d}\gamma} = -\frac{7cQ_t^*}{4} - \frac{cbh\theta}{4} < 0 \qquad (5-76)$$

由式（5-70）、式（5-73）、式（5-75）可知

$$\frac{\mathrm{d}SV_t^*}{\mathrm{d}\theta} = \frac{\mathrm{d}SMV_t^*}{\mathrm{d}\theta} + \frac{\mathrm{d}SSV_t^*}{\mathrm{d}\theta} + \frac{\mathrm{d}SCV_t^*}{\mathrm{d}\theta} = \frac{7bhQ_t^{'*}}{4} + hQ_t^* + \frac{b^2h^2\theta}{4} > 0 \qquad (5-77)$$

由此得命题十一：$\begin{cases} 供应链价值与制造商吸收能力投入强度呈反向变化 \\ 供应链价值与制造商吸收能力系数呈正向变化 \end{cases}$

5.2.4.3 共性技术扩散对供应链价值共创的影响分析

开放条件下的企业可视为一个远离平衡态的知识组织，不断从外部环境中吸取技术和信息，从而使组织的技术有序度增加。共性技术在企业吸收能力的作用下，对企业内部的要素配置及生产与创新活动具有重要影响，是供应链价值共创的重要构成要素。

$$\frac{\mathrm{d}SMV_t^*}{\mathrm{d}h} = b\theta \frac{a + b^2\theta h - bc - b\gamma c - bc_s + b\mu c}{8} > 0 \qquad (5-78)$$

$$\frac{\mathrm{d}SSV_t^*}{\mathrm{d}h} = b\theta \frac{a + b^2\theta h - bc - b\gamma c - bc_s + b\mu c}{4} > 0 \qquad (5\text{-}79)$$

$$\frac{\mathrm{d}SCV_t^*}{\mathrm{d}h} = \frac{b\theta Q_t^*}{4} + \theta Q_t^* + \frac{b^2\theta^2 h}{4} > 0 \qquad (5\text{-}80)$$

$$\frac{\mathrm{d}SV_t^*}{\mathrm{d}h} = \frac{7b\theta Q_t^*}{4} + \theta Q_t^* + \frac{b^2\theta^2 h}{4} > 0 \qquad (5\text{-}81)$$

分析可知，制造商价值、供应商价值、消费者剩余、供应链总价值与共性技术扩散呈正向关系，原因在于共性技术的使用将降低制造商的成本，进而导致产品价格下降，同时带来产品使用价值与产量的增加。

综上可得命题十二：$\dfrac{\mathrm{d}SMV_t^*}{\mathrm{d}h} > 0$、$\dfrac{\mathrm{d}SSV_t^*}{\mathrm{d}h} > 0$、$\dfrac{\mathrm{d}SCV_t^*}{\mathrm{d}h} > 0$、$\dfrac{\mathrm{d}SV_t^*}{\mathrm{d}h} > 0$

命题十二表明，共性技术扩散对于制造商价值、供应商价值、消费者剩余、供应链总价值均有正向影响。

5.2.4.4 政府技术补贴对供应链价值共创的影响分析

政府技术性补贴对于其辖区内的企业而言，通过补贴对企业成本压力的释放，起到技术引进、二次开发的激励作用。政府通过非市场化的政府技术性补贴行为加大企业共性技术决策的宽度和深度，进而影响供应链价值共创。

$$\frac{\mathrm{d}SMV_t^*}{\mathrm{d}\mu} = c \frac{a + b^2\theta h - bc - b\gamma c - bc_s + b\mu c}{8} > 0 \qquad (5\text{-}82)$$

$$\frac{\mathrm{d}SSV_t^*}{\mathrm{d}\mu} = c \frac{a + b^2\theta h - bc - b\gamma c - bc_s + b\mu c}{4} > 0 \qquad (5\text{-}83)$$

$$\frac{\mathrm{d}SCV_t^*}{\mathrm{d}\mu} = \frac{cQ_t^*}{4} + \frac{b\theta hc}{4} > 0 \qquad (5\text{-}84)$$

$$\frac{\mathrm{d}SV_t^*}{\mathrm{d}\mu} = \frac{7cQ_t^*}{4} + \frac{b\theta hc}{4} > 0 \qquad (5\text{-}85)$$

即制造商价值与政府技术性补贴呈正向关系，随着共性技术补贴的增加，在制造商吸收能力的作用下，将带来制造商价值的增加；供应商价值与政府技术性补贴呈正向关系，即随着共性技术性补贴增加，在制造商吸收能力的作用下，通过供应链的中介作用，将带来供应商价值的增加；消费者剩余与政府技术性补贴呈正向关系，即随着共性技术性补贴增加，在制造商吸收能力与消费倾向作用下，将带来消费者剩余的增加。原因在于共性技术补贴将降低制造商的成本，进而导致产品价格下降，同时带来产品使用价值与产量的增加。

综上可得命题十三：$\dfrac{\mathrm{dSMV}_t^*}{\mathrm{d}\mu} > 0$、$\dfrac{\mathrm{dSSV}_t^*}{\mathrm{d}\mu} > 0$、$\dfrac{\mathrm{dSCV}_t^*}{\mathrm{d}\mu} > 0$、$\dfrac{\mathrm{dSV}_t^*}{\mathrm{d}\mu} > 0$

命题十三表明，共性技术补贴对于制造商价值、供应商价值、消费者剩余、供应链总价值均有正向影响。

5.2.5　小结

在供应链全球竞争背景下，企业不仅需要关注基于人才、技术、模式的核心竞争力要素的优化配置，而且要从企业发展战略维度对价值创造的管理方式、实现路径进行重塑，从价值共创视角重新审视共性技术扩散对企业核心竞争力"乘数"作用。

制造商价值、供应商价值、消费者剩余、供应链总价值与共性技术扩散呈正向关系；消费者剩余、供应链价值与制造商吸收能力投入强度呈反向变化，与制造商吸收能力系数呈正向变化；吸收能力投入强度与吸收能力系数对制造商、供应商价值存在复合影响，这种影响的正负方向取决于边际消费倾向与共性技术扩散程度的乘积与产品单位成本的比较；共性技术补贴对于制造商价值、供应商价值、消费者剩余、供应链总价值均有正向影响。

共性技术扩散、吸收能力，以及政府技术补贴是供应链价值共创的核心机制。当共性技术扩散与吸收能力带来的产品使用价值在消费倾向的作用下，转换成企业产品收益增加与政府的技术性补贴之和，能够覆盖企业因技术识别、利用产生的吸收能力投入时，制造商才会有意愿进行吸收能力投入，进而使得共性技术扩散条件下，考虑吸收能力与政府补贴的制造商供应链价值将得到改善。而供应商根据制造商的产品市场需求与价格情况进行最优决策，因而其供应链价值改善其实质由制造商引致决定。

5.3　声誉耗散条件下的供应链价值创造

基于声誉耗散视角，声誉是企业的整体性无形资产，是企业站在社会责任与企业形象的角度，随时间的积累，与各利益相关者发展而形成的认知与情感吸引力，并为他们提供有价值的产出能力[39]。白酒产品不同于一般化的商品，其更多的是一种历史文化产品，这一点在白酒行业的表现中尤为突出。作为大型白酒企业间建立合作关系的非市场安全机制，声誉对于激励供应链合作伙伴维持高质量的服务，减少伙伴信息不对称带来的风险及欺骗具有重要作用[40]。大型白酒供应商、制造商、消费者群体的有效声誉组合，是供应链企业及消费者合理地利用合作伙伴的社会资源、提升自身无形社会价值、实现供应链价值共创的有效途径。大型白酒企业供应链在特定的机制安排下实现声誉耗散。这种机制可以是市场化的"交易"行为，亦可以是供应链企业非市场化的社会资本积累过程。供应链企业乃至消费者通过社会资本积累，在相互信任的基础上的与外部组织、机构及个人形成稳定的社会关系网络和社会结构，实现供应链伙伴间的声誉耗散，进而提升供应链价值的创造能力。声誉耗散条件下的大型白酒企业最优化供应链价值决策，应在价值创造、声誉耗散、社会资本积累的互动机理与动态作用机制框架下进行分析。

5.3.1　声誉耗散、社会资本积累与供应链价值共创关系

传统的企业管理关注的重心是基于基本的企业产权边界逻辑进行的有限理性行为集，在效率最大化目标下，进行资源的有效配置。其所配置的资源为企业内部资源，即企业产权边际之内的资源。随着经济的全球化、资源价值的泛化及新经济思维的影响，企业的资源配置开始注重企业边界之外的资源对企业内部要素、动态能力乃至绩效的影响。在供应链环境下，企业间的竞争演化成供应链系统之间的竞争。企业与其供应链伙伴具有一致的目标，即供应链价值共创。在供应链价值共创的引导下，企业需要更多地关注供应网络的协同。这种协同除了在流程上的协同外，更多的是供应链主体的社会关系、社会责

任、社会地位及影响力的协同，即社会资本的累积、融合、协调。

20 世纪 90 年代，学者将社会学与管理学进行结合，探索非市场环境下，社会关系对企业资源与配置效率的影响，提出社会资本的概念。法国社会学家布迪厄以"场域"和"资本"将社会资本定义为社会成员关系网络场域中存在的实际或潜在的资源。相关研究中，比较有代表性的是林南的"资源论"，认为社会资本是行动者在行动中，获取和使用的嵌入在社会网络这一非正式的社会结构中的资源，包括权力、地位、信任、关系、责任等。随着社会资本理论的发展，关于社会资本的本质具有大体一致的认可，即倾向行为主体能够通过其社会网络或社会联系等社会结构获取稀缺资源的有利性，其核心要素包括网络、信任和规范。

社会资本的价值性是确定的，但是其价值体现的方式是多样性的。企业社会资本是指企业通过提取利用相关资源和信息，以及在社会网络结构之中获取发展所需的有效资源的能力。从社会资本与组织惯例创新的关系看，企业所掌握的社会资本越多，越有利于其获取组织惯例更新需要的外部资源，更好地将价值目标向低收入群体靠近，进而同他们形成更加牢固的信任关系[41]。从企业社会资本与其社会责任绩效看，企业拥有的社会资本对其社会责任绩效存在不可忽视的影响。企业社会资本和企业社会责任之间存在良性互动和互补关系。一方面，缺乏所需社会资本的企业，会为了获得社会资本，取得竞争优势，而积极履行社会责任；另一方面，企业已拥有的社会资本将为企业履行社会责任提供环境和能力支持[42]。从社会资本对企业创新绩效影响的途径看：一是通过社会资本的正向输出提升市场声誉、市场占有率和创新技术盈利水平；二是通过转变观念，利用社会资本关系规范弥补制度约束的不足、不断优化社会制度环境等；三是避免因社会资本负向输出社会负债产生的庸俗潜规则、既得利益封闭圈、官僚式体制等弊端[43]。从社会资本的供应链整合机制看，企业利用合作培养起来的企业关系资本，通过一系列的供应链整合行为，获取自身的竞争优势，最终提高企业组织绩效。通过多次有效的合作不仅能够让关系资本出现累积效应，而且随着关系资本的累积，它又会正反馈促进企业供应链外部整合，使得供应链长期利益出现[44]。从社会资本对企业创新的影响看，在社会资本结构维度方面，社会关系数量对显性技术知识获取有明显影响，而关系强度不仅对显性技术知识的获取有正向促进作用，还对更为重要的隐性技术知识的获取产生重要影响[45]。

从静态角度看，社会资本对企业经营发展的多样性影响是确定的，甚至体现出一种系统性特征。对企业内部而言，表现为对企业绩效、能力等的影响，这些影响最终可归结到企业价值创造维度。从动态维度看，企业表现出来的是社会资本积累，有利于帮助企业获取丰富的社会资源，如便捷的融资通道、各种政府优惠政策、补贴，有助于获取信息优势，及时掌握信息、技术、人才等资源。从供应链层面看，企业建立与其供应商之间良好的协作伙伴关系，有助于从供应商获得准确信息，获取信息优势，加强了解和合作，与客户建立持续的合作关系，有助于获得客户的信任，提升品牌价值。对企业外部而言，社会资本积累效应主要表现在能力的耗散、知识信息的流动、声誉的泛化影响。从社会资本与企业外部环境的互动关系看，存在双向逆向收敛的特征，即社会资本积累将促使企业内部动态能力的提升、知识信息流动的加速、声誉的品牌价值转化，反过来企业内部动态能力的提升、知识信息流动的加速、声誉的品牌价值转化又将加速企业社会资本的积累。

最初企业声誉被定义为消费者对企业知名度、好或坏、可信度、可靠性、美誉度和信任度等的感知反馈。随着研究的深入，学者们从不同的角度对其内涵展开了研究。从经济学视角看，企业声誉被看作一种属性或信号；从社会学视角看，企业声誉被认为是企业声望的综合评价；从营销学视角则认为，企业声誉是外部主体对企业的直接或间接的感受或信息加工过程；从会计学视角，更多地将企业声誉看作是企业的一种无形资产等。目前，国际较一致的界定是，企业声誉是与其他竞争对手相比较而言，基于对企业过去的行为及未来的前景的感知度而产生的对企业的所有利益相关者的吸引力。几乎所有研究表明，声誉对企业而言是个"好东西"，其能使企业抓住市场机会或者预防竞争威胁，能为企业带来一定的"有形"价值。作为一种稀缺性的企业资本，声誉资本不是企业轻易就能够获得的，也不是能够被简单地非法仿制，而是在企业长期的日常经营管理活动中产生的必然结果。声誉资本的这种资源稀缺性恰恰可以形成长期的市场竞争优势，甚至会产生超额的收益，转化成为可以维护企业长盛不衰和持续盈利的能力。

从管理角度看，声誉管理的核心是在企业与社会公众之间建立起牢靠的信任关系。因此，声誉管理与企业社会资本积累在关系网络层面存在交集，在某种程度上，可以将企业声誉管理视为社会资本积累的一个操作性目标、主要内容与直接结果。其影响主要体现在企业价值层面。有研究表明，供应商的分销能力声誉、创新能力声誉、企业社会责任声誉、公平交易声誉越高，分销商实施其角色外利他行为的积极性就越高，进而导致供应链价值的普遍提升[46]。企业高声誉本身就向消费者传达了高质量的产品或服务、较低交易风险的市场信号，消费者不仅愿意购买高声誉企业的产品和服务，而且愿意增加更多的消费投入[47]。

企业声誉的驱动要素是一个复杂体系，具体的影响因素包括产品与服务、顾客导向、财务业绩、市场表现、愿景与领导、工作环境、社会责任等因素。明思力集团撰写的《影响企业声誉因素》的调查报告显示，除企业主体行为之外，利益相关方的"思维空间"—— 民众在综合衡量品牌或企业公信力时会想到哪家品牌，对企业声誉有着举足轻重的影响，其传播方式、传播强度、传播真实性是企业声誉外源性"关系"维度里最重要的驱动因素。由此可见，从社会资本积累角度看，声誉传播是供应链主体价值创造的重要影响因素。本节将遵循企业内部社会资本积累——供应链声誉耗散——供应链价值创造的基本逻辑，对声誉耗散条件下供应链社会资本积累的价值创造机制展开研究。

5.3.2 不考虑声誉耗散与社会资本积累的三阶段供应链价值共创模型

通过声誉耗散、社会资本积累与供应链价值共创关系的分析，首先，构建不考虑声誉耗散的三阶段供应链价值共创模型，作为后续考虑声誉耗散与社会资本积累的三阶段供应链价值共创模型的比对标准。

其次，在不考虑声誉耗散与社会资本积累的情况下，考查了包含供应商、制造商、消费者的三级供应链。假设制造商以价格 P 将商品销售给消费者，其单位成本为 c，且 P、c 均为模型的内生变量。P_s 为供应商中间产品价格，c_2 为供应商产品单位成本。对于供应链上的消费者群体，假设其行为具有一致

性，即其消费需求由市场需求函数进行表达

$$Q = a - bP \qquad (5\text{-}86)$$

式（5-86）即为制造商面临的市场需求函数，其中，Q 为供应链制造商产量，a 为常数，b 为消费倾向。即制造商价值创造、供应商价值、消费者剩余为 SMV、SSV、SCV 有

$$\text{SMV} = \left(P - c - s\right)Q = aP - bP^2 - ac - sa + bcP + bsP \qquad (5\text{-}87)$$

$$\text{SCV} = \int_0^Q P\mathrm{d}Q - PQ = \frac{1}{2b}Q^2 \qquad (5\text{-}88)$$

$$\text{SSV} = s - c_2 Q = sa - c_2 a - sbP + c_2 bP \qquad (5\text{-}89)$$

在三阶段供应链决策过程中，首先，由制造商根据市场需求情况，以价值最大化为目标进行决策；其次，供应商根据制造商的需求决定其中间产品价格。前文式（5-87）即为制造商的决策目标函数。考查 $\dfrac{\mathrm{d}^2\text{SMV}}{\mathrm{d}P^2}$，发现 $\dfrac{\mathrm{d}^2\text{SMV}}{\mathrm{d}P^2} = -2b < 0$。

即制造商的决策目标函数为关于 P 的凸函数，存在极大值，令 $\dfrac{\mathrm{d}\text{SMV}}{\mathrm{d}P} = 0$，计算得

$$P^* = \frac{a + bc + bs}{2b} \qquad (5\text{-}90)$$

将式（5-90）代入式（5-89）得

$$\text{SSV} = sa - c_2 a - s\frac{a + bc + bs}{2} + c_2 \frac{a + bc + bs}{2} \qquad (5\text{-}91)$$

考查 $\dfrac{\mathrm{d}^2\text{SSV}}{\mathrm{d}s^2}$，发现 $\dfrac{\mathrm{d}^2\text{SSV}}{\mathrm{d}s^2} = -b < 0$。

即供应商的决策目标函数为关于 s 的凸函数，存在极大值，令 $\dfrac{\mathrm{d}\text{SSV}}{\mathrm{d}s} = 0$，

有$\dfrac{\mathrm{dSSV}}{\mathrm{d}s} = a - bs - \dfrac{a+bc}{2} + \dfrac{c_2 b}{2} = 0$。

计算得

$$s^* = \frac{a - bc + c_2 b}{2b} \tag{5-92}$$

$$\mathrm{SSV} = \frac{(a - bc - bc_2)^2}{8b} \tag{5-93}$$

$$P^* = \frac{3a + bc + c_2 b}{4b} \tag{5-94}$$

$$Q^* = \frac{a - bc - c_2 b}{4} \tag{5-95}$$

$$\mathrm{SMV} = \frac{(a - bc - c_2 b)^2}{16b} \tag{5-96}$$

$$\mathrm{SCV} = \frac{(a - bc - c_2 b)^2}{32b} \tag{5-97}$$

供应链价值由供应商、制造商、消费者共同创造，因此供应链总的价值 SV 为供应商价值、制造商价值、消费者剩余之和即

$$\mathrm{SV} = \mathrm{SSV} + \mathrm{SMV} + \mathrm{SCV} = 7\frac{(a - bc - bc_2)^2}{32b} \tag{5-98}$$

5.3.3 考虑声誉耗散与社会资本积累的三阶段供应链价值共创模型

声誉是企业的整体性无形资产，是企业站在社会责任与企业形象的角度，随时间的积累，与各利益相关者发展而形成的认知与情感吸引力，并为他们提供有价值的产出能力。作为大型白酒企业间建立合作关系的非市场安全机制，声誉对于激励供应链合作伙伴维持高质量的服务，减少伙伴信息不对称带来的

风险及欺骗具有重要作用。大型白酒供应商、制造商和消费者群体的有效声誉组合，是供应链企业及消费者合理地利用合作伙伴的社会资源、提升自身无形社会价值、实现供应链价值共创的有效途径。大型白酒企业供应链在特定的机制安排下实现声誉耗散。这种机制可以是市场化的"交易"行为，亦可以是供应链企业非市场化的社会资本积累过程。供应链企业乃至消费者通过社会资本积累，在相互信任的基础上，与外部组织、机构及个人形成稳定的社会关系网络和社会结构，实现供应链伙伴间的声誉耗散，进而提升供应链价值创造能力。在此过程中，社会资本积累通过提升声誉价值，并进行声誉耗散式传递提升产品的感知价值，并进一步在消费倾向的作用下，提升产品价格（假设产品产量维持稳定）。企业需要额外支付的成本在于为提升、传递声誉进行的社会资本积累支出。

消费者根据产品使用价值与产品价格的对比决定其消费倾向，即是否购买，以及购买多少。假设所有消费者为均质的，消费倾向为 b，产品价格为 P，产品的使用价值为 v，企业因声誉构建与耗散进行的社会资本积累投入为 c'，占单位成本的比重为 f，即 $c' = fc$。声誉在社会资本积累机制的促进作用下，产生新的品牌价值以提升产品价值，即 $v = tr$，其中 t 为社会资本积累系数，可视为声誉耗散传播的利用效率，r 为声誉流量。考虑声誉耗散与社会资本积累之后的使用价值必将上升 v，初始状态的产品价格为 P，在维持产量不变的情况下，声誉耗散与社会资本积累带来的产品价值在消费倾向的作用下，转换成企业产品收益增长即

$$\Delta P = vb = btr \tag{5-99}$$

此时的制造商价值 SMV' 为

$$\mathrm{SMV}' = \left(P + btr - c - s - c'\right)Q = -bP^2 + P\left(a - b^2tr + bc + bs + bfc\right) \\ + \left(abtr - ac - as - afec\right) \tag{5-100}$$

考查 $\dfrac{\mathrm{d}^2\mathrm{SMV}'}{\mathrm{d}P^2}$，发现 $\dfrac{\mathrm{d}^2\mathrm{SMV}'}{\mathrm{d}P^2} = -2b < 0$。

即制造商的决策目标函数为关于 P 的凸函数，存在极大值，令

$\dfrac{\mathrm{dSMV}'}{\mathrm{d}P}=0$，计算得

$$P'^{*}=\frac{a-b^{2}tr+bc+bs+bfc}{2b} \tag{5-101}$$

$$Q'^{*}=\frac{a+b^{2}tr-bc-bs-bfc}{2} \tag{5-102}$$

将式（5-101）代入式（5-99）得

$$\mathrm{SSV}'=\left(s-c_{2}\right)\frac{a+b^{2}tr-bc-bs-bfc}{2} \tag{5-103}$$

考查$\dfrac{\mathrm{d}^{2}\mathrm{SSV}'}{\mathrm{d}s^{2}}$，发现$\dfrac{\mathrm{d}^{2}\mathrm{SSV}'}{\mathrm{d}s^{2}}=-b<0$。

即供应商的决策目标函数为关于s的凸函数，存在极大值，令$\dfrac{\mathrm{d}SSV'}{\mathrm{d}s}=0$，计算得

$$s'^{*}=\frac{a+b^{2}tr-bc-bfc+bc_{2}}{2b} \tag{5-104}$$

将式（5-104）代入相关表达式得

$$P'^{*}=\frac{3a-b^{2}tr+bc+bc_{2}+bfc}{4b} \tag{5-105}$$

$$Q'^{*}=\frac{a+b^{2}tr-bc-bc_{2}-bfc}{4} \tag{5-106}$$

$$\mathrm{SMV}'^{*}=\frac{\left(a+b^{2}tr-bc-bc_{2}-bfc\right)^{2}}{16b} \tag{5-107}$$

$$\mathrm{SSV}'^{*}=\frac{\left(a+b^{2}tr-bc-bc_{2}-bfc\right)^{2}}{8b} \tag{5-108}$$

新的消费者剩余应是在保持消费倾向不变的情况下，消费者剩余与增加

的产品使用价值之和即

$$SCV'^* = \frac{\left(a + b^2 tr - bc - bc_2 - bfc\right)^2}{32b} + tr\frac{a + b^2 tr - bc - bc_2 + bfc}{4} \quad （5-109）$$

此时供应链总的价值 SV'^* 为

$$SV'^* = \frac{7\left(a + b^2 tr - bc - bc_2 - bfc\right)^2}{32b} + tr\frac{a + b^2 tr - bc - bc_2 + bfc}{4} \quad （5-110）$$

5.3.4 模型求解与分析

5.3.4.1 考虑声誉耗散与社会资本积累的供应链价值共创变化

将声誉耗散条件下，考虑社会资本积累的供应链价值共创与未考虑声誉耗散和社会资本积累的供应链价值共创进行比较，用以考查两种条件下供应链价值共创的增减情况。

$$SMV'^* - SMV^* = \frac{\left(a + b^2 tr - bc - bc_2 - bfc\right)^2}{16b} - \frac{\left(a - bc - c_2 b\right)^2}{16b} \quad （5-111）$$

$$SSV'^* - SSV^* = \frac{\left(a + b^2 tr - bc - bc_2 - bfc\right)^2}{8b} - \frac{\left(a - bc - c_2 b\right)^2}{8b} \quad （5-112）$$

$$SCV'^* - SCV^* = \frac{1}{2b}\left(Q'^*\right)^2 + vQ'^* - \frac{1}{2b}\left(Q^*\right)^2 \quad （5-113）$$

分析式（5-111）和式（5-112）发现，两种条件下供应链价值共创的增减符号均由 $b^2 tr - bfc$ 的符号决定，即 $b(btr - fc)$ 的符号决定。根据前文假设，btr 为声誉耗散与社会资本积累的品牌价值在消费倾向的作用下，转换成企业产品收益增加，fc 为企业因声誉构建与传播进行的社会资本积累投入。制造商动态能力改进的行为逻辑在于：因声誉构建与传播进行的社会资本积累投入必须在产品价值增值过程中得到完全反馈，即必然存在$b(btr - fc) > 0$。

对于消费者剩余，由于$0 < Q^* < Q'^*$，且$0 < v$，有$SCV'^* - SCV^* > 0$。

由此可得命题十四：$SMV'^* - SMV^* > 0$、$SSV'^* - SSV^* > 0$、$SCV'^* - SCV^* > 0$、$SSV'^* - SSV^* > 0$。

命题十四表明，当因声誉构建与传播进行的社会资本积累投入带来的品牌价值，在消费倾向的作用下，转换成企业产品收益增加能够覆盖社会资本积累投入时，制造商才会有意愿进行社会资本积累投入，进而使得声誉耗散条件下，考虑社会资本积累的制造商的供应链价值将得到改善。而供应商根据制造商的产品市场需求与价格情况进行最优决策，因而其供应链价值改善实质由制造商引致决定。消费者剩余受价格下降、销量增加及产品品牌价值提升的双重影响得到提升。

5.3.4.2 社会资本积累对供应链价值共创的影响分析

现有研究一致认为动态能力是企业核心竞争力的重要组成，对于动态能力下供应链价值共创的研究鲜有涉及。供应链价值共创涉及的供应链主体较多，各参与主体在制造商加大动态能力投入的条件下，其供应链价值是否得到增加，以及变化趋势如何，需要在考虑知识共享与动态能力的三阶段供应链博弈过程中进行考查。

在本书中，f为制造商的社会资本积累投入强度，同时t为社会资本积累投入的声誉转化系数，在长期内，其对于社会资本投入强度及价值创造均存在影响。制造商社会资本积累的变化是社会资本积累投入强度f与社会资本积累投入的声誉转化系数t叠加的结果。

由于$Q'^* > 0$，有$a + b^2 tr - bc - bc_2 - bfc > 0$，因此

$$\frac{\mathrm{d}SMV'^*}{\mathrm{d}f} = -bc \frac{a + b^2 tr - bc - bc_2 - bfc}{8b} < 0 \tag{5-114}$$

$$\frac{\mathrm{d}SMV'^*}{\mathrm{d}t} = b^2 r \frac{a + b^2 tr - bc - bc_2 - bfc}{8b} > 0 \tag{5-115}$$

即SMV'^*与f呈反方向变化，随着制造商社会资本积累投入的加大，将

导致制造商供应链价值的减少。SMV'^* 与 t 呈同方向变化，随着制造商社会资本积累投入的声誉转化系数加大，将导致制造商供应链价值的增加。

将式（5-114）与式（5-115）进行比值分析 $\dfrac{\dfrac{\mathrm{d}SMV'^*}{\mathrm{d}t}}{\dfrac{\mathrm{d}SMV'^*}{\mathrm{d}f}}=\dfrac{\mathrm{d}f}{\mathrm{d}t}=-\dfrac{br}{c}$。

由此可见，t 与 f 呈反向关系，即随着社会资本积累投入的声誉转化系数的增加，相同条件的价值创造约束下，需要的社会资本积累投入强度越少。这种负向关系能否最终导致两者的复合影响实现 SMV'^* 的增加取决于 $\left|\dfrac{\mathrm{d}f}{\mathrm{d}t}\right|$ 的取值是否大于 1。若 $\left|\dfrac{\mathrm{d}f}{\mathrm{d}t}\right|>1$，即 $br>c$，则 SMV'^* 在社会资本积累投入强度与社会资本积累投入声誉转化系数的复合影响下得以提升；若 $\left|\dfrac{\mathrm{d}f}{\mathrm{d}t}\right|<1$，$br<c$ 则 SMV'^* 在社会资本积累投入强度与社会资本积累投入声誉转化系数的复合影响下得以降低。

由此得命题十五：

$$\begin{cases} 若\,br>c,\ 则：SMV'^*在社会资本积累投入强度与转化系数的复合影响下提升 \\ 若\,br<c,\ 则：SMV'^*在社会资本积累投入强度与转化系数的复合影响下降低 \end{cases}$$

对于供应商而言，制造商的社会资本积累投入强度与转化系数由于供应链的中介作用，成为其价值创造的内生变量，对于供应商的价值创造存在影响。考查

$$\frac{\mathrm{d}SSV'^*}{\mathrm{d}e}=-bc\,\frac{a+b^2\pi k-bc-bc_2-bec}{4b}<0 \tag{5-116}$$

$$\frac{\mathrm{d}SSV'^*}{\mathrm{d}\pi}=b^2k\,\frac{a+b^2\pi k-bc-bc_2-bec}{4b}>0 \tag{5-117}$$

即 SSV'^* 与 f 呈反方向变化：随着制造商社会资本积累投入的加大，将导致供应商供应链价值的减少。原因在于随着制造商社会资本积累投入的加大，最终都以成本形式提升产品价格，降低产品销量，导致制造商对供应商的采购减少，进而使得供应商价值减少。SSV'^* 与 t 呈同方向变化：随着制造商社会

资本积累投入声誉转化系数的加大，将导致供应商供应链价值的增加。原因在于随着制造商社会资本积累投入声誉转化系数的提升，在同等价值约束下，制造商的社会资本积累投入强度得以降低，从而降低产品价格，提升产品销量，导致制造商对于供应商的采购增加，进而使得供应商价值增加。将式（5-116）

与式（5-117）进行比较发现 $\dfrac{\dfrac{\mathrm{dSSV}'^{*}}{\mathrm{d}t}}{\dfrac{\mathrm{dSSV}'^{*}}{\mathrm{d}f}} = \dfrac{\dfrac{\mathrm{dSMV}'^{*}}{\mathrm{d}t}}{\dfrac{\mathrm{dSMV}'^{*}}{\mathrm{d}f}} = \dfrac{\mathrm{d}f}{\mathrm{d}t} = -\dfrac{br}{c}$。

即 f 与 t 呈反向关系，这种反向关系能否最终导致两者的复合影响实现 SSV'^{*} 的增加取决于 $\left|\dfrac{\mathrm{d}f}{\mathrm{d}t}\right|$ 的取值是否大于 1。若 $\left|\dfrac{\mathrm{d}f}{\mathrm{d}t}\right|>1$，即 $br>c$，则 SSV'^{*} 在社会资本积累投入强度与社会资本积累投入声誉转化系数的复合影响下得以提升，制造商的社会资本积累投入能有效改善其社会资本积累投入声誉转化系数，社会资本积累投入将一种叠加的价值创造效应；若 $\left|\dfrac{\mathrm{d}f}{\mathrm{d}t}\right|<1$，$br<c$，则 SSV'^{*} 在社会资本积累投入强度与社会资本积累投入声誉转化系数的复合影响下得以降低，制造商的社会资本积累投入不能有效改善其社会资本积累投入声誉转化系数，则社会资本积累投入将单纯表现为一种成本效应。制造商的社会资本积累投入强度与社会资本积累投入声誉转化系数之所以能够对供应商的价值产生影响是通过社会资本积累投入强度与社会资本积累投入声誉转化系数对产品价格与销量的影响间接发生作用的。

由此得命题十六：

$$\begin{cases} 若 bk>c，则：\mathrm{SSV}'^{*} 在社会资本积累投入强度与转化系数的复合影响下提升 \\ 若 bk<c，则：\mathrm{SSV}'^{*} 在社会资本积累投入强度与转化系数的复合影响下降低 \end{cases}$$

消费者是供应链值得以实现的最终环节。无论制造商与供应商进行何种市场行为均以消费者需求为基础。根据模型设定，消费者在制造商确定最优价格之后根据消费倾向采取消费行为，并产生消费者剩余。因此，最优消费者剩余由制造商确定的最优价格决定。

$$\frac{\mathrm{dSCV}'^{*}}{\mathrm{d}f} = \frac{\mathrm{dSCV}'^{*}}{\mathrm{d}Q'^{*}} \cdot \frac{\mathrm{d}Q'^{*}}{\mathrm{d}f} = -\left(\frac{Q'^{*}}{b}+v\right)\frac{cb}{4} < 0 \qquad (5\text{-}118)$$

分析表明，消费者剩余与制造商的社会资本积累投入强度呈负向变化，即当制造商的社会资本积累投入强度不断增加时，消费者剩余将减少。根本原因在于随着社会资本积累投入的提升，产品成本增加，产品价格上升，同时声誉改善导致品牌价值上升、产量上升，但产量上升的幅度要小于产品价格提升的幅度，因此消费者剩余下降。

$$\frac{dSCV'^*}{dt} = \frac{brQ'^*}{4} + rQ'^* + \frac{b^2 r^2 t}{4} > 0 \qquad (5\text{-}119)$$

分析表明，消费者剩余与制造商社会资本积累投入声誉转化系数呈正向变化，即社会资本积累投入声誉转化系数的增加将增加消费者剩余。根本原因在于随着社会资本积累投入声誉转化系数的提升，产品品牌价值提升，产量增加，同时制造商产品最优价格将减少，因此消费者剩余增加。

由此得命题十七：

消费者剩余与制造商社会资本积累投入强度呈反向变化
消费者剩余与制造商社会资本积累声誉转化系数呈正向变化

由式（5-114）、式（5-116）、式（5-118）可知

$$\frac{dSV'^*}{df} = \frac{dSMV'^*}{df} + \frac{dSSV'^*}{df} + \frac{dSCV'^*}{df} = -\frac{7cQ'^*}{4} - \frac{cbv}{4} < 0 \qquad (5\text{-}120)$$

由式（5-115）、式（5-117）、式（5-119）可知

$$\frac{dSV'^*}{dt} = \frac{dSMV'^*}{dt} + \frac{dSSV'^*}{dt} + \frac{dSCV'^*}{dt} = \frac{5brQ'^*}{2} + rQ'^* + \frac{b^2 r^2 t}{4} > 0 \quad (5\text{-}121)$$

由此得命题十八：

供应链价值与制造商社会资本积累投入强度呈反向变化
供应链价值与制造商社会资本积累声誉转化系数呈正向变化

5.3.4.3　声誉耗散对供应链价值共创的影响分析

声誉耗散因组织内外部声誉势差而自发产生。这种近乎"零成本"的声誉传播对于企业的生产与创新活动具有重要影响，是供应链价值共创的重要构

成要素。本书着重关注声誉耗散产生的声誉信息流在制造商社会资本积累的作用下对供应链价值共创的影响。

$$\frac{\mathrm{dSMV}'^*}{\mathrm{d}r} = b^2 t \frac{a + b^2 tr - bc - bc_2 - bfc}{8b} > 0 \qquad （5-122）$$

$$\frac{\mathrm{dSSV}'^*}{\mathrm{d}r} = b^2 t \frac{a + b^2 tr - bc - bc_2 - bfc}{4b} > 0 \qquad （5-123）$$

$$\frac{\mathrm{dSCV}'^*}{\mathrm{d}r} = btQ'^* + \frac{tQ'^*}{4} + \frac{b^2 t^2 r}{4} > 0 \qquad （5-124）$$

$$\frac{\mathrm{dSV}'^*}{\mathrm{d}r} = bt\frac{Q'^*}{2} + 2btQ'^* + \frac{t}{4}Q'^* + \frac{b^2 t^2 r}{4} > 0 \qquad （5-125）$$

即制造商价值与声誉耗散呈正向关系，随着耗散声誉信息流的增加，在制造商社会资本积累的作用下，将带来制造商价值的增加；供应商价值与耗散声誉信息流呈正向关系，即随着耗散声誉信息流的增加，在制造商社会资本积累的作用下，通过供应链的中介作用，将带来供应商价值的增加；消费者剩余与耗散声誉信息流呈正向关系，即随着耗散声誉信息流的增加，在制造商社会资本积累与消费倾向作用下，将带来消费者剩余的增加。

综上可得命题十九：$\dfrac{\mathrm{dSMV}'^*}{\mathrm{d}r} > 0$、$\dfrac{\mathrm{dSSV}'^*}{\mathrm{d}r} > 0$、$\dfrac{\mathrm{dSCV}'^*}{\mathrm{d}r} > 0$、$\dfrac{\mathrm{dSV}'^*}{\mathrm{d}r} > 0$。

命题十九表明，声誉耗散对于制造商价值、供应商价值、消费者剩余和供应链总价值均有正向影响。原因在于声誉耗散与传播将极大地提升产品的价值感知。

5.3.5　小结

通过上述分析可知，声誉耗散及企业社会资本积累对于大型白酒企业供应链价值创造具有重要影响。大型白酒企业不仅需要关注基于人才、技术和模式的核心竞争力要素的优化配置，而且要从企业发展战略维度对供应链价值创造方式、实现路径进行重塑。在更为开放的声誉耗散与社会资本积累视角下，供应链价值创造的研究不仅需要关注多主体参与的网络关系，更需要从声誉耗散、社会资本积累、客户体验等多维度探索供应链价值共创机制。

首先，声誉耗散与社会资本积累是供应链价值共创的核心机制。当声誉耗散与社会资本积累带来的品牌价值，在消费倾向的作用下，转换成企业产品收益增加能够覆盖企业因声誉耗散与社会资本积累的投入时，制造商、供应商、消费者剩余及供应链总价值均得到提升。

其次，社会资本积累投入强度与社会资本积累声誉转化系数对供应链价值存在复合影响。当 $br > c$ 时，SMV'^*、SSV'^* 在社会资本积累投入强度与社会资本积累声誉转化系数的复合影响下得以提升；当 $br < c$ 时，SMV'^*、SSV'^* 在社会资本积累投入强度与社会资本积累声誉转化系数的复合影响下得以降低。消费者剩余、供应链总价值与制造商社会资本积累投入强度呈反向变化；与社会资本积累声誉转化系数呈正向变化。

最后，随着声誉耗散信息流的增加，制造商价值、供应商价值、消费者剩余和供应链总价值增加。原因在于声誉耗散信息流是一种"零成本"的价值加成，将带来产品使用价值感知的增加。

5.4　数值模拟

为了进一步验证所得结论的有效性，本书运用 Matlab（Matrix Laboratory，矩阵实验室）将动态能力和耗散知识对链内各主体价值和供应链价值的影响进行数值模拟分析。选择当前热销的某大型白酒企业某款畅销白酒产品进行验证（由于涉及企业商业机密，本书在数值模拟时均对产品名称进行模糊化处理）。根据调查数据，2019 年该款白酒市场均价为 100 元，贵阳地区实现销量 415 吨左右；2018 年上半年该款白酒售价为 105 元，贵阳地区实现销量 370 吨左右。其单位成本 c 大概为 30 元，供应商成本为 20 元（包括原料、包装物、物流服务等所有供应商）。

5.4.1 考虑知识共享与动态能力的三阶段供应链价值共创数值模拟

根据该款产品两个时间节点的价格与销量,以及制造商、供应商成本相关现实数据,可计算该款产品的市场需求曲线。在此基础上结合前述理论推导过程中的参数设定,对动态能力系数、动态能力投入强度、知识流等进行模拟赋值,计算制造商、供应商、消费者,以及供应链总体价值。计算所得相关数值见表 5-1。

表 5-1 相关参数与数值模拟

参数	模型 1	模型 2	模型 3	模型 4	模型 5	模型 6	模型 7	模型 8	模型 9	模型 10	模型 11	模型 12	模型 13	模型 14	模型 15
π	—	0.5	0.6	0.7	0.6	0.7	0.6	0.7	0.5	0.5	0.5	0.6	0.7	0.6	0.7
e	—	0.3	0.3	0.3	0.4	0.5	0.4	0.5	0.3	0.4	0.4	0.3	0.3	0.4	0.5
k	—	3.0	3.0	3.0	3.0	3.0	4.0	5.0	1.5	1.5	1.5	1.5	1.5	1.5	1.5
s^*	59	66	68	70	66	67	71	78	60	59	59	61	62	59	59
P^*	108	104	103	102	104	104	102	98	107	108	108	107	106	107	108
Q^*	295	348	366	383	354	361	390	442	304	299	295	313	322	302	299
SMV^*	5688	7932	8751	9611	8211	8495	9918	12795	6059	5833	5699	6413	6778	5952	5846
SSV^*	11376	15863	17503	19222	16422	16990	19837	25590	12118	11665	11398	12826	13555	11904	11692
SCV^*	2844	4488	5034	5611	4743	5005	5894	7946	3258	3140	3071	3489	3727	3248	3237
SV^*	19908	28283	31288	34444	29376	30490	35650	46332	21434	20638	20168	22728	24060	21104	20775
	—														

$b\pi k-ec>0$，$bk>c$ $b\pi k-ec>0$，$bk<c$

$Q=1945-15.3P$，$c=30$，$c_2=20$

通过比较考虑知识共享与动态能力前后供应链价值发现，在 $b\pi k - ec > 0$ 条件下，即制造商因知识识别与利用导致的动态能力投入，在产品价值增值过程中得到完全反馈的条件下，该款白酒的供应商价值、制造商价值、消费者剩余及供应链价值均将得到较大改善，由此可证命题一成立。

对于命题二、命题三、命题四、命题五，对动态能力系数分别赋予 0.5、0.6、0.7、0.6，动态能力投入强度分别赋予 0.3、0.3、0.3、0.4，知识流分别赋予 1.5、3.0、4.0、5.0。当知识流大于 3.0 时，结合 b 与 c 的取值，可知 $bk > c$；当知识流为 1.5 时，结合 b 与 c 的取值，可知 $bk < c$。运用 Matlab 进行数值模拟分析如图 5-1 所示。

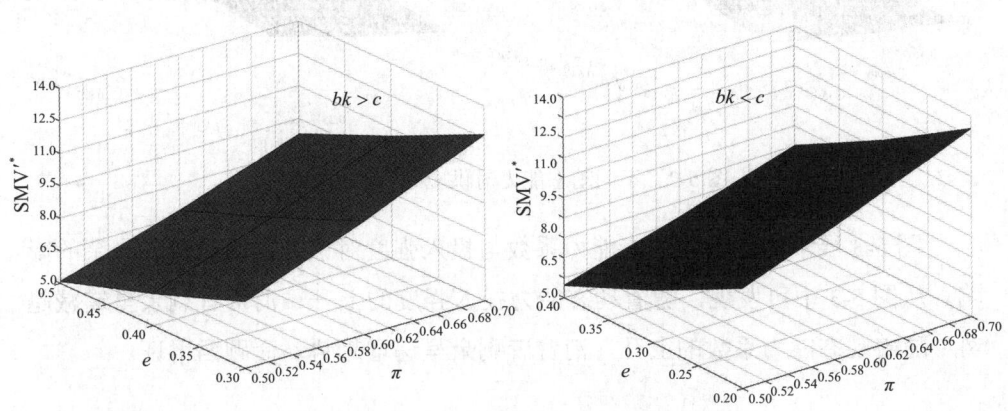

图 5-1　不同动态能力对制造商价值的影响

图 5-1 展示的是不同动态能力系数与投入强度对该款白酒制造商价值的影响。从图 5-1 中可发现，在 $bk > c$ 的条件下，随着动态能力投入强度的上升，制造商的价值呈递减趋势；随着动态能力系数的上升，制造商的价值呈递增趋势；当两者同时提升时，制造商的价值呈递增趋势。在 $bk < c$ 的条件下，随着动态能力投入强度的上升，制造商的价值呈递减趋势；随着动态能力系数的上升，制造商的价值呈递增趋势；当两者同时提升时，制造商的价值呈递减趋势。命题二得证。

图 5-2 展示的是不同动态能力系数与投入强度对该款白酒供应商价值的影响。从图 5-2 中可发现，在 $bk > c$ 的条件下，随着动态能力投入强度的上升，供应商的价值呈递减趋势；随着动态能力系数的上升，供应商的价值呈递增趋

势；当两者同时提升时，供应商的价值呈递增趋势。在$bk<c$的条件下，随着动态能力投入强度的上升，供应造商的价值呈递减趋势；随着动态能力系数的上升，供应商的价值呈递增趋势；当两者同时提升时，供应商的价值呈递减趋势。命题三得证。

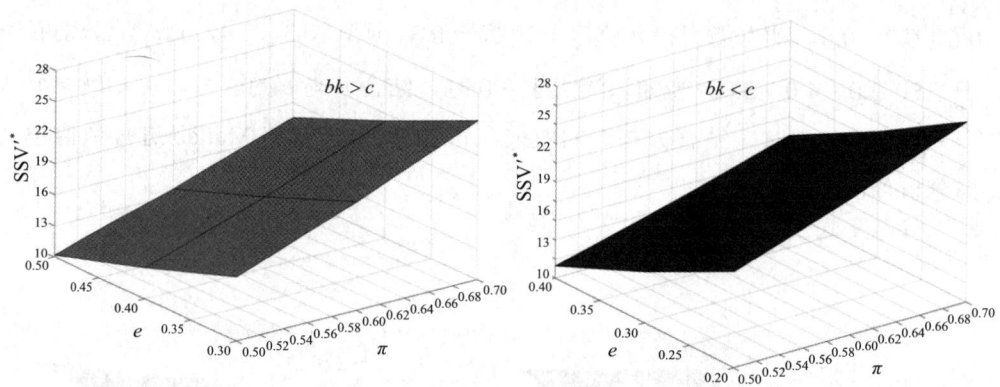

图 5-2 不同动态能力对供应商价值的影响

图 5-3 展示的是不同动态能力系数与投入强度对该款白酒消费者剩余的影响。从图 5-3 中可发现，随着动态能力投入强度的上升，消费者剩余呈递减趋势；随着动态能力系数的上升，消费者剩余呈递增趋势。命题四得证。

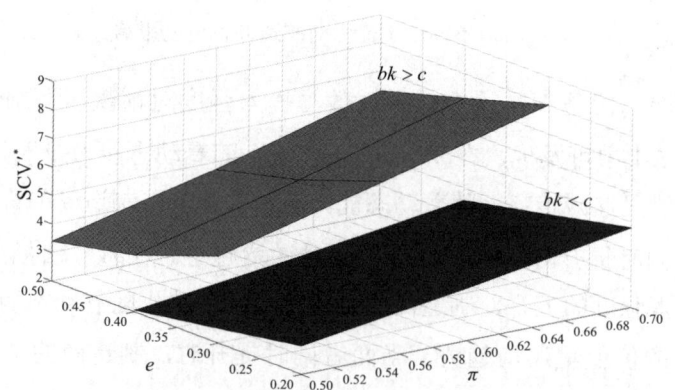

图 5-3 不同动态能力对消费者剩余的影响

图 5-4 展示的是不同动态能力系数与投入强度对该款白酒供应链价值的影响。从图 5-4 中可发现，随着动态能力投入强度的上升，供应链价值呈递减趋

势；随着动态能力系数的上升，供应链价值呈递增趋势。命题五得证。

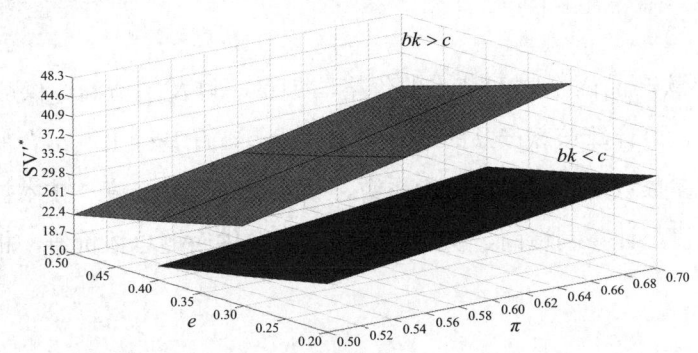

图 5-4　不同动态能力对供应链价值的影响

图 5-5 展示的是不同动态能力系数与投入强度，以及不同知识共享对该款白酒供应链价值的影响。从图 5-5 中可发现，随着知识共享的上升，制造商价值、供应商价值、消费者剩余及供应链价值呈递增趋势；随着动态能力系数的上升，制造商价值、供应商价值、消费者剩余，以及供应链价值呈递增趋势；随着动态能力投入强度的上升，制造商价值、供应商价值、消费者剩余，以及供应链价值呈递减趋势。命题六得证。

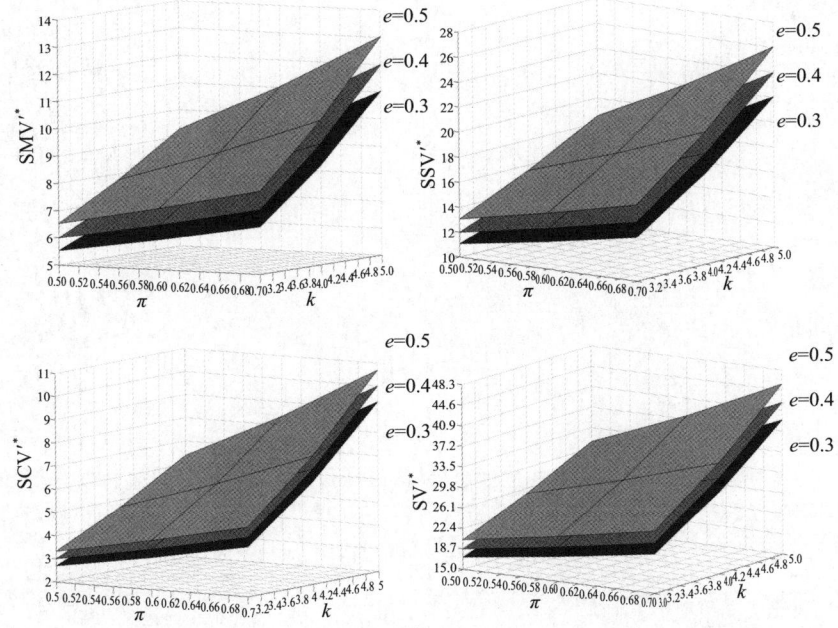

图 5-5　不同动态能力系数与投入强度及知识共享对供应链价值的影响

5.4.2 考虑技术扩散与吸收能力的三阶段供应链价值共创数值模拟

根据该款产品两个时间节点的价格与销量，以及制造商、供应商成本相关现实数据，可计算该款产品的市场需求曲线。在此基础上，结合前述理论推导过程中的参数设定，对吸收能力系数、吸收能力投入强度、技术扩散流量等进行模拟赋值，计算制造商、供应商、消费者及供应链总体价值，相关数值见表 5-2。

表5-2　相关参数与数值模拟

参数	模型1	模型2	模型3	模型4	模型5	模型6	模型7	模型8	模型9	模型10	模型11	模型12	模型13	模型14	模型15	模型16	模型17
θ	—	0.3	0.4	0.5	0.3	0.4	0.5	0.5	0.6	0.7	0.5	0.6	0.7	0.6	0.7	0.6	0.7
h	—	0.5	0.6	0.7	0.8	0.9	1.0	1.5	2.0	2.5	3.0	3.5	4.0	4.5	5.0	5.5	6.0
γ	—	0.1	0.2	0.3	0.2	0.2	0.5	0.3	0.4	0.5	0.3	0.4	0.5	0.3	0.4	0.5	0.6
μ	—	0.1	0.2	0.3	0.1	0.2	0.3	0.1	0.2	0.3	0.1	0.2	0.3	0.1	0.2	0.3	0.1
s^*	59	60	60	61	59	61	59	61	65	69	67	72	77	76	82	81	83
P^*	108	107	107	107	108	106	107	106	105	103	104	101	99	99	96	97	96
Q^*	295	304	309	315	298	316	301	316	342	374	360	395	436	430	477	465	483
SMV^*	5688	6031	6242	6505	5787	6529	5934	6524	7657	9165	8463	10195	12420	12088	14864	14143	15274
SSV^*	11376	12063	12485	13010	11575	13059	11868	13048	15314	18330	16926	20390	24839	24177	29727	28286	30548
SCV^*	2844	3025	3146	3300	2912	3290	3042	3309	3911	4714	4285	5192	6362	6122	7565	7211	7840
SV^*	19908	21119	21873	22815	20274	22878	20844	22882	26882	32208	29674	35777	43621	42387	52156	49640	53663
	—			$b\theta h-\gamma c+\mu c>0$, $bh<c$		$b\theta h-\gamma c+\mu c>0$, $bh<c$						$b\theta h-\gamma c+\mu c>0$, $bh>c$					

$Q=1945-15.3P$, $c=30$, $c_2=20$

通过比较考虑技术扩散与吸收能力前后供应链价值发现，在 $b\theta h - \gamma c + \mu c > 0$ 条件下，即制造商因技术扩散导致的吸收能力投入在产品价值增值过程中得到完全反馈的条件下，该款白酒的供应商价值、制造商价值、消费者剩余及供应链价值均将得到较大改善，由此可证命题七成立。

对 h、μ 分别赋值 0.5，θ、γ 分别取 [0.1, 0.8] 与 [0.10, 0.45]。此时满足 $b\theta h - \mu c > 0$，且 $bh < c$。若 h 赋值 2，μ 赋值 0.5，θ、γ 分别取 [0.1, 0.8] 与 [0.10, 0.45]。此时满足 $b\theta h - \gamma c + \mu c > 0$，且 $bh > c$。将相关赋值分别代入前文相关公式计算得 SMV、SSV、SCV、SV 在不同条件下的取值，借助 Matlab 绘制动态曲面。

图 5-6 展示的是不同吸收能力系数与投入强度对该款白酒制造商价值的影响。从图 5-6 中可发现，吸收能力投入强度与制造商价值呈反向关系；吸收能力系数与制造商价值呈正向关系；在 $bh < c$ 的条件下，制造商价值在吸收能力投入强度与吸收能力系数的复合影响下得以降低。在 $bh > c$ 的条件下，制造商价值在吸收能力投入强度与吸收能力系数的复合影响下得以提升。命题八得证。

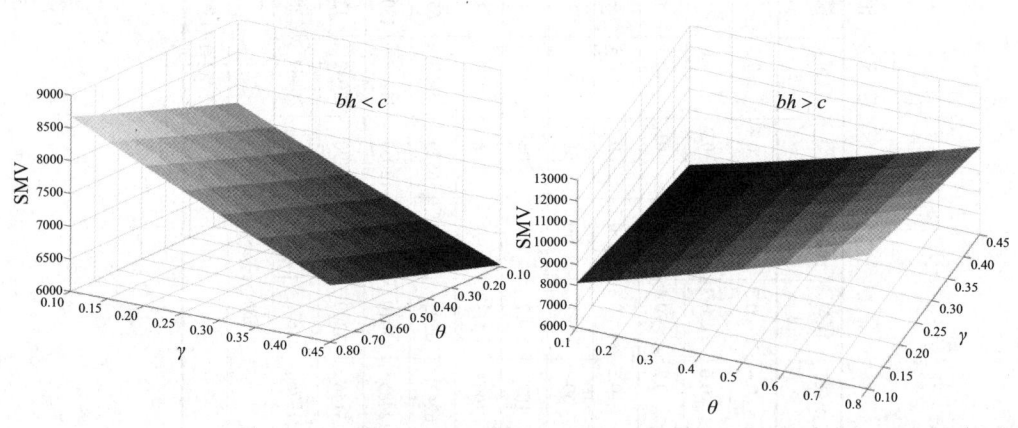

图 5-6　不同吸收能力对制造商价值的影响

图 5-7 展示的是不同吸收能力系数与投入强度对该款白酒供应商价值的影响。从图 5-7 中可发现，吸收能力投入强度与供应商价值呈反向关系；吸收能力系数与供应商价值呈正向关系；在 $bh < c$ 的条件下，供应商价值在吸收能力投入强度与吸收能力系数的复合影响下得以降低。在 $bh > c$ 的条件下，供应

商价值在吸收能力投入强度与吸收能力系数的复合影响下得以提升。命题九得证。

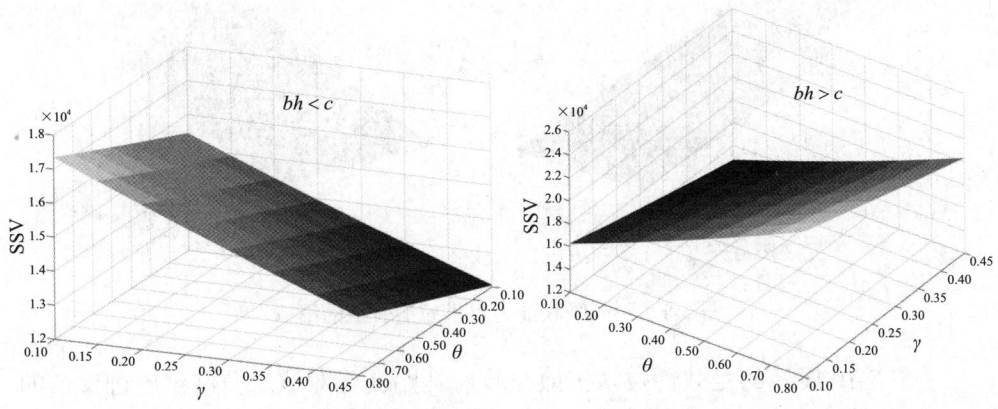

图 5-7　不同吸收能力对供应商价值的影响

图 5-8 展示的是不同吸收能力系数与投入强度对该款白酒消费者剩余的影响。从图 5-8 中可发现，随着吸收态能力投入强度的上升，消费者剩余呈递减趋势；随着动态能力系数的上升，消费者剩余呈递增趋势。命题十得证。

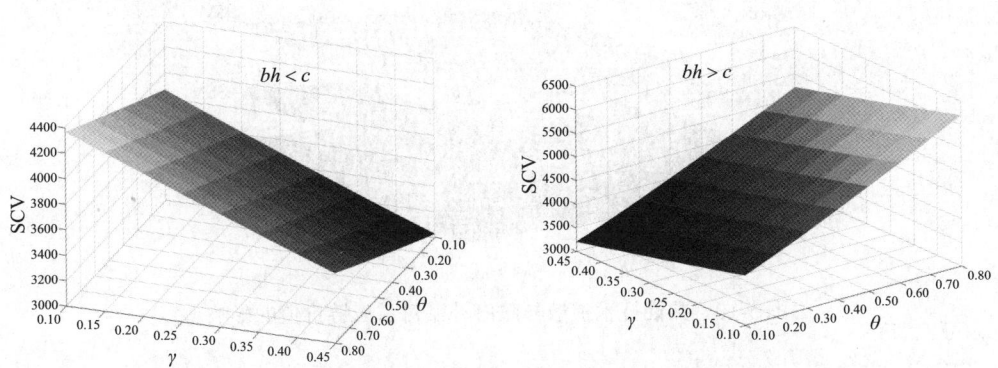

图 5-8　不同吸收能力对消费者价值的影响

图 5-9 展示的是不同吸收能力系数与投入强度对该款白酒供应链总价值的影响。从图 5-9 中可发现，随着吸收态能力投入强度的上升，供应链总价值呈递减趋势；随着动态能力系数的上升，供应链总价值呈递增趋势。命题十一得证。

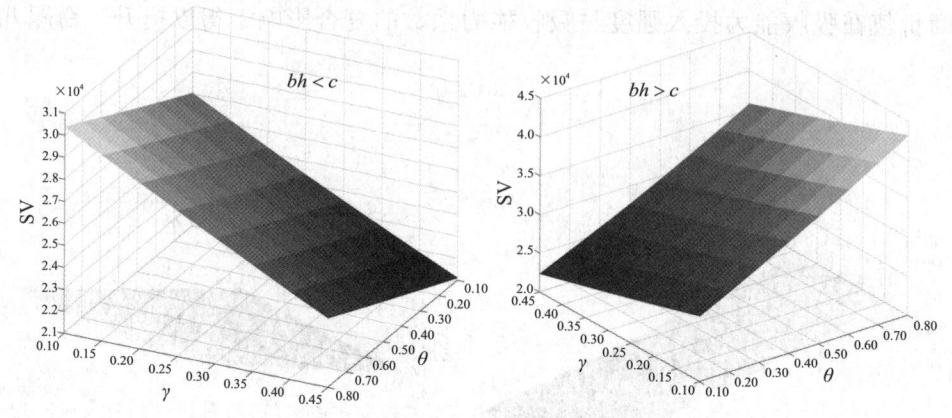

图 5-9　不同吸收能力对供应链价值的影响

图 5-10 展示的是共性技术扩散与政府补贴变化对该款白酒供应链价值的影响。从图 5-10 中可发现，随着共性技术扩散的加剧，制造商、供应商、消费者及供应链总价值呈递增趋势；随着政府补贴的增加，制造商、供应商、消费者及供应链总价值同样呈递增趋势。命题十二、命题十三得证。

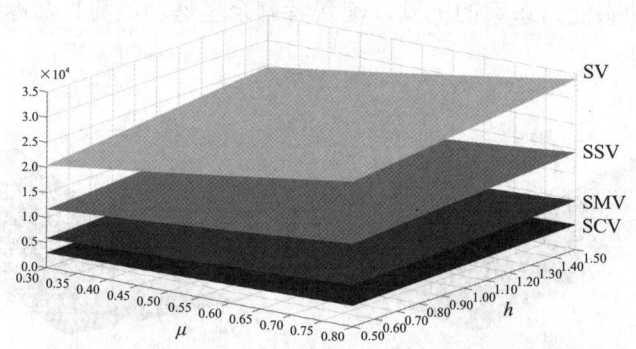

图 5-10　共性技术扩散与政府补贴对供应链价值的影响

5.4.3　考虑声誉耗散与社会资本积累的三阶段供应链价值共创数值模拟

根据该款产品的市场需求曲线，结合前述理论推导过程中的参数设定，对声誉耗散、社会资本积累投入强度、社会资本积累投入声誉系数等进行模拟赋值，计算制造商、供应商、消费者及供应链总体价值。计算所得相关数值见表 5-3。

表 5-3 相关参数与数值模拟

参数	模型1	模型2	模型3	模型4	模型5	模型6	模型7	模型8	模型9	模型10	模型11	模型12	模型13	模型14	模型15	模型16	模型17
t	—	0.1	0.2	0.2	0.3	0.3	0.4	0.4	0.5	0.5	0.6	0.6	0.7	0.7	0.8	0.8	0.9
r	—	1.9	1.9	1.9	1.9	1.9	1.9	1.9	2.0	2.0	2.0	2.0	2.0	2.0	2.0	2.0	2.0
f	—	0.01	0.02	0.03	0.04	0.05	0.06	0.07	0.01	0.02	0.03	0.04	0.05	0.06	0.07	0.08	0.09
s^*	59	60	60	61	62	62	63	63	65	66	67	67	68	68	69	70	70
P^*	108	107	107	107	106	106	106	105	104	104	104	104	103	103	103	102	102
Q^*	295	305	309	314	318	323	327	331	347	351	356	361	365	370	375	379	384
SMV^*	5688	6079	6256	6436	6618	6803	6990	7180	7848	8063	8280	8501	8724	8950	9179	9411	9646
SSV^*	11376	12158	12512	12872	13236	13606	13980	14360	15696	16126	16560	17001	17448	17900	18358	18822	19291
SCV^*	2844	3040	3129	3220	3312	3406	3502	3599	3926	4035	4146	4259	4374	4491	4609	4730	4852
SV^*	19908	21277	21897	22527	23166	23815	24473	25140	27470	28223	28987	29761	30545	31340	32146	32962	33789
—	—	$btr-fc>0,\ br<c$							$btr-fc>0,\ br>c$								

$Q=1945-15.3P$, $c=30$, $c_2=20$

通过比较考虑声誉耗散与社会资本积累前后的供应链价值发现，在 $btr - fc > 0$ 条件下，即制造商因声誉耗散导致的社会资本积累投入，在产品价值增值过程中得到完全反馈的条件下，该款白酒的供应商价值、制造商价值、消费者剩余及供应链价值均将得到较大改善，由此可证命题十四成立。

对 r 赋值 1.9，h 取 [0.1, 0.8]，t 取 [0.01, 0.08]。此时满足 $btr - fc > 0$，且 $br < c$。若 r 赋值 2.0，h 取 [0.1, 0.8]，t 取 [0.01, 0.08]。此时满足 $btr - fc > 0$，且 $br > c$。将相关赋值分别代入前文相关公式计算得 SMV、SSV、SCV、SV 在不同条件下的取值，借助 Matlab 绘制动态曲面。

图 5-11 展示的是不同社会资本积累投入强度与声誉系数对该款白酒制造商价值的影响。从图 5-11 中可发现，社会资本积累投入强度与制造商价值呈反向关系；社会资本积累声誉系数与制造商价值呈正向关系；在 $br < c$ 的条件下，制造商价值在社会资本积累投入强度与声誉系数的复合影响下得以降低。在 $br > c$ 的条件下，制造商价值在社会资本积累投入强度与声誉系数的复合影响下得以提升。命题十五得证。

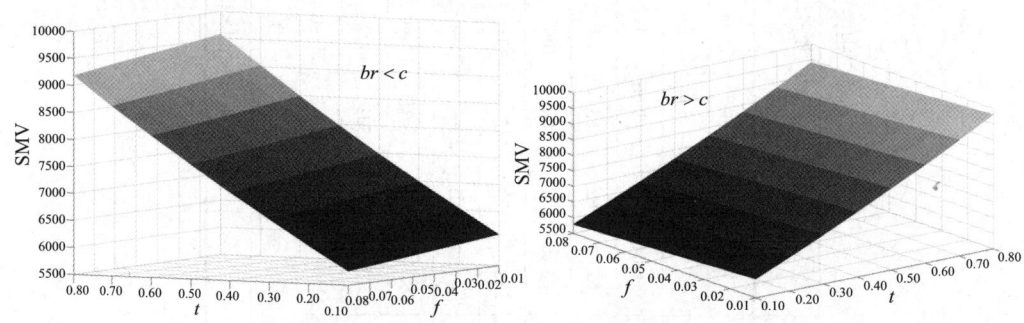

图 5-11　不同社会资本积累对制造商价值的影响

图 5-12 展示的是不同社会资本积累投入强度与声誉系数对该款白酒制造商价值的影响。从图 5-12 中可发现，社会资本积累投入强度与制造商价值呈反向关系；社会资本积累声誉系数与制造商价值呈正向关系；在 $br < c$ 的条件下，供应商价值在社会资本积累投入强度与声誉系数的复合影响下得以降低。在 $br > c$ 的条件下，供应商价值在社会资本积累投入强度与声誉系数的复合影响下得以提升。命题十六得证。

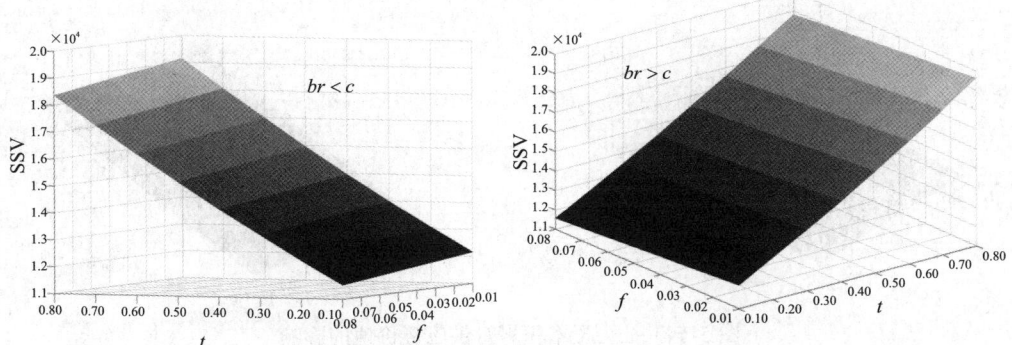

图 5-12　不同社会资本积累对供应商价值的影响

图 5-13 展示的是不同社会资本积累投入强度与声誉系数对该款白酒消费者剩余的影响。从图 5-13 中可发现，随着社会资本积累投入强度的上升，消费者剩余呈递减趋势；随着社会资本积累声誉系数的上升，消费者剩余呈递增趋势。命题十七得证。

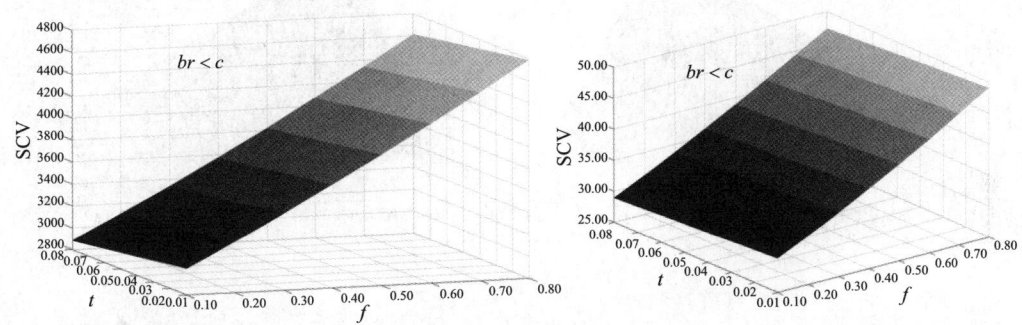

图 5-13　不同社会资本积累对消费者价值的影响

图 5-14 展示的是不同社会资本积累投入强度与声誉系数对该款白酒供应链总体价值的影响。从图 5-14 中可发现，随着社会资本积累投入强度的上升，供应链总体价值呈递减趋势；随着社会资本积累声誉系数的上升，供应链总体价值呈递增趋势。命题十八得证。

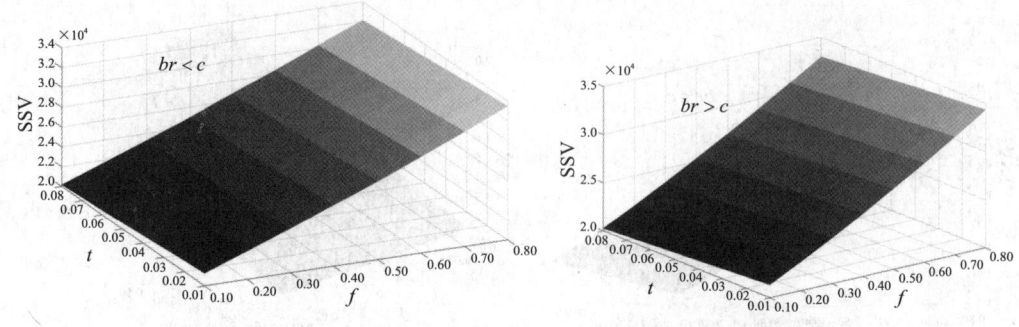

图 5-14 社会资本积累对供应链价值的影响

图 5-15 展示的是声誉耗散对该款白酒供应链价值的影响。从图 5-15 中可发现，随着声誉耗散的加剧，制造商、供应商、消费者及供应链总价值呈递增趋势。命题十九得证。

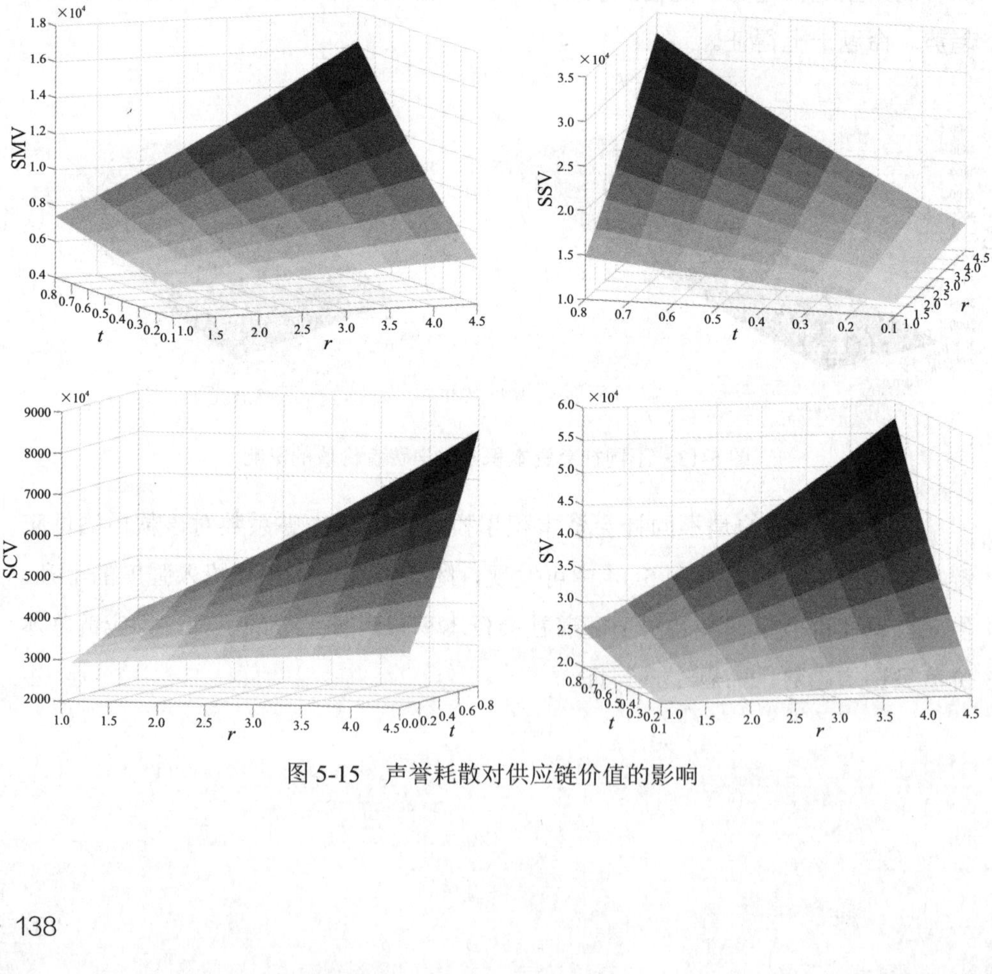

图 5-15 声誉耗散对供应链价值的影响

参考文献

[1]CECCAGNOLI M，FORMAN C. Cocreation of value in a platform ecosystem: the case of enterprise software [J]. MIS quarterly，2012（1）:263-290.

[2]GRONROOS C，VOIMA P. Critical service logic: making sense of value creation and co-creation [J].Journal of the academy of marketing science，2013，41（2）: 133–150.

[3] RATZMANN M，GUDERGAN S P，BOUNCKEN R. Capturing heterogeneity and PLS-SEM prediction ability:alliance governance and innovation[J].Journal of business research，2016，69（10）:4593-4603.

[4] CHU S H，YANG H，LEE M，et al. The impact of institutional pressures on green supply chain management and firm performance: top management roles and social capital [J]. Sustainability，2017，9（5）:764.

[5] VARGO S L，LUSCH R F. Institutions and axioms：an extension and update of service-dominant logic [J]. Journal of the academy of marketing science，2016（1）: 5-23.

[6] PAPAGEORGIADIS N，SHARMA A. Intellectual property rights and innovation: a panel analysis [J]. Economics letters，2016，141:70-72.

[7] GRANT S B. Classifying emerging knowledge sharing practices and some insights into antecedents to social networking: a case in insurance [J]. Journal of knowledge management，2016，20（5）: 898-917.

[8]FISHER J R B，MONTAMBAULT J，BURFORDK P，et al. Knowledge diffusion within a large conservation organization and beyond [J]. Plosone，2018，13（3）.

[9] 陈泽明，杨敏，何山 . 三维空间对企业内生创新的知识流溢出机理及其实证研究——基于开放创新视角 [J]. 软科学，2016，30（1）:9-13, 35.

[10] 杨敏，王静娴 . 企业创新空间系统的知识流耦合效应研究 [J]. 华东经济管理，2018，32（3）:128-133.

[11] 杨敏，王静娴 . 空间、知识流与企业创新：机理与实证 [J]. 上海经济研究，2017（10）:95-104.

[12] LEEM B H，ROGERS K J. The moderating effect of supply chain role on the relationship between social capital and performance [J]. International journal of services and operations management，2017，26（1）:1-140.

[13] SANGARI M S，HOSNAVI R，ZAHEDI M R. The impact of knowledge management processes on supply chain performance [J].The international journal of logistics management，2015（3）: 603-626.

[14]LIM M K. Knowledge management in sustainable supply chain management: improving performance through an interpretive structural modeling approach [J]. Journal of cleaner production，2017，162（20）:806-816.

[15] 李璨 . 企业动态能力的跨层整合框架 [J]. 华东经济管理，2018，32（9）:158-164.

[16] TEECE D J，PISANO G，SHUEN A. Dynamic capabilities and strategic management [J]. Strategic management journal, -1997，18（7）: 509-533.

[17] LEIH S，LINDEN G，TEECE D J. Business model innovation and organizational design: a dynamic capabilities perspective [R].New York: Oxford University Press，2015: 1-20.

[18]BYRNE L F，HARNEY B. Micro foundations of dynamic capabilities for innovation: a review and research agenda [J]. The Irish journal of management，2017，36（1）: 21-31.

[19] LIN C，TSAI H L. Achieving a firm's competitive advantage through dynamic capability [J]. Baltic journal of management，2016，11（3）: 260-285.

[20] FISHER J R B，MONTAMBAULT J，BURFORDK P，et al. Knowledge diffusion within a large conservation organization and beyond [J]. Plosone，2018，13（3）.

[21]ROGERS E M. Diffusion of innovations [J]. Journal of continuing education in the health professions，2009，17（1）: 62-64.

[22] 张路蓬，薛澜，周源，等 . 社会资本引导下的新兴产业技术扩散网络形成机理与实证研究 [J]. 中国软科学，2019，3:34-45.

[23] 郑月龙，杨柏，王琳 . 产业共性技术扩散行为演化及动力机制 [J]. 中国科技论坛，2019，5:26-34.

[24] 姜斌远，姜佳文 . 基于技术流视角下的供应链竞争力研究 [J]. 生产力研究，2018（12）:22-27.

[25] 秦佳良，张玉臣，贺明华 . 技术—市场双重未知下企业共性技术设计：从试错学习到共同未知 [J]. 中国科技论坛，2019（7）:128-137.

[26] 张衍芳，凌海英 . 中小企业共性技术供给的"盲点"困境及破解：一项案例研究 [J]. 科研管理，2019，40（8）:215-223.

[27]OETTMEIER K，HOFMANN E. Additive manufacturing technology adoption: an empirical analysis of general and supply chain-related determinants [J]. Journal of business economics，2017，87（1）:97-124.

[28] 韩元建，陈强 . 共性技术扩散的影响因素分析及对策 [J]. 中国科技论坛，2017（1）: 53-59.

[29]BARATA J，CUNHA P R D，STAL J. Mobile supply chain management in the industry 4.0 era [J]. Journal of enterprise information management，2018，31（1）:173-192.

[30] 李玉琼，赵贝贝 . 政府在产业关键共性技术研发中的作用研究 [J]. 经营与管理，2019（3）:114-117.

[31] 陈朝月，许治 . 政府 R&D 资助政策对企业共性技术项目决策的影响探究 [J]. 管理评论，2019，31（9）:70-80.

[32]AYDIN A，PARKE R P. Innovation and technology diffusion in competitive supply chains[J]. European journal of operational research，2018，265（3）:1102-1114.

[33]MAGRABI F，LIAW S T，ARACHI D，et al. Identifying patient safety problems associated with information technology in general practice: an analysis of incident reports [J].BMJ quality & safety，2015，25（11）: 870-880.

[34] 张正，孟庆春 . 技术创新、网络效应对供应链价值创造影响研究 [J]. 软科学，2017，31（12）:10-15.

[35] 张正，孟庆春，张文姬 . 技术创新情形下考虑政府补贴的供应链价值创造研究 [J]. 软科学，2019，33（1）:39-44.

[36] 李保林，王娟茹，杨丽华，等 . 考虑信息分享的产业共性技术市场价值评估模型 [J]. 统计与决策，2019，35（9）:43-46.

[37]SCHILDT H，KEIL T，MAULA M. The temporal effects of relative and firm-level absorptive capacity on interorganizational learning [J]. Strategic management journal, 2012，33（10）:1154-1173.

[38] 赵健宇，任子瑜，袭希 . 知识嵌入性对合作网络知识协同效应的影响 : 吸收能力的调节作用 [J]. 管理工程学报，2019，33（4）:49-60.

[39] 张世新，张敏 . 基于企业声誉理论的品牌价值提升 [J]. 商场现代化，2009，（35）:29-30.

[40] 卢志刚，林卡 . 基于声誉的供应链合作伙伴选择模型 [J]. 计算机工程，2015，41（6）:152-157.

[41] 刘芳，黄于桐，李涛 . 变革型领导对包容性创新的影响机制研究——基于组织惯例更新的中介作用与企业社会资本的调节作用 [J]. 唐山学院学报，2019，32（3）:54-62.

[42] 邹成武，王江娜，徐宗玲 . 高管激励、企业社会资本与企业社会责任——基于中国上市公司的经验数据 [J]. 汕头大学学报（人文社会科学版），2019，35（4）:47-56, 95.

[43] 简佩茹 . 高新技术企业社会资本促进创新绩效提升的机理及途径研究 [J]. 科技进步与对策，2019，36（6）:101-110.

[44] 闵惜琳，杨帆捷，蔡煌，等 . 基于企业社会资本视角的供应链整合决策选择机理仿真 [J]. 系统工程，2019，37（5）:87-98.

[45] 熊捷，孙道银 . 企业社会资本、技术知识获取与产品创新绩效关系研究 [J]. 管理评论，2017，29（5）:23-39.

[46] 宋锋森，陈洁 . 供应商企业声誉对分销商角色外利他行为的影响研究 : 信任的中介作用 [J]. 经济经纬，2019，36（4）:110-117.

[47] 尚海燕 . 企业声誉资本对顾客响应的影响——基于消费者个人特征 [J]. 商业经济研究，2019（7）:39-42.

第6章

大型白酒企业供应链价值分配机制分析

6.1 供应链价值分配的公允标准

在供应链系统中，供应链价值分配是否恰当、是否公允是供应链价值分配的关键环节，同时也决定了供应链价值共创动态可持续性与否。因此，供应链条件下的价值评价应具备一个让供应链各主体共同认可的分配标准，即公允标准。根据马克思劳动价值论，商品价值由凝结在其中的社会必要劳动时间决定，价格是价值的市场表现，其围绕价值上下波动。社会必要劳动时间是在一定社会正常的生产条件下，按社会平均的劳动熟练程度和劳动强度生产某种商品所需要的劳动时间。按照马克思的逻辑观点：劳动强度与生产条件反向影响个体劳动效率——所有个体劳动效率的包络集合形成社会劳动效率——社会劳动效率负向影响社会必要劳动时间——社会必要劳动时间正向影响商品价值——价格围绕价值波动。这一逻辑在"社会"这一抽象主体视角下是完全合理的。但在具体的情境下，往往由于市场地位差异、决策权力的分散等一系列市场因素，导致在最终环节价格与价值的背离。在白酒供应链甚至扩大到更为宽泛的涉农供应链体系中，由于供应商（农户）的市场地位较弱，以及行为主体的分散，导致其供应商品的价格远低于按照其社会必要劳动时间的定价水平，不能真切反映其商品价值。

劳动价值论中特别强调"社会"，劳动强度、劳动熟练程度、必要劳动时间、劳动生产率等均以抽象"社会"为前提。组成这一"社会"抽象主体的分支体系异常繁杂。在经济现实中，其可分化为不同产业门类，且不同产业门类的"社会"性完全不同。第一产业（农业）的劳动强度、社会必要劳动时间、社会劳动生产率等明显异于工业、服务业。按照劳动价值论的逻辑观点，农业食品价值应该高于工业、服务业产品，并且以价格形式保障社会生产的有序进行。若白酒供应链中涉农供应商品的价格持续背离价值，作为一种应激反应，相关供应商（农户）完全有理由进行产业转移，进而减少供应，通过供求关系对其进行修正。这也就从劳动价值论角度论证了目前存在的"农业空心论""农民老龄化"的根本原因。

农业劳动生产率提升，以及价格向价值回归等问题并非本书能够解决的问题，从白酒供应链的具体情境看，要维持大型白酒企业供应链的完整与可持续发展，进行供应链价值的合理分配，必须在供应链价值评判的基础上进行。在一般情形下，默认供应链各主体的供应链价值评价以其市场价值为标准，即供货商品与服务，以及产品与服务的市场价格为基础的分配标准。这一标准是市场竞争的直接结果，但并不一定就是对供应链价值的合理分配。考虑大型白酒企业的垄断地位、供应商与原料的跨产业特殊性导致的信息不对称，以及经济结构与形态的不合理状态等，这一默认的分配标准存在修正的可能。

笔者通过调研发现，白酒原料（高粱、小麦、大米、谷物等）供应商（农户）的年人均收入仅为4000元。若同样的原料供应商（农户）放弃供应而选择在第二产业或第三产业进行生产则其个人年收入将增长数倍。这就意味着，按照市场价值进行的供应链价值评价标准，原料供应商的供应链价值贡献被严重低估。这种低估并非源于大型白酒企业的主动行为，而是源于整体经济结构与产业效率。这种源于经济结构与产业效率的低估在通常情况下被默认接受，即导致了原料供应的不确定性，乃至农业中空化、老龄化的宏观经济问题。在价值共创理论的指导下，供应链被看成一个价值创造的整体，其价值评价必须在一个公允的一致的标准下进行。笔者认为这一公允标准应是供应链市场价值标准上通过产业机会价值叠加的修正。本书将供应链最优决策市场价值核算与产业机会成本核算进行结合，进而形成对供应链价值的公允标准。关于供应链最优决策市场价值可援用现有的关于企业经济增加值的评价方法。

经济增加值的评价在前述章节中已经进行过核算，见式（5-12）、式（5-23）、式（5-63）、式（5-108），即供应商价值为制造商的2倍、消费者剩余的4

倍。从目前的供应链现实看，显然不符合价格围绕价值波动的基本原理。在此基础上，供应商将采取劳动转移的应激措施。在何种条件下，供应商才能够重新参与或者不离开供应链？标准如何确定？本书认为应向供应商进行一定的价值补偿，使其达到或接近经济增加值的标准。具体方法是进行劳动转移机会报酬核算，在替代产业平均报酬统计分析的基础上，将其与白酒产业供应价值进行比较，进而形成相应补偿，可得

$$SSR= SSV+ IOB \tag{6-1}$$

其中，SSR 为供应商真实收益，SSV 为供应商市场收益，IOB 为供应商产业转移机会报酬。供应商产业转移机会报酬由制造商向供应商转移支付，因此在此条件下，制造商的决策条件与决策函数将发生本质改变。

6.2 考虑供应商产业转移机会收益的供应链价值推演

6.2.1 不考虑供应商产业转移机会收益的供应链价值共创模型

在不考虑供应商产业转移机会收益支付情况下，考查了包含供应商、制造商、消费者的三级供应链。假设制造商以价格 P 将商品销售给消费者，其单位成本为 c，且 P、c 均为模型的内生变量。s 为供应商中间产品价格，其中涉农供应商中间产品价格为 s_2，c_2 为供应商产品单位成本。对于供应链上的消费者群体，假设其行为具有一致性，即其消费需求由市场需求函数进行表达

$$Q = a - bP \tag{6-2}$$

式（6-2）为制造商面临的市场需求函数，其中，Q 为供应链制造商产量，a 为常数，b 为消费倾向。即制造商价值创造、供应商价值、消费者剩余为 SMV、SSV、SCV，有

$$SMV = (P-c-s)\,Q = aP - bP^2 - ac - sa + bcP + bsP \tag{6-3}$$

$$SCV = \int_0^Q P dQ - PQ = \frac{1}{2b} Q^2 \tag{6-4}$$

$$SSV = s - c, Q = sa - c, a - sbP + c, bP \tag{6-5}$$

三阶段供应链决策过程中，首先，由制造商根据市场需求情况，以价值最大化为目标进行决策；其次，供应商根据制造商的需求决定其中间产品价格。前文式（6-3）即为制造商的决策目标函数。考查 $\frac{\mathrm{d}^2 SMV}{\mathrm{d} P^2}$，发现 $\frac{\mathrm{d}^2 SMV}{\mathrm{d} P^2} = -2b < 0$。

即制造商的决策目标函数为关于 P 的凸函数，存在极大值，令 $\frac{\mathrm{d} SMV}{\mathrm{d} P} = 0$，计算得

$$P^* = \frac{a + bc + bs}{2b} \tag{6-6}$$

将式（6-6）代入式（6-5）得

$$SSV = sa - c_2 a - s\frac{a + bc + bs}{2} + c_2 \frac{a + bc + bs}{2} \tag{6-7}$$

考查 $\frac{\mathrm{d}^2 SSV}{\mathrm{d} s^2}$，发现 $\frac{\mathrm{d}^2 SSV}{\mathrm{d} s^2} = -b < 0$。

即供应商的决策目标函数为关于 s 的凸函数，存在极大值，令 $\frac{\mathrm{d} SSV}{\mathrm{d} s} = 0$，有 $\frac{\mathrm{d} SSV}{\mathrm{d} s} = a - bs - \frac{a + bc}{2} + \frac{c_2 b}{2} = 0$。

计算得

$$s^* = \frac{a - bc + c_2 b}{2b} \tag{6-8}$$

$$SSV = \frac{(a - bc - bc_2)^2}{8b} \tag{6-9}$$

$$P^* = \frac{3a + bc + c_2 b}{4b} \tag{6-10}$$

$$Q^* = \frac{a - bc - c_2 b}{4} \tag{6-11}$$

$$\text{SMV} = \frac{(a - bc - c_2 b)^2}{16b} \tag{6-12}$$

$$\text{SCV} = \frac{(a - bc - c_2 b)^2}{32b} \tag{6-13}$$

供应链价值由供应商、制造商、消费者共同创造，因此供应链总的价值
SV 为供应商价值、制造商价值、消费者剩余之和即

$$\text{SV} = \text{SSV} + \text{SMV} + \text{SCV} = 7\frac{(a - bc - bc_2)^2}{32b} \tag{6-14}$$

6.2.2 考虑供应商产业转移机会收益的三阶段供应链价值共创模型

考虑供应商产业转移机会收益时，制造商需向供应商多支付部分收益，
此即为制造商的成本，因此制造商的决策函数以及决策过程均发生改变，以至
供应商、消费者的决策亦跟随变化。

消费者根据产品使用价值与产品价格的对比决定其消费倾向，即是否购
买，以及购买多少。假设所有消费者为均质的，消费倾向为 b，产品价格为 P，
企业因供应商产业转移机会收益的单位投入为 IOB_p，占涉农供应商中间品价
格的比重为 ε，即 $\text{IOB}_p = \varepsilon s_2$。

此时的制造商价值 SMV' 为

$$\begin{aligned}
\text{SMV}' &= (P - c - s - IOB_p)Q = -bP^2 + P(a + bc + bs + b\varepsilon s_2) \\
&\quad - ac - as - a\varepsilon s_2
\end{aligned} \tag{6-15}$$

考查 $\dfrac{\mathrm{d}^2\text{SMV}'}{\mathrm{d}P^2}$，发现 $\dfrac{\mathrm{d}^2\text{SMV}'}{\mathrm{d}P^2} = -2b < 0$。

即制造商的决策目标函数为关于 P 的凸函数，存在极大值，令

$\dfrac{\mathrm{dSMV}'}{\mathrm{d}P}=0$，计算得

$$P'^{*}=\frac{a+bc+bs+b\varepsilon s_2}{2b} \tag{6-16}$$

$$Q'^{*}=\frac{a-bc-bs-b\varepsilon s_2}{2} \tag{6-17}$$

$$\mathrm{SSV}'=\left(s-c_s\right)\frac{a-bc-bs-b\varepsilon s_2}{2} \tag{6-18}$$

考查$\dfrac{\mathrm{d}^2\mathrm{SSV}'}{\mathrm{d}s^2}$，发现$\dfrac{\mathrm{d}^2\mathrm{SSV}'}{\mathrm{d}s^2}=-b<0$。

即供应商的决策目标函数为关于s的凸函数，存在极大值，令$\dfrac{\mathrm{dSSV}'}{\mathrm{d}s}=0$，计算得

$$s'^{*}=\frac{a-bc-b\varepsilon s_2+bc_2}{2b} \tag{6-19}$$

将式（6-19）代入相关表达式得

$$P'^{*}=\frac{3a+bc+b\varepsilon s_2+bc_2}{4b} \tag{6-20}$$

$$Q'^{*}=\frac{a-bc-b\varepsilon s_2-bc_2}{4} \tag{6-21}$$

$$\mathrm{SMV}'^{*}=\frac{\left(a-bc-b\varepsilon s_2-bc_2\right)^2}{16b} \tag{6-22}$$

$$\mathrm{SSV}'^{*}=\frac{\left(a-bc-b\varepsilon s_2-bc_2\right)^2}{8b} \tag{6-23}$$

$$\mathrm{SCV}'^{*}=\frac{\left(a-bc-b\varepsilon s_2-bc_2\right)^2}{32b} \tag{6-24}$$

此时供应链总的价值 SV'^{*} 为

$$SV'^{*} = 7\frac{(a - bc - b\varepsilon s_2 - bc_2)^2}{32b} \tag{6-25}$$

将考虑供应商产业转移机会收益的供应链价值共创与初始状态下的供应链价值共创进行比较，用以考查两种条件下供应链价值共创的增减情况。

$$SMV'^{*} - SMV^{*} = \frac{(a - bc - b\varepsilon s_2 - bc_2)^2}{16b} - \frac{(a - bc - c_2 b)^2}{16b} \tag{6-26}$$

$$SSV'^{*} - SSV^{*} = \frac{(a - bc - b\varepsilon s_2 - bc_2)^2}{8b} - \frac{(a - bc - c_2 b)^2}{8b} \tag{6-27}$$

$$SCV'^{*} - SCV^{*} = \frac{(a - bc - b\varepsilon s_2 - bc_2)^2}{32b} - \frac{(a - bc - c_2 b)^2}{32b} \tag{6-28}$$

分析式（6-26）、式（6-27）、式（6-28）发现，考虑供应商产业转移机会收益的供应链价值共创将小于不考虑供应商产业转移机会收益的供应链价值。由此可得命题二十：$SMV'^{*} - SMV^{*} < 0$、$SSV'^{*} - SSV^{*} < 0$、$SCV'^{*} - SCV^{*} < 0$、$SSV'^{*} - SSV^{*} < 0$。

分析 $\dfrac{dSMV'^{*}}{d\varepsilon}$、$\dfrac{dSSV'^{*}}{d\varepsilon}$、$\dfrac{dSCV'^{*}}{d\varepsilon}$、$\dfrac{dSV'^{*}}{d\varepsilon}$ 发现随着供应商产业转移机会收益的投入增加，制造商价值、供应商价值、消费者剩余、供应链价值均减少。由此可得命题二十一：$\dfrac{dSMV'^{*}}{d\varepsilon} < 0$、$\dfrac{dSSV'^{*}}{d\varepsilon} < 0$、$\dfrac{dSCV'^{*}}{d\varepsilon} < 0$、$\dfrac{dSV'^{*}}{d\varepsilon} < 0$。

6.3 制造商对供应商的产业转移机会收益支付标准确定

对于 IOB 的确定，即制造商对供应商的产业转移机会收益支付额的确定，是供应链价值评价的核心。根据马克思劳动价值论，影响价值的核心是社会必要劳动时间，即平均社会技术水平与劳动效率下需要的必要劳动时间。转移或不转移，对于该部分人员而言成本不一致。在转移之后生活乃至生产成本将上升。因此，本书关于供应商的产业转移机会收益支付额的确定，以替代产业年平均净收入作为参考值，考查供应商实际收益与其偏差，将此偏差作为IOB由制造商进行转移支付标准。本书的具体方法是在对替代产业平均净收入统计分析的基础上，对平均劳动转移机会报酬核算，将其与白酒产业供应商现实收益进行比较，进而确定补偿额。

通过设计问卷，向地区农村家庭发放问卷，调查获取一定时期内农业劳动力非农行业就业去向及其净收入情况。问卷统计简表见表6-1。

表6-1　农业劳动力非农行业就业去向问卷统计

调查对象	转移就业行业				
L_i	I_1	I_2	I_3	$\cdots$	I_j
L_1	ω_{11}	ω_{12}	ω_{13}	$\cdots$	ω_{j1}
L_2	ω_{21}	ω_{22}	ω_{23}	$\cdots$	ω_{j2}
L_3	ω_{31}	ω_{32}	ω_{33}	$\cdots$	ω_{j3}
$\vdots$	$\vdots$	$\vdots$	$\vdots$	$\vdots$	$\vdots$
L_j	ω_{i1}	ω_{i2}	ω_{i3}	$\cdots$	ω_{ji}

表中 L_i 为调查对象序列，I_j 为该调查对象所从事的转移就业行业序列，ω_{ji} 为调查对象在转移就业行业中的年净收入。设 ω_i 为某具体转移就业行业年均净收入，即参与某具体转移就业行业人员年净收入的算术平均数；ω_p 为总体转移就业行业平均净收入，即以参与具体转移就业行业人员占参与转移就业行业人员总数的比重为权重，对各具体转移就业行业平均净收入进行加权平均。计算方式如下

$$\omega_i = \frac{\sum_{j=1}^{n} \omega_{ji}}{\sum_{j=1}^{n} I_{ji}} \qquad (6\text{-}29)$$

$$\omega_p = \sum_{i=1}^{n} \frac{\sum_{j=1}^{n} I_{ji}}{\sum_{i=1}^{n} \sum_{j=1}^{n} I_{ji}} \, \omega_i \qquad (6\text{-}30)$$

计算获取总体转移就业行业平均净收入之后，将其与未转移而参与供应链的供应商的收入进行比较。考虑到白酒行业供应商的特殊性，涉农领域的投入绝大部分为体力投入，同时由于该部分人员由于自身的要素能力禀赋，其在转移就业行业中多从事劳动密集型行业。因此，转移或不转移，对于该部分人员而言成本不一致。在转移就业之后生活乃至生产成本将上升。收益差异，即产业转移机会收益支付标准可由下式表示

$$IOB = \omega_p - s'^* Q'^* \qquad (6\text{-}31)$$

根据设定，IOB > 0。即通过转移支付，供应商真实分配价值将得到提升。前文分析中的 s'^*、P'^*、Q'^*、SSV'^*、SMV'^*，均为理想状态下的最优决策结果。现实中供应商的供应定价往往被扭曲，现实的供应商定价 P_s 只能是趋于接近 s'^* 的最优解，但并不等同。这种扭曲现象可能源于市场环境的变化等诸多因素。在进行产业转移机会收益支付标准的确定时，将其作为外生变量进行考虑，允许其存在。

单位产业转移机会收益支付标准即为

$$IOB_p = \frac{IOB}{Q'^*} = \frac{\omega_p}{Q'^*} - s'^* \qquad (6\text{-}32)$$

由于 $IOB_p = \varepsilon s_2$，即 $IOB = Q'^* IOB_p = Q'^* \varepsilon s_2$，联立式（6-19）、式（6-21）、式（6-30），可得方程组

$$
\begin{cases}
IOB = Q'^* \varepsilon s_2 \\
IOB = \omega_p - s'^* Q'^* \\
Q'^* = \dfrac{a - bc - b\varepsilon s_2 - bc_2}{4} \\
s'^* = \dfrac{a - bc - b\varepsilon s_2 + bc_2}{2b}
\end{cases}
\qquad (6\text{-}33)
$$

解得

$$\varepsilon = \frac{-2\dfrac{c_2}{s_2} + \sqrt{4\dfrac{c_2^2}{s_2^2} - 4\dfrac{8b\omega_p - a^2 - b^2 c^2 + 2abc + b^2 c_2^2}{b^2 s_2^2}}}{2} \qquad (6\text{-}34)$$

6.4　供应链价值分配的弹性策略

根据供应链价值系统的组成及价值来源可知，供应链中的企业（制造商、供应商）和消费者既是合作者又是竞争者。合作，是指以创造更大的供应链价值为一致目标；竞争，是指供应链价值系统各成员同时还有追求自身利益最大化的诉求。因此，从供应链的竞合关系看，供应链系统中各成员将为了各自的利益进行相互博弈，其结果即为供应链价值分配。

已有研究对于供应链价值分配的定义是供应链中各成员（包括供应商、制造商及消费者）以一种双方都能接受的方式组成供应链并希望获取更大价值（至少要比没有组成供应链时获得的价值大），在参与供应链价值共创后，各成员根据自己所付出的成本代价来要求价值分配。基于供应链非合作博弈，供应链价值分配的问题被转译为对于中间产品与最终产品的定价权的问题。在博弈过程中，谁具有较大的定价权，则其在供应链价值分配中占据主导地位，获取的价值分配就越高。在价值共创理论框架下，供应链系统中不仅存在非合作博弈行为，同时还具有合作博弈的驱动因子。因此，在价值共创理论框架下，供应链价值分配不能简单地以非合作博弈决策机制进行考量，而应在价值协同的大框架下进行分析。

价值共创理论框架下的价值分配以供应链价值协同的方式进行。供应链协同作为全球企业（特别是中国企业）的权变战术，是当前企业竞争差异化战略的必要选择，其被定位成企业价值战略的核心。从大型白酒供应链结构看，上游供应商（农业原料供应）以其独特的竞争优势和禀赋特征参与供应链，使得大型白酒企业供应链安全管理的不可控性更加明显。这种不可控性源于大型白酒企业因其供应链的特殊性，其供应链价值分配存在更为明显的复杂性和异质性。大型白酒企业供应链的涉农主体参与、中心化生产、去中心化交易、虚拟价值泛化及路径依赖等特征，使其价值仅仅依靠市场价值标准进行分配无法保障供应链价值的可持续创造。应根据价值分配机制，在市场价格机制决定的一次市场定价分配的基础上，通过供应链各主体间的契约与信任关系，对基于价值协同的二次价值分配进行弹性控制。

供应链是具有严格边界的企业与微观企业主体、中观产业形态及宏观经济体制发生作用的系统纽带。供应链风险伴随供应链系统特征产生，具有必然性，即企业的价值活动从始至终均在供应链风险条件下进行。供应链风险是供应链价值分配的天然约束条件。"外生"供应链风险与"内生"价值分配的方法论纽带即供应链弹性管理。

供应链弹性管理对于供应链风险控制具有积极效果，以及将供应链弹性管理作为一种供应链风险抵御方法和手段，虽然短期看对供应链系统各主体而言是一种负向的约束机制，但长期看，则是保持供应链价值分配的关键。加强大型白酒企业供应链弹性管理意味着供应链系统主体需要采取综合性的弹性管理措施。大型白酒企业建立多层次的供应链防御体系，一是可以增强对顾客需求变化的适应性和可调节性（战略储备）；二是可以减少企业"满负荷"运转带来的自身各种设施可靠性方面的风险；三是可以提高供应链的敏捷性，进而在供应链环节的关键节点上节省比竞争对手更多的时间，面临突发事件或突发性的需求来临时，可以比对手更快地捕捉到机会并快速反应采取行动（替代型白酒供应商的选择）。供应链上各企业间（或者白酒企业与农户之间）的弹性管理机制，一方面，有利于及时发现供应链上潜在的风险，提高供应链运作的协同性和效率，为规避风险及早采取补救措施赢得宝贵的时间；另一方面，弹性管理作为供应链参与各方价值分配的约束机制，无形中对供应链各参与方的价值分配行为进行前置性防御，有利于供应链价值系统的可持续发展。

6.4.1　未考虑供应链风险的制造商价值决策

在不考虑供应商产业转移机会收益支付情况下，考查包含供应商、制造商和消费者的三级供应链。假设制造商以价格 P 将商品销售给消费者，其单位成本为 c，且 P、c 均为模型的内生变量。P_s 为供应商中间产品价格，其中涉农供应商中间产品价格为 s_2，c_2 为供应商产品单位成本。对于供应链上的消费者群体，假设其行为具有一致性，即其消费需求由市场需求函数进行表达

$$Q = a - bP \qquad (6\text{-}35)$$

式（6-33）即为制造商面临的市场需求函数，其中，Q 为供应链制造商产量，a 为常数，b 为消费倾向。即制造商价值创造、供应商价值、消费者剩余为 SMV、SSV、SCV，有

$$\text{SMV} = (P - c - s)Q = aP - bP^2 - ac - sa + bcP + bsP \tag{6-36}$$

$$\text{SCV} = \int_0^Q P \mathrm{d}Q - PQ = \frac{1}{2b}Q^2 \tag{6-37}$$

$$\text{SSV} = s - c_2 Q = sa - c_2 a - sbP + c_2 bP \tag{6-38}$$

三阶段供应链决策过程中，首先，由制造商根据市场需求情况，以价值最大化为目标进行决策；其次，供应商根据制造商的需求决定其中间产品价格。前文式（6-34）即为制造商的决策目标函数。考查 $\dfrac{\mathrm{d}^2 \text{SMV}}{\mathrm{d}P^2}$，发现 $\dfrac{\mathrm{d}^2 \text{SMV}}{\mathrm{d}P^2} = -2b < 0$。

即制造商的决策目标函数为关于 P 的凸函数，存在极大值，令 $\dfrac{\mathrm{d}\text{SMV}}{\mathrm{d}P} = 0$，计算得

$$P^* = \frac{a + bc + bs}{2b} \tag{6-39}$$

将式（6-36）代入式（6-35）得

$$\text{SSV} = sa - c_2 a - s\frac{a + bc + bs}{2} + c_2 \frac{a + bc + bs}{2} \tag{6-40}$$

考查 $\dfrac{\mathrm{d}^2 \text{SSV}}{\mathrm{d}s^2}$，发现 $\dfrac{\mathrm{d}^2 \text{SSV}}{\mathrm{d}s^2} = -b < 0$。

即供应商的决策目标函数为关于 s 的凸函数，存在极大值，令 $\dfrac{\mathrm{d}\text{SSV}}{\mathrm{d}s} = 0$，有 $\dfrac{\mathrm{d}\text{SSV}}{\mathrm{d}s} = a - bs - \dfrac{a + bc}{2} + \dfrac{c_2 b}{2} = 0$。

计算得

$$s^* = \frac{a - bc + c_2 b}{2b} \tag{6-41}$$

$$\mathrm{SSV} = \frac{(a - bc - bc_2)^2}{8b} \tag{6-42}$$

$$P^* = \frac{3a + bc + c_2 b}{4b} \tag{6-43}$$

$$Q^* = \frac{a - bc - c_2 b}{4} \tag{6-44}$$

$$\mathrm{SMV} = \frac{(a - bc - c_2 b)^2}{16b} \tag{6-45}$$

$$\mathrm{SCV} = \frac{(a - bc - c_2 b)^2}{32b} \tag{6-46}$$

供应链价值由供应商、制造商、消费者共同创造，因此供应链总的价值 SV 为供应商价值、制造商价值、消费者剩余之和即

$$\mathrm{SV} = \mathrm{SSV} + \mathrm{SMV} + \mathrm{SCV} = 7\frac{(a - bc - bc_2)^2}{32b} \tag{6-47}$$

6.4.2　考虑供应链风险与弹性的制造商价值决策

考虑供应链风险与弹性的制造商价值创造与在未考虑供应链风险和弹性管理的区别在于，风险条件下制造商价值表现为风险期望价值，以及弹性管理带来的企业成本变化。

假设制造商单位成本为 c，实施弹性管理之后，单位成本将提升，假设提升幅度为 g，且在发生风险时可以为企业带来弹性管理收益 H。弹性管理收益主要体现在为企业节省因风险而产生的成本，假设对于成本的降低幅度为 h，即 $H=hc$。另外，假设供应链风险概率为 μ。Q 为供应链制造商产量，a 为常数，b 为边际消费倾向。弹性管理成本 g 反映的是企业是否进行弹性管理，或者在

多大程度上进行弹性管理取决于企业对于供应链风险的评估。基于成本控制的原则，企业在风险评估的基础上，将尽可能地降低弹性管理的成本，提升弹性管理的效率。因此，理性的企业供应链弹性管理成本应不超过产品单位成本，即 $0<g<1$。根据供应链弹性的定义，供应链弹性是供应链网络系统在中断风险发生之后恢复到初始状态或理想状态的能力和速度，即实施供应链弹性管理的目的在于回到初始状态。实施供应链弹性管理带来的收益应以覆盖因进行弹性管理带来的成本为基准。同时，根据现实经验，一般情况下供应链弹性管理带来的收益也不会超过单位成本。因此，$g \leqslant h < 1$。此外，供应链弹性（K）与供应链弹性管理成本（c）之间成正比关系，即 $K=kgc$，其中 k 为企业弹性管理系数，g 为弹性管理成本比重。

记风险条件下考虑供应链弹性管理的制造商价值创造为 SMV，供应商价值为 SSV，消费者剩余为 SCV 有

$$
\begin{aligned}
SMV^* &= \mu\left(P-c-gc-s+hc\right)Q+\left(1-\mu\right)\left(P-c-gc-s\right)Q \\
&= -bP^2+P\left(a-\mu hcb+bc+bgc+bs\right)+\mu hca-ac-agc-as
\end{aligned}
\tag{6-48}
$$

$$
SSV^* = s - c_2 Q
\tag{6-49}
$$

$$
SCV^* = \int_0^Q P\mathrm{d}Q - PQ = \frac{1}{2b}Q^2
\tag{6-50}
$$

风险条件下制造商的决策目标函数为式（6-45），且 $\dfrac{\mathrm{d}^2 SMV^*}{\mathrm{d}P^2} < 0$，制造商的决策目标函数为凸函数。

令 $\dfrac{\mathrm{d}SMV^*}{\mathrm{d}P} = 0$，有

$$
\frac{\mathrm{d}SMV^*}{\mathrm{d}P} = -2bP+a-\mu hcb+bc+bgc+bs = 0
\tag{6-51}
$$

解得在考虑供应链风险和弹性管理的情况下，制造商的最优产量、价格分别为

$$
Q^* = \frac{a+\mu hcb-bc-bgc-bs}{2}
\tag{6-52}
$$

$$P^* = \frac{a - \mu hcb + bc + bgc + bs}{2b} \tag{6-53}$$

将式（6-49）代入式（6-46）得

$$SSV^* = (s - c_2)\frac{a + \mu hcb - bc - bgc - bs}{2} \tag{6-54}$$

考查 $\dfrac{d^2 SSV'}{ds^2}$，发现 $\dfrac{d^2 SSV'}{ds^2} = -b < 0$。

即供应商的决策目标函数为关于 s 的凸函数，存在极大值，令 $\dfrac{dSSV'}{ds} = 0$，计算得

$$s^* = \frac{a + \mu hcb - bc - bgc + bc_2}{2b} \tag{6-55}$$

将式（6-52）代入相关表达式得

$$P^* = \frac{3a - \mu hcb + bc + bgc + bc_2}{4b} \tag{6-56}$$

$$Q^* = \frac{a + \mu hcb - bc - bgc - bc_2}{4} \tag{6-57}$$

$$SMV^* = \frac{(a + \mu hcb - bc - bgc - bc_2)^2}{16b} \tag{6-58}$$

$$SSV^* = \frac{(a + \mu hcb - bc - bgc - bc_2)^2}{8b} \tag{6-59}$$

$$SCV^* = \frac{(a + \mu hcb - bc - bgc - bc_2)^2}{32b} \tag{6-60}$$

$$SV^* = \frac{7(a + \mu hcb - bc - bgc - bc_2)^2}{32b} \tag{6-61}$$

6.4.3 风险条件下考虑供应链弹性的制造商价值决策模型求解

6.4.3.1 风险条件下考虑供应链弹性的供应链价值变化

将风险条件下考虑供应链弹性的供应链价值与未考虑风险与供应链弹性的供应链价值进行比较，用以考查加入风险条件下考虑供应链弹性的供应链价值增减情况。

$$\text{SMV}^* - \text{SMV} = \frac{(a + \mu hcb - bc - bgc - bc_2)^2}{16b} - \frac{(a - bc - c_2b)^2}{16b} \quad (6\text{-}62)$$

$$\text{SSV}^* - \text{SSV} = \frac{(a + \mu hcb - bc - bgc - bc_2)^2}{8b} - \frac{(a - bc - c_2b)^2}{8b} \quad (6\text{-}63)$$

$$\text{SCV}^* - \text{SCV} = \frac{(a + \mu hcb - bc - bgc - bc_2)^2}{32b} - \frac{(a - bc - c_2b)^2}{32b} \quad (6\text{-}64)$$

$$\text{SV}^* - \text{SV} = 7\frac{(a + \mu hcb - bc - bgc - bc_2)^2}{32b} - 7\frac{(a - bc - c_2b)^2}{32b} \quad (6\text{-}65)$$

其中，$0 < a, 0 < c, 0 \leqslant \mu \leqslant 1,\ g \leqslant h < 1, 0 < d < 1$。式（6-59）、式（6-60）、式（6-61）、式（6-62）的取值符号由"$\mu hc - gc$"决定：

$$\begin{cases} \text{若}\ \mu > \dfrac{g}{h},\ \text{则：SMV}^* - \text{SMV} > 0 \text{、SSV}^* - \text{SSV} > 0 \text{、SCV}^* - \text{SCV} > 0 \text{、SV}^* - \text{SV} > 0 \\ \text{若}\ \mu < \dfrac{g}{h},\ \text{则：SMV}^* - \text{SMV} < 0 \text{、SSV}^* - \text{SSV} < 0 \text{、SCV}^* - \text{SCV} < 0 \text{、SV}^* - \text{SV} < 0 \end{cases}$$

由此可得命题二十三：$\text{SMV}^* - \text{SMV}$、$\text{SSV}^* - \text{SSV}$、$\text{SCV}^* - \text{SCV}$、$\text{SV}^* - \text{SV}$ 均可正，可负。

命题二十三表明，在风险条件下，考虑供应链弹性管理，制造商、供应商、消费者，乃至供应链最优化决策带来的价值创造是否高于不考虑风险与供应链弹性管理条件下的价值创造，取决于供应链弹性管理成本提升幅度与其带来的弹性收益提升幅度的比值与风险概率的比较。在供应链风险一定的情况下，供应链弹性管理成本提升幅度与其带来的弹性收益提升幅度的比值越小则企业的供应链弹性管理将带来供应链价值创造的改进的提升，反之亦然。

6.4.3.2 在风险条件下，考虑供应链弹性的制造商弹性管理成本增加幅度对供应链价值创造的影响分析

制造商弹性管理成本增加将带来更具弹性的供应链，即在风险条件下，考虑供应链弹性的制造商弹性管理成本增加幅度与供应链弹性成正向关系。究竟是否存在一个合适的弹性点，能够使制造商价值创造实现弹性管理成本与供应链弹性管理收益之间的平衡？这一问题目前在学术界争议较大。

考查是否存在一个合适的弹性点，能够使得制造商价值创造实现弹性管理成本与供应链弹性管理收益之间的平衡，可转译为在 a、μ、h、c 外生条件下，考查是 SMV 是否存在极值点。由于无法直接获取 SMV 关于 g 的函数，将该问题转换为考查 g 的变化对 Q^* 的变化方向的影响。

由式（6-54），求 $\dfrac{dQ^*}{dg}$，得 $\dfrac{dQ^*}{dg} = \dfrac{-bc}{4} < 0$，即 g 与 Q^* 呈反向变化。由于 $\dfrac{d^2 SMV^*}{dg^2} = \dfrac{bc^2}{8} > 0$，可知 $\dfrac{dSMV^*}{dg}$ 递增，即存在一个鞍点，使得 SMV^* 极小值。

令 $\dfrac{dSMV^*}{dg} = 0 = \dfrac{-c(a + \mu hcb - bc - bgc - bc_2)}{8}$，解得 $g^* = \dfrac{a + \mu hcb - bc - bc_2}{bc}$，此时 SMV^* 取极小值。当 $g > \dfrac{a + \mu hcb - bc - bc_2}{bc}$，$g$ 与 SMV^* 同向变化。进行变形可知 $g > \dfrac{a + \mu hcb - bc - bc_2}{bc} \langle = \rangle \mu < \dfrac{bgc - a + bc + bc_2}{bhc}$，即在满足 $\mu < \dfrac{bgc - a + bc + bc_2}{bhc}$ 的条件时，g 与 SMV^* 同向变化，$\dfrac{dSMV^*}{dg} > 0$，反之亦然。

另考虑 $Q^* > 0$，即 $a + \mu hcb - bc - bgc - bc_2 > 0$，有 $\mu > \dfrac{bgc - a + bc + bc_2}{bhc}$。因此 $\mu > \dfrac{bgc - a + bc + bc_2}{bhc}$，$g$ 与 Q^* 反向变化，与 SMV^* 同向变化，即 $\dfrac{dSMV^*}{dg} > 0$ 无解，现实中鞍点不存在。故得命题二十三：$\mu > \dfrac{bgc - a + bc + bc_2}{bhc}$，$g$ 与 Q^* 反向变化，与 SMV^* 反向变化，即 $\dfrac{dSMV^*}{dg} < 0$。

命题二十三表明，在假设弹性管理成本与供应链弹性成固定系数关系时（弹性管理成本增加意味着供应链弹性效果更好），弹性管理成本与企业最优价

值创造的函数关系表现为企业价值创造的反向包络曲线。任一弹性管理成本均对应一个最优的产量和价值创造。随着弹性管理成本的增加，最优产量在减少，同时其所对应的最优价值创造减少。极小鞍点只在理论上存在（见图6-1），且该鞍点并非核心弹性管理成本与供应链弹性管理收益之间的平衡。要寻找该平衡点，必须建立企业价值创造与弹性管理成本之间的函数，而非企业最优价值创造与弹性管理成本之间的函数。

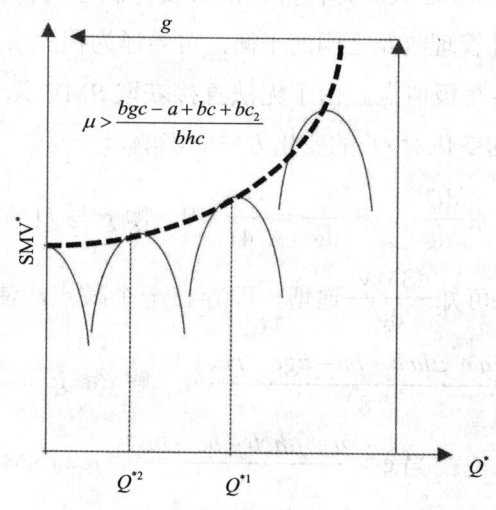

图 6-1　理论弹性鞍点及其实现条件

在风险条件下，实行供应链弹性管控制，企业的决策在于考虑 g、c、h 的合适配置，使其大于决策点的风险概率。当满足 $\mu > \dfrac{(bgc - a + bc + bc_2)}{bhc}$ 的条件时，随着 g 的增加，供应链弹性管理将带来 SMV^* 的减少。

6.4.3.3　风险可变对制造商价值创造的影响分析

命题二十三在 a、μ、h、c 外生条件下，考查了供应链弹性管理对制造商最优价值创造的影响。从分析可知，供应链风险是供应链弹性管理对制造商最优价值创造的影响的关键条件。当该条件发生动态变化时，供应链弹性管理成本的决策方向和思路均发生剧烈变化。

由命题二十三可知

$$\frac{\mathrm{dSMV}^*}{\mathrm{d}g} = \frac{-c\left(a + \mu hcb - bc - bgc - bc_2\right)}{8} \qquad (6\text{-}66)$$

对 $\dfrac{\mathrm{dSMV}^*}{\mathrm{d}g}$、$\mathrm{SMV}^*$ 分别求 μ 偏导即得命题五：$\dfrac{\overline{\dfrac{\mathrm{dSMV}^*}{\mathrm{d}g}}}{\mathrm{d}\mu} = \dfrac{-bhc^2}{8} < 0$，

$$\frac{\mathrm{dSMV}^{r*}}{\mathrm{d}\mu} = \frac{hc\left(a + \mu hcb - bc - bgc - bc_2\right)}{8} > 0$$

命题五意味在满足 $g < \dfrac{a + \mu hcb - bc - bc_2}{bc}$，即 $\mu > \dfrac{bgc - a + bc + bc_2}{bhc}$ 的条件

时，μ 与 $\dfrac{\mathrm{dSMV}^*}{\mathrm{d}g}$ 反向变化，μ 的增加将导致 $\dfrac{\mathrm{dSMV}^*}{\mathrm{d}g}$ 的减少，即使得 g 与 Q^* 反

向变化，与 SMV^* 反向变化得到一定缓解；μ 的减少将导致 $\dfrac{\mathrm{dSMV}^*}{\mathrm{d}g}$ 的增加，即

使得 g 与 Q^* 反向变化，与 SMV^* 反向变化得到一定加剧。

风险加剧对制造商价值创造的影响是成本效应和弹性收益效应叠加的结果（见图 6-2）。g 与 SMV^* 的反向变化随着 μ 的增加而变得更加缓和，原因在于随着风险的加剧，弹性管理成本表现出来的弹性效应得到体现。同时，μ 与 SMV^* 同向变化，μ 的增加将导致 SMV^* 的增加，原因在于随着风险的加剧，供应链弹性收益效应得以提升。

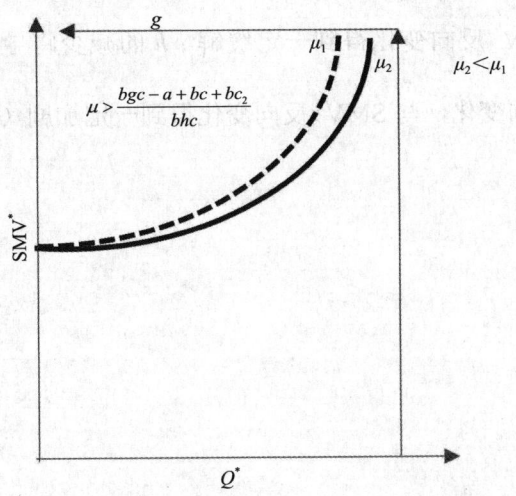

图 6-2　风险可变条件对制造商价值创造的影响

6.4.3.4 弹性收益可变对制造商价值创造的影响分析

命题四在 a、μ、h、c 外生条件下，考查了最优供应链弹性点的存在性及其实现条件。现实中供应链弹性管理的收益，在大多数情况下呈动态变化的。此时是否仍旧存在最优的供应链弹性点及其实现条件的影响，对于企业的供应链价值弹性管理具有决定性影响。h 为制造商弹性管理带来的收益增加幅度，这种增加并非意味着企业产品价格抑或产量的增加，而是在风险发生时，通过降低供应链扰动成本间接实现的。

由命题二十三可知

$$\frac{\mathrm{dSMV}^*}{\mathrm{d}g} = \frac{-c\left(a + \mu hcb - bc - bgc - bc_2\right)}{8} \tag{6-67}$$

对 $\dfrac{\mathrm{dSMV}^*}{\mathrm{d}g}$、$\mathrm{SMV}^*$ 分别求 h 的偏导即得命题二十五：$\dfrac{\dfrac{\mathrm{dSMV}^*}{\mathrm{d}g}}{\mathrm{d}h} = \dfrac{-b\mu c^2}{8} < 0$，

$$\frac{\mathrm{dSMV}^*}{\mathrm{d}h} = \frac{\mu c\left(a + \mu hcb - bc - bgc - bc_2\right)}{8} > 0$$

命题二十五意味在满足 $g < \dfrac{a + \mu hcb - bc - bc_2}{bc}$，即 $\mu > \dfrac{bgc - a + bc + bc_2}{bhc}$ 的

条件时，h 与 $\dfrac{\mathrm{dSMV}^*}{\mathrm{d}g}$ 负向变化，h 的增加将导致 $\dfrac{\mathrm{dSMV}^*}{\mathrm{d}g}$ 的减少，即使得 g 与 Q^*

反向变化，与 SMV^* 反向变化得到一定缓解；h 的减少将导致 $\dfrac{\mathrm{dSMV}^*}{\mathrm{d}g}$ 的增加，

即使得 g 与 Q^* 反向变化，与 SMV^* 反向变化得到一定加剧（见图6-3）。

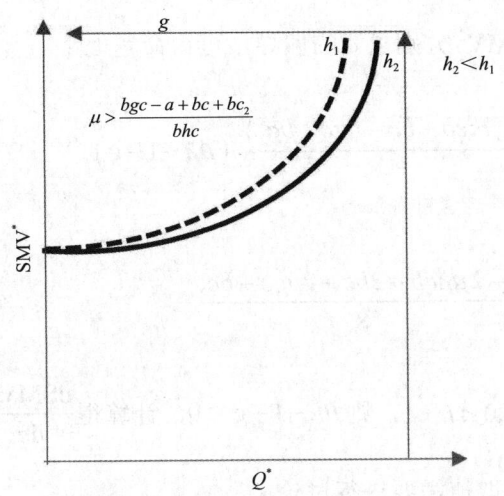

图 6-3　弹性收益可变对制造商价值创造的影响

g 与 SMV^* 的反向变化随着 h 的增加而变得更加缓慢，原因在于弹性收益的获取对于弹性管理成本的稀释。制造商供应链弹性管理的成本效应因供应链弹性收益增加而被弱化。同时，h 与 SMV^* 同向变化，h 的增加将导致 SMV^* 的增加。供应链弹性收益加剧对制造商价值创造的影响是成本效应和弹性收益效应叠加的结果。

6.4.3.5　单位成本可变对最优供应链弹性管理的影响

命题二十三在 a、μ、h、c 外生条件下，考查了最优供应链弹性点的存在性及其实现条件。现实中企业单位成本在大多数情况下是动态变化的。此时是否仍旧存在最优的供应链弹性点及其实现条件的影响，对于企业的供应链弹性管理具有决定性影响。

由命题二十三可知

$$\frac{\mathrm{dSMV}^*}{\mathrm{d}g} = \frac{-c\left(a + \mu hcb - bc - bgc - bc_2\right)}{8} \qquad (6-68)$$

对 $\dfrac{\mathrm{dSMV}^*}{\mathrm{d}g}$、$\mathrm{SMV}^*$ 分别求 c 的偏导，可得命题七：

$$\frac{\mathrm{dSMV}^*}{\mathrm{d}c} = \frac{\left(a + \mu hcb - bc - bgc - bc_2\right)}{8}\left(\mu h - 1 - g\right)$$

$$\frac{\dfrac{\mathrm{dSMV}^*}{\mathrm{d}g}}{\mathrm{d}c} = -\frac{a + 2\mu hcb - 2bc - 2bgc - bc_2}{8}$$

由于 $0 \leqslant \mu \leqslant 1, 0 < h < 1$，则 $\mu h - 1 - g < 0$，计算得 $\dfrac{\mathrm{dSMV}^*}{\mathrm{d}c} < 0$。

对于 $\dfrac{\dfrac{\mathrm{dSMV}^*}{\mathrm{d}g}}{\mathrm{d}c}$ 的取值需要进行讨论：

$$\begin{cases} 当 c > \dfrac{a - bc_2}{2b + 2bg - 2\mu hb} 时，\dfrac{\dfrac{\mathrm{dSMV}^*}{\mathrm{d}g}}{\mathrm{d}c} < 0，c 与 \dfrac{\mathrm{dSMV}^*}{\mathrm{d}g} 反向变化 \\[4mm] 当 c < \dfrac{a - bc_2}{2b + 2bg - 2\mu hb} 时，\dfrac{\dfrac{\mathrm{dSMV}^*}{\mathrm{d}g}}{\mathrm{d}c} > 0，c 与 \dfrac{\mathrm{dSMV}^*}{\mathrm{d}g} 正向变化 \end{cases}$$

命题七在满足

$$g < \frac{a + \mu hcb - bc - bc_2}{bc} \tag{6-69}$$

即 $\mu > \dfrac{bgc - a + bc + bc_2}{bhc}$ 的条件时，若 $c > \dfrac{a - bc_2}{2b + 2bg - 2\mu hb}$，则 $\dfrac{\dfrac{\mathrm{dSMV}^*}{\mathrm{d}g}}{\mathrm{d}c} < 0$，

c 与 $\dfrac{\mathrm{dSMV}^*}{\mathrm{d}g}$ 反向变化，c 的增加将导致 $\dfrac{\mathrm{dSMV}^*}{\mathrm{d}g}$ 的减少，即使得 g 与 Q^* 反向变化，与 SMV^* 反向变化得到一定缓解；若 $c < \dfrac{a - bc_2}{2b + 2bg - 2\mu hb}$，

则 $\dfrac{\dfrac{\mathrm{dSMV}^*}{\mathrm{d}g}}{\mathrm{d}c} > 0$，$c$ 与 $\dfrac{\mathrm{dSMV}^*}{\mathrm{d}g}$ 正向变化，c 的增加将导致 $\dfrac{\mathrm{dSMV}^*}{\mathrm{d}g}$ 的增加，即使得

g 与 Q^* 反向变化，与 SMV^* 反向变化得到一定加剧。

命题七表明，g 与 SMV^* 的反向变化与单位成本密切相关。当单位成本高于某特定值时，随着 c 的增加 g 与 SMV^* 的反向变化变得更加缓慢，意味着：制造商供应链价值弹性管理中单位成本的增加所带来的成本效应将被收益效应所稀释。在高单位成本条件下，弹性管理的价值增值效果更好，即高价商品的弹性管理对于企业的价值增值更加有益。当单位成本低于某特定值时，随着 c 的增加 g 与 SMV^* 的反向变化变得更加剧烈，意味着制造商供应链价值弹性管理中单位成本的增加所带来的收益效应将被成本效应所稀释。低单位成本条件下，弹性管理的价值增值效果并不理想，即低价商品的弹性管理对于企业的价值增值贡献有限（见图 6-4）。

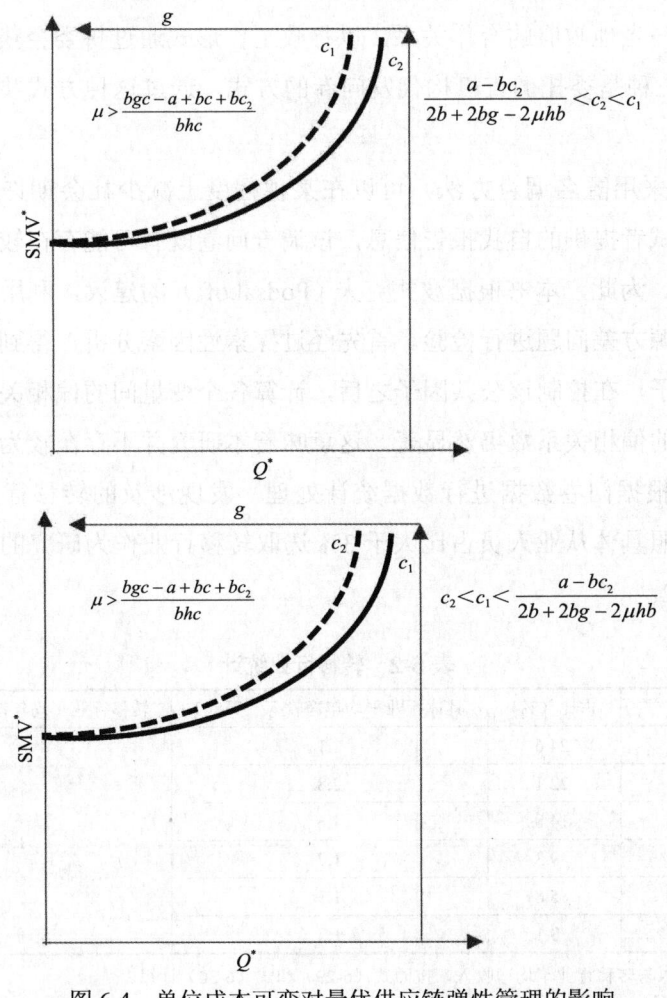

图 6-4　单位成本可变对最优供应链弹性管理的影响

6.5　数值模拟

6.5.1　考虑产业转移机会收益支付的供应链价值评价数值模拟

运用 Matlab 对考虑产业转移机会收益支付的供应链价值评价进行数值模拟分析。首先根据本书选取的典型白酒企业，作者于 2017 年 3 月至 2018 年 6 月，在其生产地区发放问卷 1547 份。问卷的发放方式采取三种形式，第一种是依托企业与当地原料供应商的合作关系，通过面谈与电话采访形式回收问卷 247 份（原料供应商大多是农民，现代化的问卷手段有效性不足）；第二种是依托企业与当地政府的合作关系，以行政工作形式通过村委会获取有效问卷 987 份；第三种是委托调查机构代发问卷的方式，通过这种方式共回收有效问卷 313 份。

本研究采用匿名调查方法，可以在某种程度上减少社会期许效应，但是由于同一受试者提供的自我报告信息，该调查问卷既有可能存在较为严重的同源方差问题。为此，本书根据波扎克夫（Podsakoff）的建议，利用单因子哈门氏方法对同源方差问题进行检验。首先经过探索性因素分析，得到旋转前的第一个公共因子，在控制该公共因子之后，计算各个变量间的偏相关系数，结果显示变量间的偏相关系数仍然显著，这意味着本研究并不存在较为严重的同源方差问题。根据问卷数据进行数据统计处理，发现涉及的转移行业多达十余种，本书按照具体从业人员占比大于 3% 选取转移行业作为研究的对象，统计结果见表 6-2。

表 6-2　转移行业统计

转移行业	占比（%）	具体行业平均年净收入（万元）	转移行业平均年净收入（万元）
加工制造业	24.6	1.1	
建筑装潢业	22.1	2.8	
餐饮服务业	14.8	1.6	
商贸服务业	9.3	1.7	1.4
物流运输业	5.8	1.3	
采矿业	3.1	1.3	

注：年均收入与转移行业年均净收入，按照式（6-29）和式（6-30）计算。

从问卷统计数据看，79.7% 的白酒原料供应商在放弃原农业生产之后所从事的转移行业包括制造业、建筑装潢业、餐饮服务业、商贸服务业、物流运输业和采矿业。这些行业并没有太高的知识、技术、资本要求，其中流入最多的行业是加工制造业（24.6%），其次是建筑装潢业（22.1%）、餐饮服务业（14.8%）、商贸服务业（9.3%）、物流运输业（5.8%）、采矿业（3.1%）。在各转移行业中，年均净收入最高的是建筑装潢业（2.8 万元），其次是商贸服务业（1.7 万元），最低的是加工制造业（1.1 万元）。根据前文相关现实数据，该款白酒供应商成本大概为 20 元，包括原料、包装物、物流服务等所有供应商，其中原料供应商的中间品价格大概为 15 元。代入相关数值，相关参数计算见表 6-3。

表 6-3　数值模拟参数

参数	模型 1	模型 2
s_2	15	15
ω_p		14000
IOB		5081
ε		1.73
s^*	59	46
P^*	108	101
Q^*	295	196
SMV^*	5688	2503
SSV^*	11376	5005
SCV^*	2844	1251
SV^*	19908	8759

$Q=1945-15.3P$，$c=30$，$s_2=15$，$c_2=20$

通过数值模拟发现，就该款白酒而言，供应商的公允价值 SSR=SSV+IOB=10086，现实中最优的供应商价值被严重低估。

由此可见，基于供应链价格补贴的供应链价值评价是供应链价值分配的主要途径。非合作博弈环境下的供应链定价机制是通过逆向"链式"归纳的形式从消费者群体开始。首先，消费者群体根据对最终产品的价值感知确定其最终产品支付意愿；其次，最终产品的制造商根据消费者支付意愿以及自身的生产成本确定最终产品售价；再次，制造商在确定最终产品售价过程中无形中将消费者支付意愿转化为自身对上游供应商中间产品的支付意愿；最后，上游供应商根据制造商的中间产品支付意愿决定自身的中间产品售价。这一"链式"定价过程中，核心影响因素是各主体的支付意愿，以及各主体的要素配置效率与成本控制效率。

在大多数情况下，大型白酒企业供应链作为制造商的大型白酒企业本身是具备相对垄断地位的主体。大型白酒企业出于获取更多价值分配的竞争性心态，将无形中提高或降低自身的支付意愿表达。因此，支付意愿链式传递过程将被扭曲。从价值共创视角看，为实现供应链价值协同，可对供应链中间产品（白酒企业的原料供应）支付意愿进行定价补贴，进而防止供应商的产业转移。首先，大型白酒消费群体根据对最终产品（白酒）的价值感知确定其最终产品支付意愿；其次，最终产品（白酒）的制造商根据消费者支付意愿以及自身的生产成本确定最终产品（白酒）售价；再次，大型白酒企业在确定最终产品售价过程中将消费者支付意愿无形转化为自身对上游供应商中间产品（白酒原料）的支付意愿，上游供应商（农户）根据制造商的中间产品支付意愿决定自身的中间产品（白酒原料）售价，最后，大型白酒企业根据最终产品的价格波动幅度，以及供应商（农户）的经营情况实行价格补贴，以确保供应链的稳定（在其他供应链中，也可能存在供应商根据中间产品的价格波动幅度，以及制造商的经营情况实行价格补贴，以确保供应链的稳定）。这一过程亦可认为是供应链中的优势企业根据供应链的稳定情况进行的价值让渡。

6.5.2　考虑风险与弹性策略的供应链价值分配数值模拟

通过理论模型推演，获取了一系列关于风险条件下考虑供应链弹性管理的企业价值创造的命题。现实中供应链弹性、风险条件及单位成本对企业价值创造的影响是否与理论命题一致，需要进行实证检验。根据该款热销白酒的市场需求曲线，结合前述理论推导过程中的参数设定。假设该款白酒制造商供应链管理成本占单位成本比重 g 在 0.1 ～ 0.5 取值，即 $g \in [0.1, 0.5]$。根据前文分析，供应链弹性管理带来的收益率 h 在 g ～ 1 取值，即 $h \in [g, 1]$。μ 为风险发生的概率，理论取值范围为 0 ～ 1，现实中这个取值范围可能更小一点，实证检验过程中，本书取 $\mu \in [0.2, 0.6]$。计算所得相关数值见表 6-4。

表6-4 相关参数与数值模拟

参数	模型1	模型2	模型3	模型4	模型5	模型6	模型7	模型8	模型9	模型10	模型11	模型12	模型13	模型14	模型15	模型16	模型17	模型18	模型19	模型20	模型21	模型22	模型23	模型24	模型25	模型26	模型27	模型28	模型29
c	30	30	30	30	30	30	30	30	30	30	30	30	30	30	30	30	30	30	30	36	36	36	37	37	27	27	27	28	28
c_2	20	20	20	20	20	20	20	20	20	20	20	20	20	20	20	20	20	20	20	20	20	20	20	20	20	20	20	20	20
h	—	0.50	0.50	0.50	0.50	0.50	0.50	0.50	0.50	0.50	0.50	0.50	0.50	0.50	0.50	0.50	0.50	0.60	0.70	0.60	0.60	0.60	0.60	0.60	0.60	0.60	0.60	0.60	0.60
μ	—	0.20	0.30	0.30	0.30	0.40	0.40	0.60	0.60	0.20	0.30	0.40	0.40	0.40	0.20	0.20	0.20	0.20	0.20	0.20	0.20	0.20	0.20	0.20	0.20	0.20	0.20	0.20	0.20
g	—	0.10	0.10	0.20	0.20	0.10	0.30	0.10	0.20	0.40	0.30	0.10	0.20	0.30	0.10	0.20	0.30	0.20	0.30	0.30	0.40	0.50	0.40	0.50	0.30	0.40	0.50	0.30	0.40
s^*	59	59	59	58	58	60	57	62	60	54	56	60	59	57	59	57	56	57	56	52	51	49	50	48	58	56	55	57	56
P^*	108	108	107	108	108	107	109	106	107	110	109	107	108	109	108	109	109	108	109	111	112	113	112	113	108	109	110	109	109
Q^*	295	295	301	289	289	306	284	318	306	261	278	306	295	284	295	284	272	286	277	247	233	220	229	214	288	278	267	283	273
SMV^*	5688	5688	5911	5469	5469	6139	5254	6607	6139	4438	5044	6139	5688	5254	5688	5254	4837	5339	5002	3996	3563	3155	3415	3006	5417	5035	4667	5248	4859
SSV^*	11376	11376	11823	10938	10938	12278	10508	13215	12278	8876	10087	12278	11376	10508	11376	10508	9675	10679	10004	7992	7127	6311	6831	6011	10834	10070	9335	10497	9718
SCV^*	2844	2844	2956	2734	2734	3070	2627	3304	3070	2219	2522	3070	2844	2627	2844	2627	2419	2670	2501	1998	1782	1578	1708	1503	2708	2518	2334	2624	2430
SV^*	19908	19908	20690	19141	19141	21487	18389	23126	21487	15533	17652	21487	19908	18389	19908	18389	16931	18688	17507	13986	12472	11044	11954	10520	18959	17623	16336	18369	17007
	—	$\mu<\dfrac{g}{h}$ $\mu>\dfrac{g}{h}$		$\mu<\dfrac{g}{h}$		$\mu>\dfrac{g}{h}$	$\mu<\dfrac{g}{h}$	$\mu>\dfrac{g}{h}$ $\mu<\dfrac{g}{h}$	$\mu>\dfrac{g}{h}$	$\mu<\dfrac{g}{h}$		$\mu>\dfrac{g}{h}$									$\mu<\dfrac{g}{h}$								

$Q=1945-15.3P$

通过比较考虑供应链风险与弹性管理前后企业价值创造与消费者剩余发现，在$\mu > \dfrac{g}{h}$条件下，即弹性管理投入较小，但弹性管理收益却较高，同时供应链风险较大的苛刻条件下，比该款白酒的最优价值创造与消费者剩余才能得到较大改善；在一般的情况下，均有$\mu < \dfrac{g}{h}$，此时该款白酒的最优价值创造与消费者剩余将会恶化。由此可证命题二十二成立。

对于命题二十三，在不同的风险概率条件下，通过赋值计算供应链价值，通过 Matlab 绘制相关图形，对相关命题进行验证。

图 6-5、图 6-6 展示的是弹性管理成本对于该款白酒最优产量，以及制造商价值、供应商价值、消费者剩余、供应链总价值的影响。从图 6-5、图 6-6 中可以直观地发现，随着制造商供应链价值弹性管理成本的上升，其最优产量呈现递减趋势，同时制造商价值、供应商价值、消费者剩余、供应链总价值也呈现递减趋势。由此，命题二十三得证。

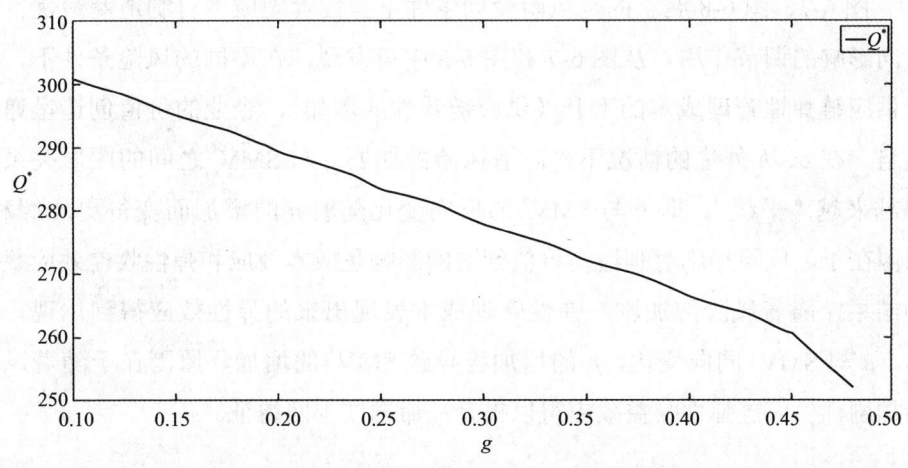

图 6-5　弹性管理成本对最优产量的影响

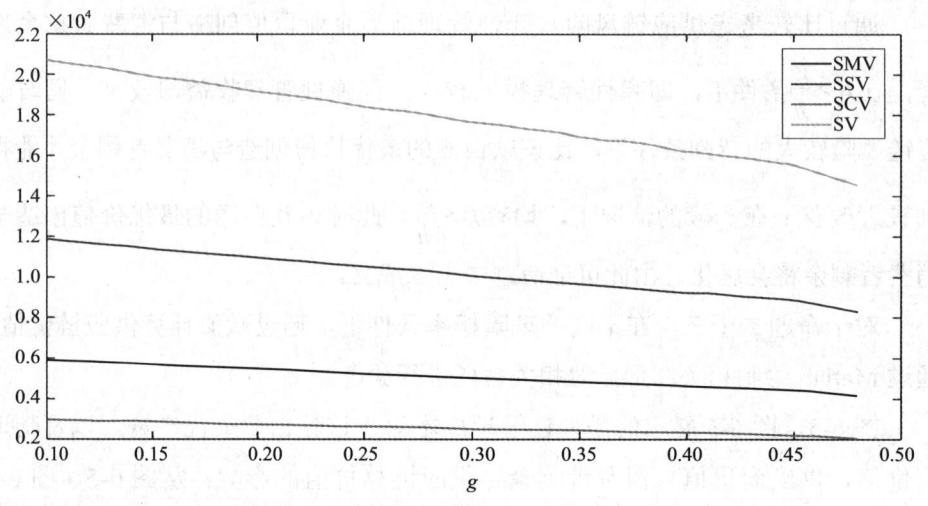

图 6-6 弹性管理成本对最优供应链价值的影响

对于命题二十四，在不同的风险概率条件下，通过赋值计算供应链价值，经数据平移处理，通过 Matlab 绘制相关图形，对相关命题进行验证。

图 6-7、图 6-8 展示的是风险变动条件下弹性管理成本对制造商最优价值反向影响的调节作用。从图 6-7 和图 6-8 中可发现，在不同的风险条件下，随着供应链弹性管理成本的上升（供应链弹性的增加），企业的价值创造呈递减趋势。在 c、h 外生的情况下，随着风险的加剧 g 与 SMV^* 之间的图形关系变得越来越"平缓"，即 g 与 SMV^* 的反向变化随着 μ 的增加而变得更加缓和。原因在于，风险加剧对制造商价值创造的影响是成本效应和弹性收益效应叠加的结果，随着风险的加剧，弹性管理成本表现出来的弹性效应得到体现。同时，μ 与 SMV^* 同向变化，μ 的增加将导致 SMV^* 的增加，原因在于随着风险的加剧，供应链弹性收益效应得以提升，命题二十四得证。

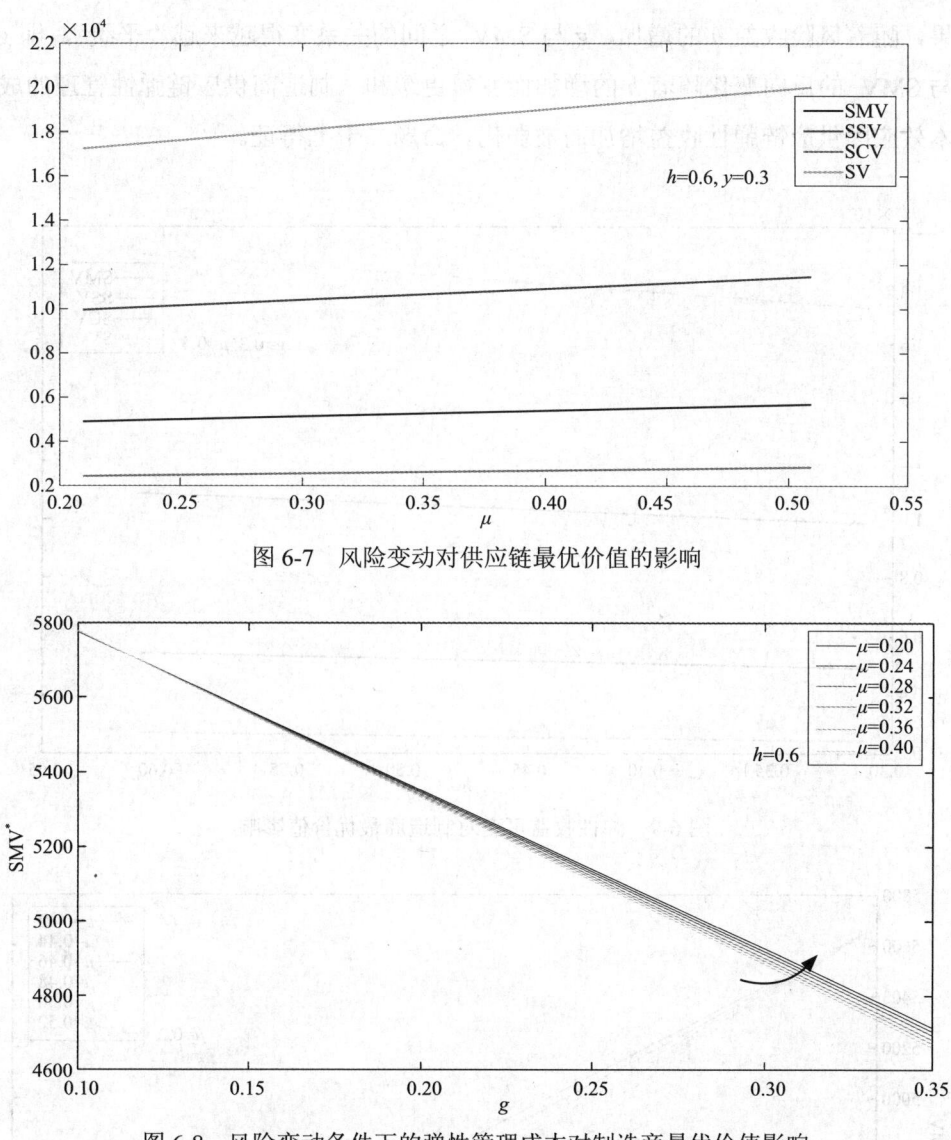

图 6-7　风险变动对供应链最优价值的影响

图 6-8　风险变动条件下的弹性管理成本对制造商最优价值影响

　　对于命题二十七，在不同的弹性收益条件下，通过赋值计算供应链价值，经数据平移处理，通过 Matlab 绘制相关图形，对相关命题进行验证。

　　图 6-9 表明 h 的增加将导致 SMV^* 的增加。图 6-10 展示的是在 μ 外生的情况下，弹性收益可变条件下的弹性管理成本对制造商最优价值影响。供应链弹性收益加剧对制造商价值创造的影响是成本效应和弹性收益效应叠加的结

果，随着风险收益 h 的增加，g 与 SMV^* 之间的关系变得越来越"平缓"，即 g 与 SMV^* 的反向变化随着 h 的增加而变得更缓和，制造商供应链弹性管理的成本效应因供应链弹性收益增加而被弱化。命题二十七得证。

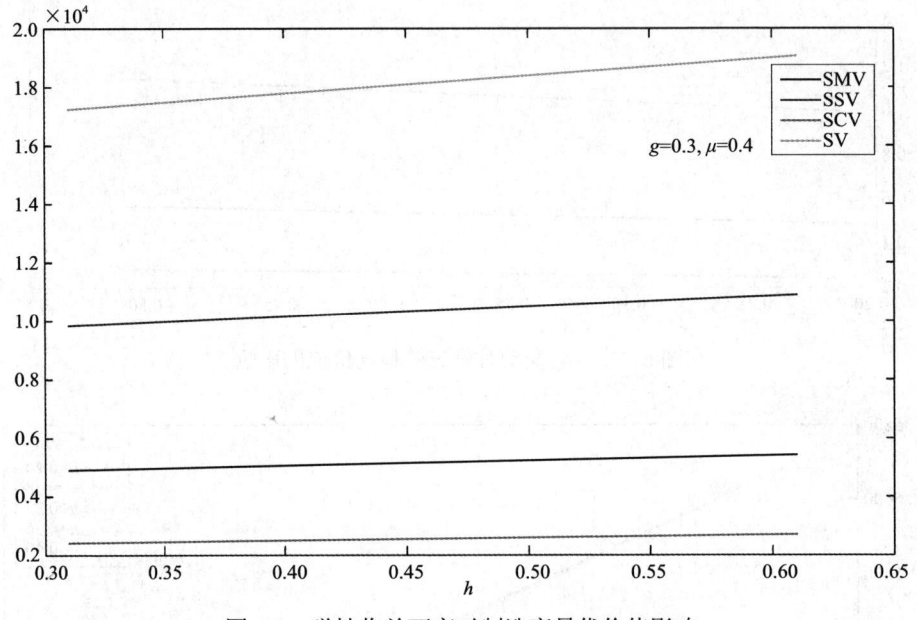

图 6-9　弹性收益可变对制造商最优价值影响

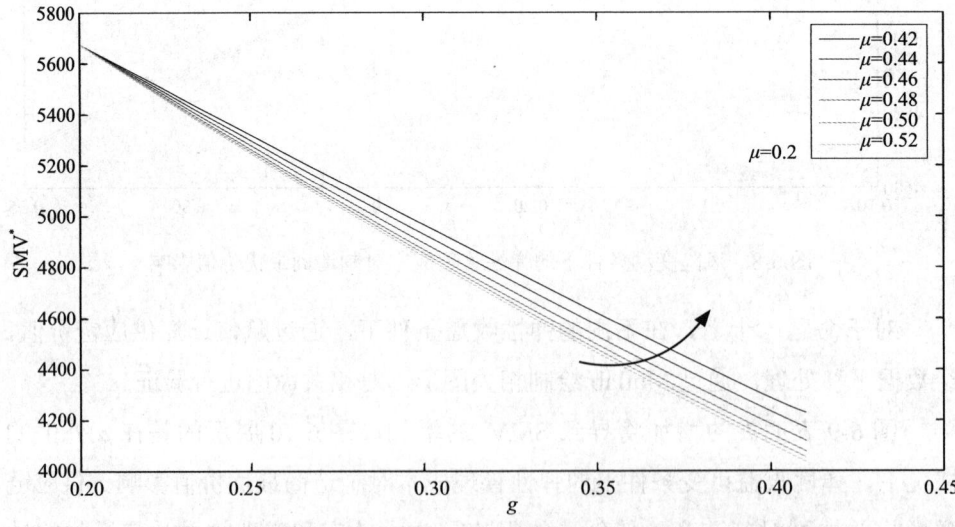

图 6-10　弹性收益可变条件下的弹性管理成本对制造商最优价值影响

对于命题二十八，需要考查在风险概率、弹性收益一定的情况下，单位成本可变对制造商价值的影响。根据相关数值模拟，经数据平移处理，通过 Matlab 绘制相关图形，对相关命题进行验证。

图 6-11 展示的是单位成本可变对供应链价值的影响。由图 6-11 可知，随着单位成本的上升，制造商价值、供应商价值、消费者剩余、供应链价值均下降；图 6-12、图 6-13 展示的是单位成本可变条件下弹性管理成本对制造商最优价值影响。实证表明，在 μ 与 h 外生的情况下，若 $\dfrac{c > (a - bc - 2)}{(2b + 2bg - 2\mu hb)}$，则 g 与 SMV^* 之间的图形关系变得越来越"平缓"，即 g 与 SMV^* 的反向变化随着 c 的增加而变得更加缓慢，制造商供应链弹性管理的收益效应因单位成本的增加而被强化，成本效应因单位成本的增加而被弱化。若 $\dfrac{c < (a - bc - 2)}{(2b + 2bg - 2\mu hb)}$，则 g 与 SMV^* 之间的图形关系变得越来越"陡峭"，即 g 与 SMV^* 的反向变化随着 c 的增加而变得更加剧烈，制造商供应链弹性管理的收益效应因单位成本的增加而被弱化，成本效应因单位成本的增加而被强化。可见，高单位成本条件下，弹性管理的价值增值效果更好，即高价商品的弹性管理对于企业的价值增值更加有益。命题二十八得证。

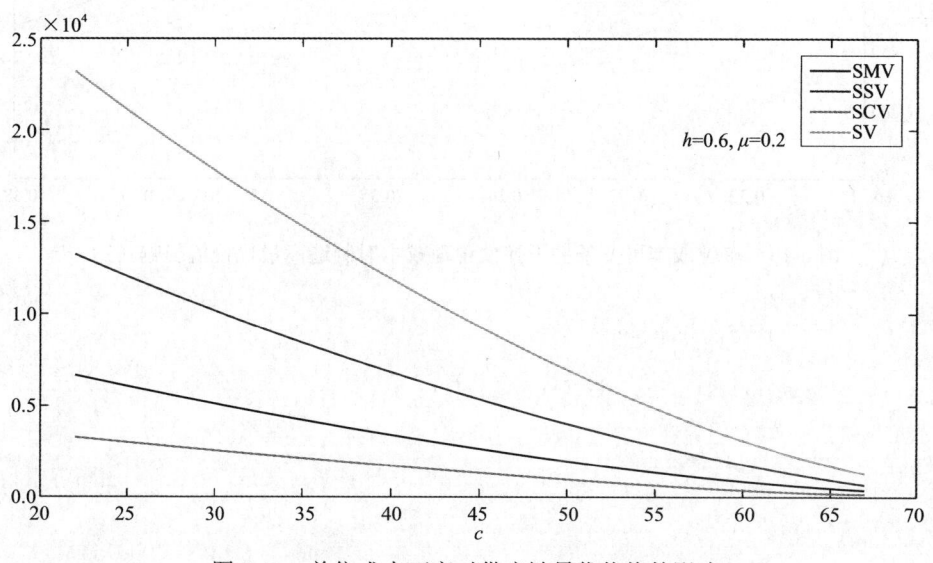

图 6-11　单位成本可变对供应链最优价值的影响

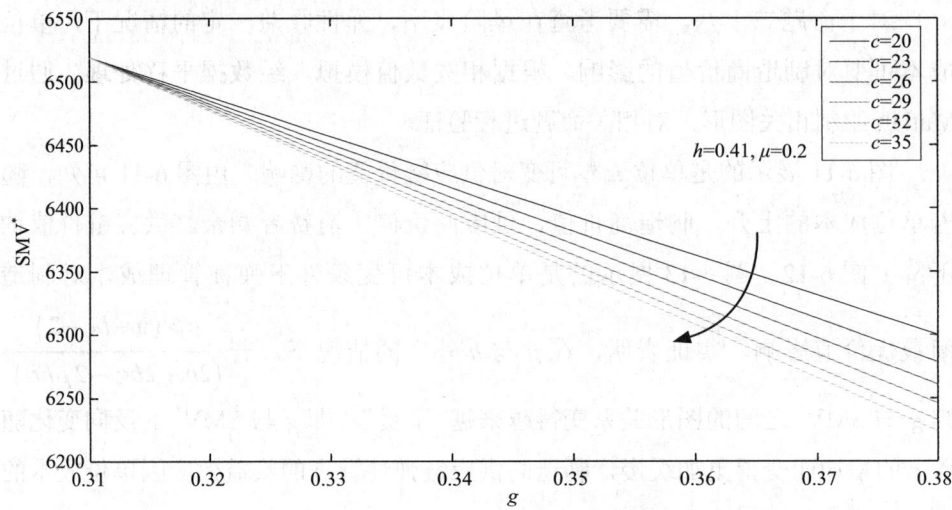

图 6-12　单位成本可变条件下弹性管理成本对制造商最优价值影响（1）

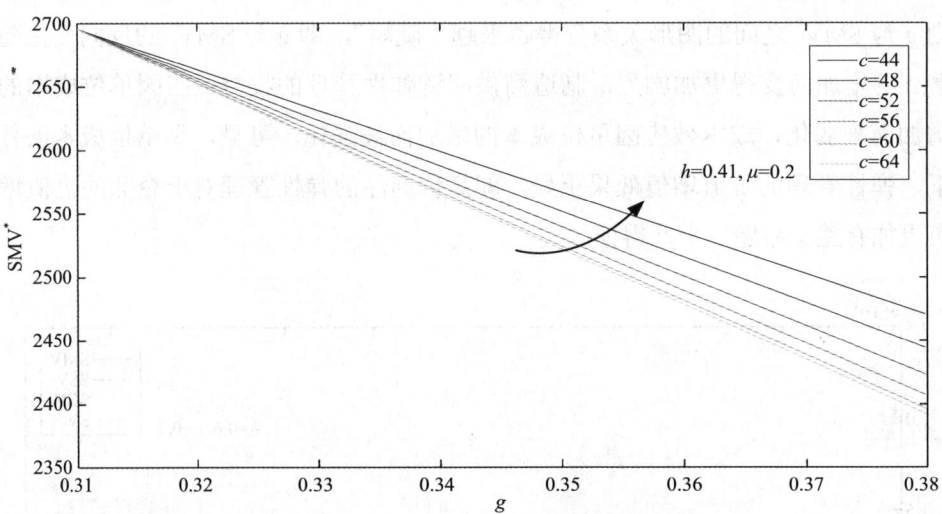

图 6-13　单位成本可变条件下弹性管理成本对制造商最优价值影响（2）

第 7 章

结论与展望

7.1 研究结论

7.1.1 大型白酒企业供应链的异质性

大型白酒企业相比一般企业，具有供应链结构一般化、产地中心化、供应商（原料）特异化、原料供应的战略库存刚性、白酒产品功能边界的泛化引致的供应链价值的高弹性等特点。这些特点使得大型白酒企业的供应链协同问题表现出强烈的异化特征，特别是在现代经济条件下，由于涉农主体参与、中心化生产、去中心化交易、虚拟价值泛化、销售路径依赖，使这种异化特征得到进一步增强。

7.1.2 供应链价值共创机制

从供应链价值共创过程来看，消费者的感知评价是整个经济系统的价值实现的基础，生产者的设计创造是经济系统的价值创造过程，而生产者与消费者的交换则是整个经济系统的价值分配过程。价值创造为整个系统提供了价值源泉，同时也是价值交换的基础；价值分配为价值创造提供了保障，同时也是价值创造的动力。价值创造、价值分配的循环嵌套共同塑造了价值共创机制。

基于价值共创的基本理念，供应商、制造商、消费者群体原本个体利益最大化的经济目标被具有一致性的供应链价值最大化目标取代。在此一致性目标的指导下，供应商、制造商、消费者群体通过知识共享、技术扩散、声誉耗散实现价值创造。

价值共创理论框架下的价值分配以供应链价值协同的方式进行。在供应链系统中，涉及的主体更多，价值评价是否恰当、是否公允是供应链价值分配的关键环节，同时也决定了供应链价值共创动态可持续性。供应链条件下的价值分配应具备一个让供应链各主体共同认可的评价标准，即公允标准。这一公允标准应是供应链市场价值分配标准上通过产业机会价值叠加的修正。价值分配应根据价值评价机制，在市场价格机制决定的一次市场定价分配的基础上，通过供应链各主体间的契约与信任关系实现供应链主体间的二次转移支付。供应链价值协同方式下的价值分配的实现路径包括供应链价值转移支付与弹性策略等。

7.1.3　基于知识共享的大型白酒企业供应链价值创造

知识共享以及企业动态能力建设对于大型白酒企业供应链价值创造具有重要影响。知识共享与动态能力是供应链价值共创的核心机制。大型白酒企业不仅需要关注基于人才、技术、模式的核心竞争力要素的优化配置，而且要从企业发展战略维度对供应链价值创造方式、实现路径进行重塑。当知识共享与动态能力带来的产品使用价值在消费倾向的作用下转换成企业产品收益增加能够覆盖企业因耗散性知识识别、利用产生的动态能力投入时，制造商、供应商和消费者剩余及供应链总价值均得到提升；动态能力投入与动态能力系数对供应链的价值存在复合影响。消费者剩余、供应链总价值与制造商动态能力投入强度呈反向变化；与制造商动态能力系数呈正向变化；随着共享知识的增加，制造商价值、供应商价值、消费者剩余、供应链总价值增加。原因在于耗散知识是一种"零成本"要素，对于耗散知识的使用将降低制造商的成本，进而导致产品价格下降，同时带来产品使用价值与产量的增加。

7.1.4　基于技术扩散的大型白酒企业供应链价值创造

共性技术扩散、吸收能力，以及政府技术补贴是供应链价值共创的核心机制。制造商价值、供应商价值、消费者剩余、供应链总价值与共性技术扩散呈正向关系；消费者剩余、供应链价值与制造商吸收能力投入强度呈反向变化，与制造商吸收能力系数呈正向变化；吸收能力投入强度与吸收能力系数对制造商、供应商价值存在复合影响，这种影响的正负方向取决于边际消费倾向与共性技术扩散程度的乘积与产品单位成本的比较；共性技术补贴对于制造商价值、供应商价值、消费者剩余、供应链总价值均有正向影响。当共性技术扩散与吸收能力带来的产品使用价值在消费倾向的作用下转换成企业产品收益增加与政府的技术性补贴之和能够覆盖企业因技术识别、利用产生的吸收能力投入时，制造商才会有意愿进行吸收能力投入，进而使得共性技术扩散条件下考虑吸收能力与政府补贴的制造商供应链价值将得到改善。而供应商根据制造商的产品市场需求与价格情况进行最优决策，因而其供应链价值改善其实质由制造商引致决定。

7.1.5　基于声誉耗散的大型白酒企业供应链价值创造

声誉耗散以及企业社会资本积累对于大型白酒企业供应链价值创造具有重要影响。声誉耗散与社会资本积累是供应链价值共创的核心机制。当声誉耗散与社会资本积累带来的品牌价值在消费倾向的作用下转换成企业产品收益增加能够覆盖企业因声誉耗散与社会资本积累的投入时，制造商、供应商、消费者剩余以及供应链总价值均得到提升。社会资本积累投入强度与社会资本积累声誉转化系数对供应链价值存在复合影响。消费者剩余、供应链总价值与制造商社会资本积累投入强度成反向变化；与社会资本积累声誉转化系数成正向变化。随着声誉耗散信息流的增加，制造商价值、供应商价值、消费者剩余、供应链总价值增加。原因在于声誉耗散信息流是一种"零成本"的价值加成，将带来产品使用价值感知的增加。

7.1.6　基于产业转移与公允分配标准的转移支付

理想状态下的最优决策结果并不支持作为垄断地位的大型白酒企业进行供应商转移支付。但在公允标准下，通过数值模拟发现，现实中最优的供应商价值被严重低估。大型白酒企业出于获取更多价值分配的竞争性心态，将无形中降低自身的支付意愿表达。从价值共创视角看，为实现供应链价值协同，应对供应链中间产品（白酒企业的原料供应）支付意愿进行定价补贴，进而防止供应商的产业转移以及供应链风险。

7.1.7 供应链价值分配的弹性策略

在风险条件下，考虑供应链弹性管理，制造商、供应商、消费者，乃至供应链最优化决策带来的价值创造是否高于不考虑风险与供应链弹性管理条件下的价值创造，取决于供应链弹性管理成本提升幅度与其带来的弹性收益提升幅度的比值与风险概率的比较。在供应链风险一定的情况下，供应链弹性管理成本提升幅度与其带来的弹性收益提升幅度的比值越小则企业的供应链弹性管理将带来供应链价值创造的改进的提升。弹性管理成本与企业最优价值创造的函数关系表现为企业价值创造的反向包络曲线。风险加剧对制造商价值创造的影响是弹性成本效应和弹性收益效应叠加的结果。风险的增加将导致弹性管理成本与制造商价值的反向变化得到一定缓解，原因在于弹性管理表现出来的弹性收益效应对成本效应的稀释。供应链弹性收益加剧对制造商价值创造的影响是成本效应和弹性收益效应叠加的结果。弹性收益的增加将导致弹性管理成本与制造商价值的反向变化得到一定缓解，原因在于制造商供应链弹性管理的成本效应因供应链弹性收益增加而被弱化。低单位成本条件下，弹性管理的价值增值效果并不理想，即低价商品的弹性管理对于企业的价值增值贡献有限；高单位成本条件下，弹性管理的价值增值效果更好，即高价商品的弹性管理对于企业的价值增值更加有益。

7.2 研究展望

第一，在理论分析方面，本书深入探讨了大型白酒企业的供应链异质属性及供应链价值共创机制。基于知识共享、技术扩散、声誉耗散分析了供应链价值创造的过程与机理；基于产业转移确定了价值分配的公允标准，分析了大型白酒企业供应链价值分配的非均衡现实，提出了基于转移支付与弹性策略的分配机制。相关研究主要基于大型白酒企业供应链的现实进行探索，相关理论观点与数理推导过程是否适用于其他产业的情况仍值得深入挖掘。未来的研究可以考虑在一般的条件下，用更加规范的数理方法来证明，并采用更加大样本的数据进行验证，从而强化结论的严谨性。

第二，供应链是一个复杂的非线性系统，大型企业的供应链则更加复杂。本书基于价值共创视角对大型白酒企业的供应链协调机制进行分析，还处在探索性阶段。实际上，当深入到本研究的理论模型时，还有诸多"暗箱"有待后续研究打开。例如，影响企业供应链价值共创的其他中介机制，如企业行业属性、政府政策、环境不确定性等。因此，未来的研究可以进一步拓展和深化，同时，未来的研究还可以考虑其他情境因素对供应链价值共创的调节作用，如创新的复杂度、知识的多元化、市场的动荡性等。

第三，在实证研究方面，限于人力、物力和财力，本研究以所熟识的特定白酒企业为研究对象，调查范围仅限于企业特定时空范围，使得本书的研究结论的普适性有待进一步考证。另外，本书的调查数据为截面静态数据，无法进行动态分析。因此，未来的研究应该增加有效样本的数量，并将调研范围在时空范围内进行拓展，开展动态比较研究，研究供应链价值共创的动态变化规律。

附　　录

附录 1　声誉耗散对供应链价值共创的影响研究
——基于社会资本积累的视角 *

杨敏　　王静娴

摘要：在声誉耗散、社会资本积累与供应链价值共创关系分析的基础上，审视声誉耗散与社会资本积累对供应链价值创造的重要作用，通过构建考虑声誉耗散与社会资本积累的三阶段供应链价值共创数理模型，对声誉耗散条件下考虑社会资本积累的供应链价值共创机制进行探索。研究发现声誉耗散与社会资本积累带来的品牌价值在消费倾向的作用下转换成企业产品收益增加能够覆盖企业因声誉耗散与社会资本积累的投入时，制造商、供应商、消费者剩余及供应链总价值均得到提升；消费者剩余、供应链总价值与制造商社会资本积累投入强度呈反向变化，与社会资本积累声誉转化系数呈正向变化；声誉耗散与制造商价值、供应商价值、消费者剩余、供应链总价值呈正向变化；社会资本积累投入强度与社会资本积累声誉转化系数对供应链价值存在复合影响，这种影响的正负方向取决边际消费倾向与声誉耗散的乘积与产品单位成本的比较。

关键词：声誉耗散；社会资本积累；供应链价值共创

---

* 杨敏，王静娴．声誉耗散对供应链价值共创的影响研究——基于社会资本积累视角 [J]. 技术经济与管理研究，2020（7）：74-79.

1 引言

廖（Liao，2018）和卡斯蒂利亚等（Castilla et al, 2018）认为声誉是企业的整体性无形资产，是企业站在社会责任与企业形象的角度，随时间的积累，与各利益相关者发展而形成的认知与情感吸引力，并为他们提供有价值的产出能力。作为企业间建立合作关系的非市场安全机制，声誉对于激励供应链合作伙伴维持高质量的服务，减少伙伴信息不对称带来的风险及欺骗具有重要作用。供应商、制造商、消费者群体的有效声誉组合，是供应链企业及消费者合理地利用合作伙伴的社会资源、提升自身无形社会价值、实现供应链价值共创的有效途径。海丁格等（Heidinger et al, 2018）认为声誉的扩散使用可以是市场化的"交易"行为，亦可以是供应链企业非市场化的社会资本积累过程。供应链企业乃至消费者通过社会资本积累，在相互信任的基础上的与外部组织、机构及个人形成稳定的社会关系网络和社会结构，实现供应链伙伴间的声誉耗散，进而提升供应链价值创造能力。声誉耗散条件下的企业最优化供应链价值决策，应在价值创造、声誉耗散、社会资本积累的互动机理与动态作用机制框架下进行分析。

2 文献综述

格拉夫兰（Graafland ，2017）认为传统的企业管理关注的重心是基于企业产权边界逻辑进行的有限理性行为集，在效率最大化目标之下进行资源的有效配置。其所配置的资源为企业内部资源，即企业产权边际之内的资源。随着经济的全球化、资源价值的泛化以及新经济思维的影响，企业的资源配置开始注重企业边界之外的资源对企业内部要素、动态能力乃至绩效的影响。在供应链环境下，企业之间的竞争演化成供应链系统之间的竞争。企业与其供应链伙伴具有一致的目标，即供应链价值共创。阿斯穆森等（Asmussen et al, 2019）

认为在供应链价值共创的引导下，企业更多地需要关注供应网络的协同。安巴拉桑等（Anbarasan et al, 2017）认为这种协同除了在流程上的协同外，更多的是供应链主体社会关系、社会责任、社会地位以及影响力的协同，即社会资本的累积、融合和协调。

2.1　社会资本与供应链价值共创

法国社会学家皮埃尔·布尔迪厄在 1986 以"场域"和"资本"将社会资本定义为社会成员关系网络场域中存在的实际或潜在的资源。相关研究中，比较有代表性是"社会资源论"，如林（Lin, 1999, 2000）认为社会资本是行动者在行动中获取和使用的嵌入在社会网络这一非正式的社会结构中的资源，包括权力、地位、信任、关系、责任等。林（2017）认为随着社会资本理论的发展，关于社会资本的本质具有大体一致的认可，即倾向行为主体能够通过其社会网络或社会联系等社会结构获取稀缺资源的有利性，其核心要素包括网络、信任和规范。

林斯等（Lins et al, 2017）认为社会资本的价值性是确定的，但是其价值体现的方式却是多样性的。瑟韦斯等（Servaes et al, 2017）认为企业社会资本是指企业通过提取利用相关资源和信息，以及在社会网络结构之中获取发展所需的有效资源的能力。康格斯等（Engbers et al, 2018）认为从社会资本与组织惯例创新的关系看，企业所掌握的社会资本越多，越有利于其获取组织惯例更新需要的外部资源，能更好地将价值目标向低收入群体靠近，进而同他们形成更加牢固的信任关系。从企业社会资本与其社会责任绩效看，企业拥有的社会资本对其社会责任绩效存在不可忽视的影响。耶伊尔等（Yesil et al, 2019）认为企业社会资本和企业社会责任之间存在良性互动和互补关系，一方面，缺乏所需社会资本的企业，会为了获得社会资本，取得竞争优势，而积极履行社会责任；另一方面，企业已拥有的社会资本将为企业履行社会责任提供环境支持和能力支持。从社会资本对企业创新绩效影响途径看：一是通过社会资本的正向输出提升市场声誉、市场占有率和创新技术盈利水平；二是通过转变观念，利用社会资本关系规范弥补制度约束的不足、不断优化社会制度环境等；三是避免因社会资本负向输出社会负债产生的庸俗潜规则、既得利益封闭圈、官僚式体制等弊端。约翰逊等（Johnson et al,2013）认为社会资本规模对显性技术知识获取有明显影响，而关系强度不仅会对显性技术知识的获取有正向促进作用，还会对更为重要的隐性技术知识的获取产生重要影响。从社会资本的供应链整合机制看，企业利用合作培养起来的企业关系资本，通过一系列的供应链整合行为，获取自身的竞争优势，最终提高企业组织绩效。通过多次有效地合作不仅能够让关系资本出现累积效应，而且随着关系资本的累积，它又会正反馈促进企业供应链外部整合，使得供应链长期利益出现。

劳森等（Lawson et al, 2007）认为从静态角度看，社会资本对企业经营发展的多样性影响是确定的，甚至体现出一种系统性特征。罗素等（Russo et al, 2015）认为对企业内部而言，其表现为对企业绩效、能力等的影响，这些影响最终可归结到企业价值创造维度。施波尔勒德等（Sporleder et al, 2013）认为从动态维度看，企业表现出来的即为社会资本积累，其有利于帮助企业获取丰富的社会资源，例如便捷的融资通道、各种政府优惠政策、补贴，有助于获取信息优势，及时掌握信息、技术、人才等资源。克劳斯等（Krause et al, 2006）认为从供应链层面看，企业建立与其供应商之间良好的协作伙伴关系，有助于从供应商获得准确信息、获取信息优势、加强了解和合作，惠普尔等（Whipple et al, 2015）认为与客户建立持续的合作关系，有助于获得客户的信任，提升品牌价值。林等（Leem et al, 2017）认为对企业外部而言，社会资本积累效应主要表现在能力的耗散、知识信息的流动、声誉的泛化影响。吴等（Wu et al,2018）认为从社会资本与企业外部环境的互动关系看，存在双向逆向收敛的特征，即社会资本积累将促使企业内部动态能力的提升、知识信息流动的加速、声誉的品牌价值转化，反过来企业内部动态能力的提升、知识信息流动的加速、声誉的品牌价值转化又将加速企业社会资本的积累。

2.2 企业声誉与社会资本

哥西等（Gotsi et al, 2001）认为最初企业声誉被定义为消费者对企业知名度、好或坏、可信度、可靠性、美誉度和信任度等的感知反馈。随着研究的深入，学者们从不同的角度对其内涵展开了研究。例如，从经济学视角看，科恩等（Corne et al, 2019）认为企业声誉被看作是一种属性或信号；从社会学视角看，拉瓦西等（Ravasi et al, 2018）认为企业声誉被认为是企业声望的综合评价；从会计学视角看，巴恩斯等（Barnes et al, 2018）认为更多地将企业声誉看作是企业的一种无形资产。阿克萨克等（Aksak et al, 2016）认为目前国际较一致的界定是，企业声誉是与其他竞争对手相比较而言，基于对企业过去的行为，以及未来的前景的感知度而产生的对企业的所有利益相关者的吸引力。有研究表明，西格尔等（Siegel et al, 2019）认为声誉对企业而言是个"好东西"，其能使企业抓住市场机会或者预防竞争威胁，能为企业带来一定的"有形"价值。伯克等（Burke et al, 2018）认为作为一种稀缺性的企业资本，声誉资本不是企业轻易就能够获得的，也不是能够被简单地非法仿制，而是企业在长期形成发展过程中的日常经营管理活动产生的必然结果。费尔南德斯等（Fernández et al, 2016）认为声誉资本的这种资源稀缺性恰恰可以形成长期的市场竞争优势，甚至会产生超额的收益，转化成为可以维护企业长盛不衰和持续盈利的能力。

声誉管理的核心是要在企业与社会公众之间建立起牢靠的信任关系。因此，普雷斯顿（Preston，2004）认为声誉管理与企业社会资本积累在关系网络层面存在交集，在某种程度上可以将企业声誉管理视为社会资本积累的一个操作性目标、主要内容与直接结果。其影响主要体现在企业价值层面。有研究表明，如马汀等（Martín et al, 2004）和宋锋森、陈洁（2019）认为供应商的分销能力声誉、创新能力声誉、企业社会责任声誉、公平交易声誉越高，分销商实施其角色外利他行为的积极性就越高，进而导致供应链价值的普遍提升。萨瓦拉等（Zabala et al, 2005）和尚海燕（2019）认为企业高声誉本身就向消费者传达了高质量的产品或服务、较低交易风险的市场信号，消费者不仅愿意购买高声誉企业的产品和服务，而且愿意增加更多的消费投入。

比尔等（Bear et al, 2010）、豪等（Hur et al, 2013）、阿克乔诺等（Axjonow et al, 2016）、格罗弗等（Grover et al, 2019）和贾维德等（Javed et al, 2019）认为企业声誉的驱动要素是一个复杂体系，具体的影响因素包括产品与服务、顾客导向、财务业绩、市场表现、愿景与领导、工作环境、社会责任等因素。明思力集团撰写的"影响企业声誉因素"调查报告（2015）显示，除企业主体行为之外，利益相关方的"思维空间"——即民众在综合衡量品牌或企业公信力时会想到哪家品牌，对企业声誉有着举足轻重的影响，其传播方式、传播强度、传播真实性是企业声誉外源性"关系"维度里最重要的驱动因素。由此可见，从社会资本积累角度看，声誉传播是供应链主体价值创造的重要影响因素。本文将遵循企业社会资本积累—供应链声誉耗散—供应链价值创造的基本逻辑，对声誉耗散条件下供应链社会资本积累的价值创造机制展开研究。

三、三阶段供应链价值共创模型构建

（1）不考虑声誉耗散与社会资本积累的三阶段供应链价值共创模型。

通过声誉耗散、社会资本积累与供应链价值共创关系的分析，首先构建不考虑声誉耗散的三阶段供应链价值共创模型，作为后续考虑声誉耗散与社会资本积累的三阶段供应链价值共创模型的比对标准。

在不考虑声誉耗散与社会资本积累情况下，考查包含供应商、制造商、消费者的三级供应链。假设制造商以价格 P 将商品销售给消费者，其单位成本任为 c，且 P、c 均为模型的内生变量。P_s 为供应商中间产品价格，c_s 为供应商产品单位成本。对于供应链上的消费者群体，假设其行为具有一致性，即其消费需求由市场需求函数进行表达，即 $Q = a - bP$。三阶段供应链决策过程中，首先，由制造商根据市场需求情况，以价值最大化为目标进行决策；其次，供应商根据制造商的需求决定其中间产品价格。记制造商价值创造、供应商价值、消费者剩余为 SMV、SSV、SCV，有

$$
\begin{cases}
SMV = (P - c - P_s)\ Q = aP - bP^2 - ac - P_s a + bcP + bP_s P \\
SSV = P_s - c_s\ Q = P_s a - c_s a - P_s bP + c_s bP \\
SCV = \dfrac{1}{2b} Q^2
\end{cases}
\tag{1}
$$

由于 $\dfrac{\mathrm{d}^2 SMV}{\mathrm{d}P^2} = -2b < 0$，即制造商的决策目标函数为关于 P 的

凸函数，存在极大值，令 $\dfrac{\mathrm{dSMV}}{\mathrm{d}P}=0$，计算得 $P^*=\dfrac{a+bc+bP_{\mathrm{s}}}{2b}$，进而

$\mathrm{SSV}=P_{\mathrm{s}}a-c_{\mathrm{s}}a-P_{\mathrm{s}}\dfrac{a+bc+bP_{\mathrm{s}}}{2}+c_{\mathrm{s}}\dfrac{a+bc+bP_{\mathrm{s}}}{2}$。由于 $\dfrac{\mathrm{d}^2\mathrm{SSV}}{\mathrm{d}P_{\mathrm{s}}^{2}}=-b<0$，即供应

商的决策目标函数为关于 P_{s} 的凸函数，存在极大值，令 $\dfrac{\mathrm{dSSV}}{\mathrm{d}P_{\mathrm{s}}}=0$，计算可得

$$\begin{cases} P_{\mathrm{s}}^{*}=\dfrac{a-bc+c_{\mathrm{s}}b}{2b} \\[2mm] P^{*}=\dfrac{3a+bc+c_{\mathrm{s}}b}{4b} \\[2mm] Q^{*}=\dfrac{a-bc-c_{\mathrm{s}}b}{4} \\[2mm] \mathrm{SMV}=\dfrac{\left(a-bc-c_{\mathrm{s}}b\right)^{2}}{16b} \\[2mm] \mathrm{SSV}=\dfrac{\left(a-bc-bc_{\mathrm{s}}\right)^{2}}{8b} \\[2mm] \mathrm{SCV}=\dfrac{\left(a-bc-c_{\mathrm{s}}b\right)^{2}}{32b} \end{cases} \tag{2}$$

供应链价值由供应商、制造商、消费者共同创造，因此供应链总的价值
SV 为供应商价值、制造商价值、消费者剩余之和，即 $\mathrm{SV}=7\dfrac{\left(a-bc-bc_{\mathrm{s}}\right)^{2}}{32b}$。

（2）考虑声誉耗散与社会资本积累的三阶段供应链价值共创模型。

声誉是企业的整体性无形资产，是企业站在社会责任与企业形象的角度，随时间的积累，与各利益相关者发展而形成的认知与情感吸引力，并为他们提供有价值的产出能力。作为企业间建立合作关系的非市场安全机制，声誉对于激励供应链合作伙伴维持高质量的服务，减少伙伴信息不对称带来的风险及欺骗具有重要作用。供应商、制造商和消费者群体的有效声誉组合，是供应链企业及消费者合理地利用合作伙伴的社会资源、提升自身无形社会价值、实现供应链价值共创的有效途径。企业供应链在特定的机制安排下实现声誉耗散。这种机制可以是市场化的"交易"行为，亦可以是供应链企业非市场化的社会资本积累过程。供应链企业乃至消费者通过社会资本积累，在相互信任的基础上

与外部组织、机构及个人形成稳定的社会关系网络和社会结构，实现供应链伙伴间的声誉耗散，进而提升供应链价值创造能力。在此过程中，社会资本积累通过提升声誉价值，并进行声誉耗散式传递提升产品的感知价值。企业需要额外支付的成本在于为提升、传递声誉进行的社会资本积累支出。

消费者根据产品使用价值与产品价格的对比决定其消费倾向，即是否购买，以及购买多少。假设所有消费者为均质的，消费倾向为 b，产品价格为 P，产品的使用价值为 v，企业因声誉构建与耗散进行的社会资本积累投入为 c'，占单位成本的比重为 f，即 $c'=fc$。声誉在社会资本积累机制的促进作用下产生新的品牌价值以提升产品价值，即 $v=tr$，其中 t 为社会资本积累系数，可视为声誉耗散传播的利用效率，r 为声誉流量。声誉耗散与社会资本积累带来的产品价值在消费倾向的作用下转换成企业产品收益增长，即 $\Delta P=vb=btr$。在三阶段供应链决策过程中，首先，由制造商根据市场需求情况，以价值最大化为目标进行决策；其次，供应商根据制造商的需求决定其中间产品价格。即新的制造商价值创造、供应商价值、消费者剩余为 SMV_t、SSV_t、SCV_t，有

$$\begin{cases} SMV_t = -bP_t^2 + P_t\left(a - b^2tr + bc + bP_s + bfc\right) + \left(abtr - ac - aP_s - afc\right) \\ SSV_t = P_s - c_s \quad Q_t = P_s a - c_s a - P_s bP_t + c_s bP_t \\ SCV_t = \dfrac{1}{2b}Q_t^2 \end{cases} \tag{3}$$

由于 $\dfrac{d^2 SMV_t}{dP_t^2} = -2b < 0$，即制造商的决策目标函数为关于 P_t 的凸函数，存在极大值，$\dfrac{dSMV_t}{dP_t} = 0$，计算得 $P_t^* = \dfrac{a - b^2tr + bc + bP_s + bfc}{2b}$，进而 $SSV_t = (P_s - c_s)\dfrac{a + b^2tr - bc - bP_s - bfc}{2}$。由于 $\dfrac{d^2 SSV_t}{dP_s^2} = -b < 0$，即供应商的决策目标函数为关于 P_s 的凸函数，存在极大值，令 $\dfrac{dSSV_t}{dP_s} = 0$，计算可得

$$\begin{cases} P_s^* = \dfrac{a + b^2 tr - bc - bfc + bc_s}{2b} \\[2mm] P_t^* = \dfrac{3a - b^2 tr + bc + bfc + bc_s}{4b} \\[2mm] Q_t^* = \dfrac{a + b^2 tr - bc - bfc - bc_s}{4} \\[2mm] \mathrm{SMV}_t^* = \dfrac{\left(a + b^2 tr - bc - bfc - bc_s\right)^2}{16b} \\[2mm] \mathrm{SSV} = \dfrac{\left(a + b^2 tr - bc - bfc - bc_s\right)^2}{8b} \end{cases} \qquad (4)$$

新的消费者剩余应是在保持消费倾向不变情况下的消费者剩余与增加的产品

使用价值之和，即 $\mathrm{SCV}_t^* = \dfrac{\left(a + b^2 tr - bc - bfc - bc_s\right)^2}{32b} + tr\dfrac{a + b^2 tr - bc - bc_s + bfc}{4}$。

此时供应链总的价值 SV_t^* 为

$$\mathrm{SV}_t^* = 7\dfrac{\left(a + b^2 tr - bc - bfc - bc_s\right)^2}{32b} \\ + tr\dfrac{a + b^2 tr - bc - bc_s + bfc}{4}$$。

四、模型求解与分析

（1）考虑声誉耗散与社会资本积累的供应链价值共创变化。

将考虑声誉耗散、社会资本积累的供应链价值共创前后进行比较，有

$$\begin{cases} \mathrm{SMV}_t^* - \mathrm{SMV}^* = \dfrac{\left(a + b^2 tr - bc - bfc - bc_s\right)^2}{16b} - \dfrac{\left(a - bc - c_s b\right)^2}{16b} \\[2mm] \mathrm{SSV}_t^* - \mathrm{SSV}^* = \dfrac{\left(a + b^2 tr - bc - bfc - bc_s\right)^2}{8b} - \dfrac{\left(a - bc - c_s b\right)^2}{8b} \\[2mm] \mathrm{SCV}_t^* - \mathrm{SCV}^* = \dfrac{1}{2b}\left(Q_t^*\right)^2 + VQ_t^* - \dfrac{1}{2b}\left(Q^*\right)^2 \end{cases} \qquad (5)$$

分析发现，两种条件下供应链价值共创的增减符号均由 $b^2 tr - bfc$ 的符号决定，即 $b(btr - fc)$ 的符号决定。根据前文假设，btr 为声誉耗散与社会资本积累

的品牌价值在消费倾向的作用下转换成企业产品收益增加，fc 为企业因声誉构建与传播进行的社会资本积累投入。制造商动态能力改进的行为逻辑在于：因声誉构建与传播进行的社会资本积累投入必须在产品价值增值过程中得到完全反馈，即必然存在 $b(btr - fc) > 0$。对于消费者剩余，由于 $0 < Q^* < Q'^*$，且 $0 < v$，有 $SCV_t^* - SCV^* > 0$。

由此可得命题 1：$SMV_t^* - SMV^* > 0$、$SSV_t^* - SSV^* > 0$、$SCV_t^* - SCV^* > 0$、$SV_t^* - SV^* > 0$。

命题 1 表明，当因声誉构建与传播进行的社会资本积累投入带来的品牌价值在消费倾向的作用下转换成企业产品收益增加能够覆盖社会资本积累投入时，制造商才会有意愿进行社会资本积累投入，进而使得声誉耗散条件下考虑社会资本积累的制造商的供应链价值将得到改善。而供应商根据制造商的产品市场需求与价格情况进行最优决策，因而其供应链价值改善实质由制造商引致决定。消费者剩余受价格下降、销量增加以及产品品牌价值提升的双重影响得到提升。

（2）社会资本积累对供应链价值共创的影响分析。

由于 $Q_t^* > 0$，有 $a + b^2 tr - bc - bc_2 - bfc > 0$，因此

$$\begin{cases} \dfrac{dSMV_t^*}{df} = -bc\,\dfrac{a + b^2 tr - bc - bfc - bc_s}{8b} < 0 \\[3mm] \dfrac{dSMV_t^*}{dt} = b^2 r\,\dfrac{a + b^2 tr - bc - bfc - bc_s}{8b} > 0 \\[3mm] \dfrac{dSSV_t^*}{df} = -bc\,\dfrac{a + b^2 tr - bc - bfc - bc_s}{4b} < 0 \\[3mm] \dfrac{dSSV_t^*}{dt} = b^2 r\,\dfrac{a + b^2 tr - bc - bfc - bc_s}{4b} > 0 \end{cases} \tag{6}$$

式（6）表明随着制造商社会资本积累投入的加大，将导致制造商、供应商供应链价值的减少；随着制造商社会资本积累投入的声誉转化系数加大，将导致制造商、供应商供应链价值的增加。即 SSV_t^* 与 f 呈反方向变化，原因在于随着制造商社会资本积累投入的加大最终都以成本形式提升产品价格，降低产品销量，导致制造商对供应商的采购减少，进而使得供应商价值减少。SSV_t^*

与 t 呈同方向变化，原因在于随着制造商社会资本积累投入声誉转化系数的提升，在同等价值约束下，制造商的社会资本积累投入强度得以降低，从而降低产品价格，提升产品销量，导致制造商对于供应商的采购增加，进而使得供应商价值增加。

由此得命题 2：SMV_t^*、SSV_t^* 与 t 呈同方向、与 f 呈反向变化。

考虑社会资本积累投入强度与声誉转化系数叠加的影响，分析可知

$$\frac{\dfrac{dSMV_t^*}{dt}}{\dfrac{dSMV_t^*}{df}} = \frac{\dfrac{dSSV_t^*}{dt}}{\dfrac{dSSV_t^*}{df}} = \frac{df}{dt} = -\frac{br}{c} < 0 \tag{7}$$

由式（7）可知，t 与 f 呈反方向变化，即 t 的增加将导致 f 对 SMV_t^*、SSV_t^* 的消极影响得以减弱，但这种负向影响的正强化是否能够实现 f 对 SMV_t^*、SSV_t^* 的消极影响方向性的改变取决于 $\left|\dfrac{df}{dt}\right|$ 的取值是否大于 1。若大于 1，则 f 对 SMV_t^*、SSV_t^* 的负向影响会完全被 t 对 SMV_t^*、SSV_t^* 的正向影响所覆盖，最终导致 SMV_t^*、SSV_t^* 增加。若制造商的社会资本积累投入不能有效改善其声誉转化系数，则社会资本积累投入将单纯表现为一种成本效应。反之则表现为一种复合的价值创造效应。由此得命题 3：

$$\begin{cases} 若 br > c，则：SMV_t^*、SSV_t^* 在吸收能力投入强度与吸收能力系数的复合影响下得以提升 \\ 若 br < c，则：SMV_t^*、SSV_t^* 在吸收能力投入强度与吸收能力系数的复合影响下得以降低 \end{cases}$$

消费者是供应链价值得以实现的最终环节。根据模型设定，消费者在制造商确定最优价格之后根据消费倾向采取消费行为，并产生消费者剩余。分析可知

$$\begin{cases} \dfrac{dSCV_t^*}{df} = -\left(\dfrac{Q'^*}{b} + v\right)\dfrac{cb}{4} < 0 \\ \dfrac{dSCV_t^*}{dt} = \dfrac{brQ'^*}{4} + rQ'^* + \dfrac{b^2 r^2 t}{4} > 0 \end{cases} \tag{8}$$

分析表明，消费者剩余与制造商的社会资本积累投入强度呈负向变化，即当制造商的社会资本积累投入强度不断增加时，消费者剩余将减少。根本原

因在于随着社会资本积累投入的提升，产品成本增加，产品价格上升，同时声誉改善导致品牌价值上升、产量上升，但产量上升的幅度要小于产品价格提升的幅度，因此消费者剩余下降。消费者剩余与制造商社会资本积累投入声誉转化系数成正向变化，即社会资本积累投入声誉转化系数的增加将增加消费者剩余。根本原因在于随着社会资本积累投入声誉转化系数的提升，产品品牌价值提升，产量增加，同时制造商产品最优价格将减少，因此消费者剩余增加。由此得命题 4：

$$\begin{cases} \text{消费者剩余与制造商社会资本积累投入强度呈反向变化} \\ \text{消费者剩余与制造商社会资本积累声誉转化系数呈正向变化} \end{cases}$$

由式（6）、式（8）综合可知

$$\begin{cases} \dfrac{\mathrm{d}SV_t^*}{\mathrm{d}f} = \dfrac{\mathrm{d}SMV_t^*}{\mathrm{d}f} + \dfrac{\mathrm{d}SSV_t^*}{\mathrm{d}f} + \dfrac{\mathrm{d}SCV_t^*}{\mathrm{d}f} = -\dfrac{7cQ_t^*}{4} - \dfrac{cbv}{4} < 0 \\ \dfrac{\mathrm{d}SV_t^*}{\mathrm{d}t} = \dfrac{\mathrm{d}SMV_t^*}{\mathrm{d}t} + \dfrac{\mathrm{d}SSV_t^*}{\mathrm{d}t} + \dfrac{\mathrm{d}SCV_t^*}{\mathrm{d}t} = \dfrac{7brQ_t^*}{4} + rQ_t^* + \dfrac{b^2r^2t}{4} > 0 \end{cases} \tag{9}$$

由此得命题 5：

$$\begin{cases} \text{供应链价值与制造商社会资本积累投入强度呈反向变化} \\ \text{供应链价值与制造商社会资本积累声誉转化系数呈正向变化} \end{cases}$$

（3）声誉耗散对供应链价值共创的影响分析。

声誉耗散因组织内外部声誉势差而自发产生。这种近乎"零成本"的声誉传播对于企业的生产与创新活动具有重要影响，是供应链价值共创的重要构成要素。本研究着重关注声誉耗散产生的声誉信息流在制造商社会资本积累的作用下对供应链价值共创的影响。

$$\begin{cases} \dfrac{\mathrm{d}SMV_t^*}{\mathrm{d}r} = bt\dfrac{a + b^2tr - bc - bc_2 - bfc}{8b} > 0 \\ \dfrac{\mathrm{d}SSV_t^*}{\mathrm{d}r} = bt\dfrac{a + b^2tr - bc - bc_2 - bfc}{8b} > 0 \\ \dfrac{\mathrm{d}SCV_t^*}{\mathrm{d}r} = \dfrac{btQ_t^*}{4} + tQ_t^* + \dfrac{b^2t^2r}{4} > 0 \\ \dfrac{\mathrm{d}SV_t^*}{\mathrm{d}r} = \dfrac{7btQ_t^*}{4} + tQ_t^* + \dfrac{b^2t^2r}{4} > 0 \end{cases} \tag{10}$$

即制造商价值与声誉耗散呈正向关系，即随着耗散声誉信息流的增加，在制造商社会资本积累的作用下，将带来制造商价值的增加；供应商价值与耗散声誉信息流呈正向关系，即随着耗散声誉信息流的增加，在制造商社会资本积累的作用下，通过供应链的中介作用，将带来供应商价值的增加；消费者剩余与耗散声誉信息流呈正向关系，即随着耗散声誉信息流的增加，在制造商社会资本积累与消费倾向作用下，将带来消费者剩余的增加。

综上可得命题 6：$\dfrac{\mathrm{dSMV}''^{*}}{\mathrm{d}r} > 0$、$\dfrac{\mathrm{dSSV}''^{*}}{\mathrm{d}r} > 0$、$\dfrac{\mathrm{dSCV}''^{*}}{\mathrm{d}r} > 0$、$\dfrac{\mathrm{dSV}''^{*}}{\mathrm{d}r} > 0$。

五、考虑声誉耗散与社会资本积累的三阶段供应链价值共创数值算例

为了进一步验证所得结论的有效性，本文运用 Matlab 将动态能力和耗散知识对链内各主体价值和供应链价值的影响进行数值模拟分析。选择当前热销的某大型白酒企业某款畅销白酒产品进行验证（由于涉及企业商业机密，本文在数值模拟时均对产品名称进行模糊化处理）。根据调查数据，2019 年该款白酒市场均价为 100 元，贵阳地区实现销量 415 吨左右；2018 年上半年该款白酒售价为 105 元，贵阳地区实现销量 370 吨左右。其单位成本 c 大概为 30 元，供应商成本为 20 元（包括原料、包装物、物流服务等所有供应商）。结合前述理论推导过程中的参数设定，对声誉耗散、社会资本积累投入强度、社会资本积累投入声誉系数等进行模拟赋值，计算制造商、供应商、消费者，以及供应链总体价值。计算所得相关数值见表 1。

表 1　相关参数与数值模拟

参数	模型1	模型2	模型3	模型4	模型5	模型6	模型7	模型8	模型9	模型10	模型11	模型12	模型13	模型14	模型15	模型16	模型17
t	—	0.1	0.2	0.2	0.3	0.3	0.4	0.4	0.5	0.5	0.6	0.6	0.7	0.7	0.8	0.8	0.9
r	—	1.9	1.9	1.9	1.9	1.9	1.9	1.9	2.0	2.0	2.0	2.0	2.0	2.0	2.0	2.0	2.0
f	—	0.01	0.02	0.03	0.04	0.05	0.06	0.07	0.01	0.02	0.03	0.04	0.05	0.06	0.07	0.08	0.09
s^*	59	60	60	61	62	62	63	63	65	66	67	67	68	68	69	70	70
P^*	108	107	107	107	106	106	106	105	104	104	104	104	103	103	103	102	102
Q^*	295	305	309	314	318	323	327	331	347	351	356	361	365	370	375	379	384
SMV^*	5688	6079	6256	6436	6618	6803	6990	7180	7848	8063	8280	8501	8724	8950	9179	9411	9646
SSV^*	11376	12158	12512	12872	13236	13606	13980	14360	15696	16126	16560	17001	17448	17900	18358	18822	19291
SCV^*	2844	3040	3129	3220	3312	3406	3502	3599	3926	4035	4146	4259	4374	4491	4609	4730	4852
SV^*	19908	21277	21897	22527	23166	23815	24473	25140	27470	28223	28987	29761	30545	31340	32146	32962	33789
—	—	$btr-fc>0,\ br<c$							$btr-fc>0,\ br>c$								

$Q=1945-15.3P$, $c=30$, $c_2=20$

通过比较考虑声誉耗散与社会资本积累前后的供应链价值发现，在 $btr - fc > 0$ 条件下，即制造商因声誉耗散导致的社会资本积累投入在产品价值增值过程中得到完全反馈的条件下，该款白酒的供应商价值、制造商价值、消费者剩余以及供应链价值均将得到较大改善，由此可证命题 1 成立。

对 r 赋值 1.9，h 取 [0.1, 0.8]，t 取 [0.01, 0.08]。此时满足 $btr - fc > 0$，且 $br < c$。若 r 赋值 2.0，h 取 [0.1, 0.8]，t 取 [0.01, 0.08]。此时满足 $btr - fc > 0$，且 $br > c$。将相关赋值分别代入前文相关公式计算得 SMV、SSV、SCV、SV 在不同条件下的取值，借助 Matlab 绘制动态曲面。

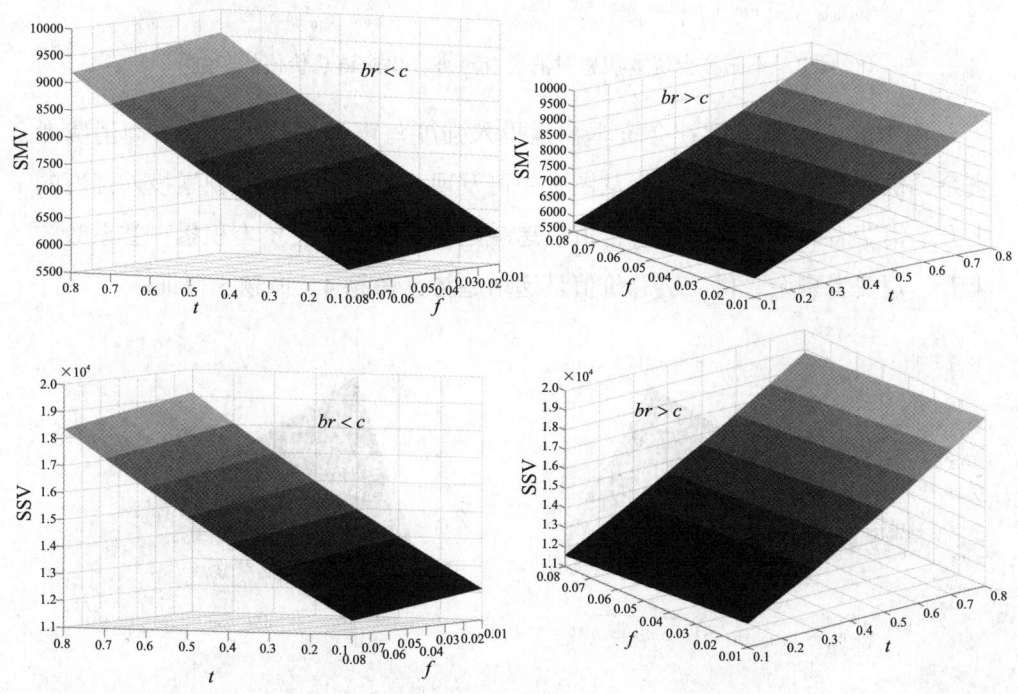

图 1 不同社会资本积累对制造商、供应商价值的影响

图 1 展示的是不同社会资本积累投入强度与声誉系数对该款白酒制造商、供应商价值的影响。从图 1 中可发现，社会资本积累投入强度与制造商、供应商价值呈反向关系；社会资本积累声誉系数与制造商、供应商价值呈正向关系。并且，在 $br < c$ 的条件下，制造商、供应商价值在社会资本积累投入强度与声誉系数的复合影响下得以降低；在 $br > c$ 的条件下，制造

商、供应商价值在社会资本积累投入强度与声誉系数的复合影响下得以提升。命题2、命题3得证。

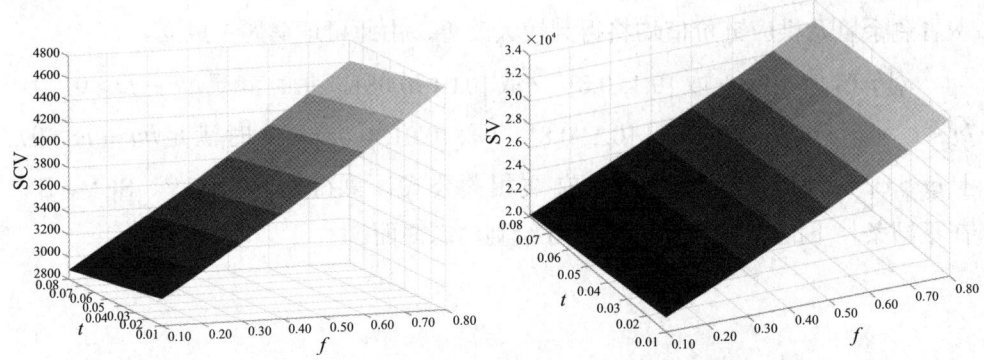

图2　不同社会资本积累对消费者声誉、供应链总价值的影响

图2展示的是不同社会资本积累投入强度与声誉系数对该款白酒消费者剩余、供应链总价值的影响。从图2中可发现，随着社会资本积累投入强度的上升，消费者剩余、供应链总价值呈递减趋势；随着社会资本积累声誉系数的上升，消费者剩余、供应链总价值呈递增趋势。命题4、命题5得证。

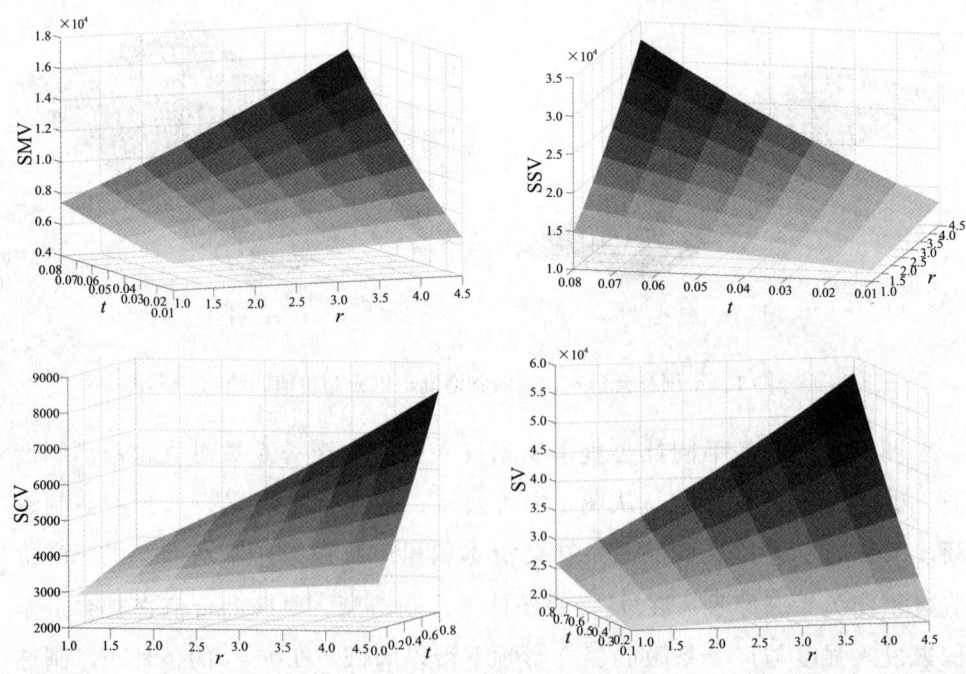

图3　声誉耗散对供应链价值的影响

图 3 展示的是声誉耗散对该款白酒供应链价值的影响。从图 3 中可发现，随着声誉耗散的加剧，制造商、供应商、消费者，以及供应链总价值呈递增趋势。命题 6 得证。

六、结论

研究发现，声誉耗散及企业社会资本积累对于供应链价值创造具有重要影响。企业不仅需要关注基于人才、技术、模式的核心竞争力要素的优化配置，而且要从企业发展战略维度对供应链价值创造方式、实现路径进行重塑。在更为开放的声誉耗散与社会资本积累视角下，供应链价值创造的研究不仅需要关注多主体参与的网络关系，更需要从声誉耗散、社会资本积累、客户体验等多维度探索供应链价值共创机制。

首先，声誉耗散与社会资本积累是供应链价值共创的核心机制。当声誉耗散与社会资本积累带来的品牌价值在消费倾向的作用下，转换成企业产品收益增加能够覆盖企业因声誉耗散与社会资本积累的投入时，制造商、供应商、消费者剩余及供应链总价值均得到提升。

其次，社会资本积累投入强度与社会资本积累声誉转化系数对供应链价值存在复合影响。当 $br > c$ 时，制造商价值、供应商价值在社会资本积累投入强度与社会资本积累声誉转化系数的复合影响下得以提升；当 $br < c$ 时，制造商价值、供应商价值在社会资本积累投入强度与社会资本积累声誉转化系数的复合影响下得以降低。消费者剩余、供应链总价值与制造商社会资本积累投入强度呈反向变化；与社会资本积累声誉转化系数呈正向变化。

最后，随着声誉耗散信息流的增加，制造商价值、供应商价值、消费者剩余和供应链总价值增加。原因在于声誉耗散信息流是一种"零成本"的价值加成，将带来产品使用价值感知的增加。

参考文献

[1]LIAO Z,2018. Environmental policy instruments, environmental innovation and the reputation of enterprises[J]. Journal of cleaner production(171):1111–1117.

[2]POLO F C, VÁZQUEZ G D, HERNÁNDEZ M I S, et al, 2018. An empirical approach to analyse the reputation-performance linkage in agrifood cooperatives[J]. Journal of cleaner production(195):163-175.

[3]HEIDINGER D, GATZERT N,2018. Awareness, determinants and value of reputation risk management: empirical evidence from the banking and insurance industry [J]. Journal of banking finance(91):106-118.

[4]GRAAFLAND J,2017. Does corporate social responsibility put reputation at risk by inviting activist targeting? an empirical test among european SMEs [J]. Corporate social responsibility and environmental management, 25(1):1–13.

[5]ASMUSSEN C G, FOSFURI A,2019. Orchestrating corporate social responsibility in the multinational enterprise[J]. Strategic management journal, 40(6):894–916.

[6]ANBARASAN P, SUSHIL, 2017. Stakeholder engagement in sustainable enterprise: evolving a conceptual framework, and a case study of ITC[J]. Business strategy and the environment, 27(3):282–299.

[7]LIN N,1999. Social networks and status attainment[J]. Annual review of sociology, 25(1):467–487.

[8]LIN N,2000. Inequality in social capital[J]. Contemporary sociology, 29(6): 785.

[9]LIN N,2017. Building a network theory of social capital[J]. In social capital : 3-28.

[10]LINS K V, SERVAES H, TAMAYO A,2017. Social capital, trust, and firm performance: the value of corporate social responsibility during the financial crisis[J]. The journal of finance, 72(4): 1785–1824.

[11]JMOSE S U H, ROEHRICH J K, GROSVOLD J,2014. Is doing more doing better? The relationship between responsible supply chain management and corporate reputation[J]. Industrial marketing management, 43(1): 77–90.

[12]JOHNSON N, ELLIOTT D, DRAKE P,2013.Exploring the role of social capital in facilitating supply chain resilience[J]. Supply chain management, 18（3）：324-336.

[13]LAWSON B, TYLER B B, COUSINS P D,2007. Antecedents and consequences of social capital on buyer performance improvement[J]. Journal of operations

management, 26(3): 446–460.

[14]YIM B, LEEM B,2013.He effect of the supply chain social capital[J]. Industrial management data systems, 113（3）：324-349.

[15]LEE S,2015.The effects of green supply chain management on the supplier's performance through social capital accumulation[J]. Supply chain management, 20（1）：42-55.

[16]KRAUSE D R, HANDFIELD R B, TYLER B B,2006. The relationships between supplier development, commitment, social capital accumulation and performance improvement[J]. Journal of operations management, 25(2): 528–545.

[17]WHIPPLE J M, WIEDMER R, BOYER K,2015. A dyadic investigation of collaborative competence, social capital, and performance in buyer-supplier relationships[J]. Journal of supply chain management, 51(2): 3–21.

[18]LEEM B H, ROGERS K J, 2017. The moderating effect of supply chain role on the relationship between social capital and performance[J]. International journal of services and operations management, 26(1): 18.

[19]WU I L, CHIU M L, 2018. Examining supply chain collaboration with determinants and performance impact: social capital, justice, and technology use perspectives[J]. International journal of information management, 39: 5–19.

[20]SPORLEDER T, WU S, 2006. Social capital and vertical ties in agrifood supply chains[J]. Journal on chain and network science, 6(1): 1–7.

[21]RUSSO A, PERRINI F, 2009. Investigating stakeholder theory and social capital: CSR in large firms and SMEs[J]. Journal of business ethics, 91(2): 207–221.

[22]GOTSI M, WILSON A,2001.Corporate reputation: seeking a definition[J]. Corporate communications: an international journal, 6（1）：24-30.

[23]CORNEJO C P, PUENTE E Q D, GARCÍA J BD,2019. How to manage corporate reputation? the effect of enterprise risk management systems and audit committees on corporate reputation[J]. European management journal,1(5)12-13.

[24]RAVASI D, RINDOVA V, ETTER M,et al, 2018. The formation of

organizational reputation[J]. Academy of management annals, 12(2): 574–599.

[25]BARNES B G, CUSSATT M, HARP N,2018. Audit firm reputation and perceived audit quality: evidence from envelopegate[J]. SSRN electronic journal,12(2)12-13.

[26]BURKE P F, DOWLING G, WEI E,2018. The relative impact of corporate reputation on consumer choice: beyond a halo effect[J]. Journal of marketing management, 34(14): 1227–1257.

[27]AKSAK E O, FERGUSON M A, DUMAN A S,2016. Corporate social responsibility and CSR fit as predictors of corporate reputation: a global perspective[J]. Public relations review, 42(1): 79–81.

[28]DONALD S,CHRISTINE C, ANTONIO A, et al,2019. Corporate reputation: being good and looking good[J]. Business and society,58(6):1132-1142.

[29]FERNÁNDE M Z A G, CORRAL A M G, VALDIVIESO F G,2016. Corporate reputation and market value: evidence with generalized regression neural networks[J]. Expert systems with applications, 46:69–76.

[30]PRESTON L E,2004. Reputation as a source of corporate social capital[J]. Journal of general management, 30(2): 43–50.

[31]CASTRO G, LÓPEZ P, LÓPEZ J,2004.The role of corporate reputation in developing relational capital[J]. Journal of intellectual capital, 5（4）：575-585.

[32]ZABALA I, PANADERO G, GALLARDO L M, et al, 2005. Corporate reputation in professional services firms: reputation management based on intellectual capital management[J]. Corporate reputation review, 8（1）:59–71.

[33]BEAR S, RAHMAN N, POST C,2010. The impact of board diversity and gender composition on corporate social responsibility and firm reputation[J]. Journal of business ethics, 97(2): 207–221.

[34]HUR W M, KIM H, WOO J,2013. How CSR leads to corporate brand equity: mediating mechanisms of corporate brand credibility and reputation[J]. Journal of business ethics, 125(1): 75–86.

[35]JAVED M, RASHID M A, HUSSAIN G, et al, 2019. The effects of corporate social responsibility on corporate reputation and firm financial performance:

moderating role of responsible leadership[J]. Corporate social responsibility and environmental management(12)：12-13.

[36]AXJONOW A, ERNSTBERGER J, POTT C,2016. The impact of corporate social responsibility disclosure on corporate reputation: a non-professional stakeholder perspective[J]. Journal of business ethics, 151(2): 429–450.

[37]GROVER P, KAR A K, ILAVARASAN P V, 2019. Impact of corporate social responsibility on reputation—insights from tweets on sustainable development goals by CEOs[J]. International journal of information management, 48：39–52.

附录2　吸收能力与政府补贴对供应链价值共创的影响研究
——基于共性技术扩散视角*

杨敏　王静娴

摘要：在共性技术扩散、吸收能力、政府补贴与供应链价值共创关系分析的基础上，审视共性技术扩散对供应链价值创造的重要作用，通过构建考虑共性技术扩散与吸收能力的三阶段供应链价值共创数理模型，对共性技术扩散条件下考虑吸收能力系数、投入强度与政府补贴的供应链价值共创机制进行探索。研究发现：共性技术扩散、吸收能力以及政府技术补贴是供应链价值共创的核心机制；吸收能力投入强度与吸收能力系数对制造商、供应商价值存在复合影响，这种影响的正负方向取决于边际消费倾向与共性技术扩散程度的乘积与产品单位成本的比较；共性技术扩散、政府补贴对于制造商价值、供应商价值、消费者剩余和供应链总价值均有正向影响。

关键词：共性技术；吸收能力；价值共创

在信息技术应用、技术流动全球化等因素推动下，共性技术扩散及融合呈加速态势[1]。这种加速的共性技术扩散与融合趋势，推升了企业创新的能力

---

* 杨敏. 共性技术扩散对供应链价值共创的影响——考虑吸收能力与政府补贴的调节作用 [J]. 技术经济与管理研究，2020（12）：19-23.

与效果，丰富了供应链价值创造的内涵，同时也对开放条件下的企业技术柔性、利用式创新和吸收能力提出新的、更高的要求。此外，中美贸易战的现实表明：政府对于供应链技术扩散的竞争性意识和供应链技术规制严重影响企业的战略发展。共性技术扩散条件下的最优化供应链价值决策，应在价值创造、共性技术扩散、吸收能力以及政府外部调控的框架下进行。

1 技术扩散、吸收能力、政府补贴与供应链价值共创的关系

在互联网经济思维的影响下，"共享""跨界""开放"等一系列新的企业发展战略思维强调技术扩散对企业核心竞争力的"乘数"作用。技术扩散作为技术创新过程的一个后续子过程[2, 3]，是供应链协同的一个重要组成部分，对于供应链各成员在价值创造机制中处理相互耦合关系极其重要。

技术的外部扩散对于供应链价值实现具有重要影响，一项先进的技术在供应链成员及潜在使用者中的广泛传播和扩散应用，将提高成员的技术水平，进而有助于提高整个供应链的技术竞争力和价值创造能力。从技术的产权属性看，可分为公共技术、共性技术与产权技术。公共技术作为经济领域的开源技术，供应链内外所有企业均可无成本使用，且因其广泛性、持久性，已内化于企业人才能力，企业在使用过程中并不需要额外支付成本。产权技术作为经济领域内特定产权主体的"私有技术"，供应链内企业需付费使用。共性技术作为一种竞争前开源技术介于公共技术与产权技术之间[4]，既区别于公共技术的公共属性，也不同于产权技术的私有属性[5, 6]，其扩散并产生市场价值，需要建立在供应链企业吸收、整合能力的基础上。

相对于企业的专有技术，正的价值外部性是共性技术的显著特征[7]，原因在于共性技术本质上是对企业私有技术惯性范式的异质性补充，并以客体身份强化企业内生创新要素的重组与适应性学习。反过来，由于共性技术的基础性、潜在价值性、准公共品性等特性，企业的学习与模仿行为，客观上将促进

共性技术共享和扩散[8]，进而形成闭环创新路径。

从供应链视角看，企业共性技术的吸收乃至在价值创造过程中发挥作用，具有强烈的内生依存性。供应链的相互依赖和技术强度是共性技术外部扩散的重要环境因素，共性技术单元结构的集中化和规范化及高水平的技术知识管理是供应链技术吸收的重要驱动机制[9]。此外，供应链成员的创新观念、企业文化，以及多样化的知识沟通机制等社会性、组织性因素将直接制约供应链共性技术扩散。共性技术扩散需要企业、科研机构、产业协会、政府部门等主体共同合作，强化技术协同[10]。从企业层面看，企业需要通过内生创新要素的重组强化对共性技术的识别。在此基础上，重塑供应链产品规划、供应链协同机制、价值分配机制，实现供应链价值共创的目标。从政府作用机制看，共性技术具有准公共品的特性，其投入、开发、扩散等功能性环节更多的是由政府主导，相对而言企业与市场等部门的参与较少[11]。因此，政府管控对于共性技术的发展具有决定性作用[12]，如对合适的供应链体系提供政府补贴进而鼓励共性技术的市场供应，促进其扩散[13]。

从价值创造看，技术创新是供应链价值创造的有效路径。共性技术的大量使用将从两个方面导致供应链总体价值的提升：一方面，供应链各参与主体基于共性技术扩散的成本节约，即成本共担机制[14]；另一方面，供应链各参与主体基于共性技术扩散的新技术再造，即技术叠加机制[15]。共性技术扩散、政府技术补贴、耗散性知识流动等外源性创新资源，已成为企业创新的新途径共性技术的扩散是企业技术创新的重要渠道。共性技术扩散的价值体现在生产端降低成本、在销售端提升产品功能，即体现在降低风险、利益共享以及对市场变动的精准把握上[16]。

2　考虑共性技术扩散、吸收能力与政府补贴的三阶段供应链价值共创模型

考查包含供应商、制造商、消费者的三级供应链，假设消费者群体具有高

度一致性的决策理性，即对消费者差异化偏好和决策进行一致化处理。在此基础上，该三级供应链各参与主体的决策原则是：首先，制造商在长期的市场博弈后，根据市场情况，依据个体利益最大化原则，围绕核心商品 A 的市场价格于产量进行决策；其次，供应商根据制造商 A 商品的产量水平所引致的中间品需求量进行中间品价格决策。三阶段供应链博弈过程中的变量及其含义见表1。

表 1　三阶段供应链博弈过程中的变量及其含义

变量	含义	变量	含义
P	A 商品市场价格	V	因共性技术产生的产品使用价值增值
c	A 商品单位成本	θ	制造商吸收能力系数
Q	A 商品市场需求量	h	共性技术扩散进入制造商的流量
P_s	中间品价格	C_i	企业因共性技术的识别、利用所需的吸收能力投入
c_s	中间品成本	γ	吸收能力投入占单位成本的比重
a	市场需求容量	C_g	政府对制造商的共性技术补贴
b	消费倾向	μ	政府的共性技术补贴占单位成本的比重
SMV	制造商价值	ΔR	产品使用价值在消费倾向的作用下转换成的产品收益
SSV	供应商价值	SMV_t	考虑共性技术扩散、吸收能力与政府补贴的制造商价值
SCV	消费者剩余	SSV_t	考虑共性技术扩散、吸收能力与政府补贴的供应商价值
SV	供应链总价值	SCV_t	考虑共性技术扩散、吸收能力与政府补贴的消费者剩余
—	—	SV_t	考虑共性技术扩散、吸收能力与政府补贴的供应链总价值

根据上述设定，有 $Q = a - bP$。此为初始状态下的市场需求函数。根据三阶段供应链决策博弈，供应链价值构成如下

$$
\begin{cases}
\text{SMV} = \left(P - c - P_s\right)\,Q = aP - bP^2 - ac - P_s a + bcP + bP_s P \\
\text{SSV} = P_s - c_s\,Q = P_s a - c_s a - P_s bP + c_s bP \\
\text{SCV} = \dfrac{1}{2b}Q^2
\end{cases}
\tag{1}
$$

由于 $\dfrac{\mathrm{d}^2 \text{SMV}}{\mathrm{d}P^2} = -2b < 0$，即 SMV 存在极大值。再令 $\dfrac{\mathrm{d}\text{SMV}}{\mathrm{d}P} = 0$，计算得

$P^* = \dfrac{a + bc + bP_s}{2b}$，进而 $\text{SSV} = P_s a - c_s a - P_s \dfrac{a + bc + bP_s}{2} + c_s \dfrac{a + bc + bP_s}{2}$。由于

$\dfrac{\mathrm{d}^2\mathrm{SSV}}{\mathrm{d}P_\mathrm{s}^2}=-b<0$，即 SSV 存在极大值，令 $\dfrac{\mathrm{d}\mathrm{SSV}}{\mathrm{d}P_\mathrm{s}}=0$，计算可得

$$
\begin{cases}
P_\mathrm{s}^*=\dfrac{a-bc+c_\mathrm{s}b}{2b}\\[2mm]
P^*=\dfrac{3a+bc+c_\mathrm{s}b}{4b}\\[2mm]
Q^*=\dfrac{a-bc-c_\mathrm{s}b}{4}\\[2mm]
\mathrm{SMV}=\dfrac{(a-bc-c_\mathrm{s}b)^2}{16b}\\[2mm]
\mathrm{SSV}=\dfrac{(a-bc-bc_\mathrm{s})^2}{8b}\\[2mm]
\mathrm{SCV}=\dfrac{(a-bc-c_\mathrm{s}b)^2}{32b}\\[2mm]
\mathrm{SV}=7\dfrac{(a-bc-bc_\mathrm{s})^2}{32b}
\end{cases}
\tag{2}
$$

　　从企业角度看，对于共性技术扩散，虽然这部分资源不需要进行契约性支付，但是其存在也并不一定意味着其对企业的真实有用性。其有用性或价值必须以企业吸收能力为前提。只有当企业的吸收能力足够强时，通过二次开发，这些技术才能够真正对企业的生产与经营活动产生质的影响。在此过程中，共性技术扩散通过吸收能力进行操作性优化，进而提升产品使用价值，并进一步在消费倾向的作用下提升产品价格（假设产品产量维持稳定）。企业需要额外支付的成本在于为吸收、利用该部分共性技术耗散进行的吸收能力建设支出。

　　从政府的角度看，共性技术扩散是社会技术进步或者全要素生产率得以提升的直接产物，对其使用即为"搭便车"行为。因此，从促进地区经济发展的角度出发，政府均有足够的动力采取相应的措施促进企业加快吸收、利用、二次开发共性扩散技术。

　　消费者是供应链价值得以形成的最终源泉。消费者之所以购买商品，原因在于商品对于其具有一定的使用价值，并且该使用价值的高低是商品价格的决定性因素。共性技术在企业动态能力的消化作用之后产生新的价值以提升产

品使用价值，即 $V = \theta h$，其中 θ 为企业吸收能力系数，可视为共性技术的利用效率，h 为共性技术扩散进入企业的流量。企业因共性技术的识别、利用产生的吸收能力投入为 C_i，占单位成本的比重为 γ，即 $C_i = \gamma c$。政府对企业共性技术利用补贴为 C_g，占单位成本的比重为 μ，即 $C_g = \mu c$。

因共性技术产生的产品使用价值增值在消费倾向的作用下转换为制造商收益，即 $\Delta R = Vb = b\theta h$。根据三阶段供应链决策原则有

$$\begin{cases} \text{SMV}_t = -bP_t^2 + P_t\left(a - b^2\theta h + bc + bP_s + b\gamma c - b\mu c\right) + \left(ab\theta h - ac - aP_s - a\gamma c + a\mu c\right) \\ \text{SSV}_t = P_s - c_s \quad Q_t = P_s a - c_s a - P_s bP_t + c_s bP_t \\ \text{SCV}_t = \dfrac{1}{2b}Q_t^2 \end{cases} \quad (3)$$

由于 $\dfrac{\mathrm{d}^2\text{SMV}_t}{\mathrm{d}P_t^2} = -2b < 0$，即 SMV_t 存在极大值，令 $\dfrac{\mathrm{d}\text{SMV}_t}{\mathrm{d}P_t} = 0$，计算得

$P_t^* = \dfrac{a - b^2\theta h + bc + bP_s + b\gamma c - b\mu c}{2b}$，进而 $\text{SSV}_t = \left(P_s - c_s\right)\dfrac{a + b^2\theta h - bc - bP_s - b\gamma c + b\mu c}{2}$。

由于 $\dfrac{\mathrm{d}^2\text{SSV}_t}{\mathrm{d}P_s^2} = -b < 0$，即 SSV_t 存在极大值，令 $\dfrac{\mathrm{d}\text{SSV}_t}{\mathrm{d}P_s} = 0$，计算可得

$$\begin{cases} P_s^* = \dfrac{a + b^2\theta h - bc - b\gamma c + bc_s + b\mu c}{2b} \\ P_t^* = \dfrac{3a - b^2\theta h + bc + b\gamma c + bc_s - b\mu c}{4b} \\ Q_t^* = \dfrac{a + b^2\theta h - bc - b\gamma c - bc_s + b\mu c}{4} \\ \text{SMV}_t^* = \dfrac{\left(a + b^2\theta h - bc - b\gamma c - bc_s + b\mu c\right)^2}{16b} \\ \text{SSV} = \dfrac{\left(a + b^2\theta h - bc - b\gamma c - bc_s + b\mu c\right)^2}{8b} \end{cases} \quad (4)$$

新的消费者剩余应是在保持消费倾向不变情况下的消费者剩余与增加的产品使用价值之和，即 $\text{SCV}_t^* = \dfrac{\left(a + b^2\theta h - bc - b\gamma c - bc_s + b\mu c\right)^2}{32b} +$

$$\theta h \frac{a + b^2 \theta h - bc - b\gamma c - bc_s + b\mu c}{4}。$$

此时供应链总的价值 SV_t^* 为 $SV_t^* = 7\dfrac{\left(a + b^2\theta h - bc - b\gamma c - bc_s + b\mu c\right)^2}{32b} +$

$$\theta h \frac{a + b^2 \theta h - bc - b\gamma c - bc_s + b\mu c}{4}。$$

3　模型求解与分析

3.1　考虑技术扩散、吸收能力与政府补贴的供应链价值共创变化

将考虑技术扩散、吸收能力与政府补贴的供应链价值共创前后进行比较，有

$$(5)\quad\begin{cases} SMV_t^* - SMV^* = \dfrac{\left(a + b^2\theta h - bc - b\gamma c - bc_s + b\mu c\right)^2}{16b} - \dfrac{\left(a - bc - c_s b\right)^2}{16b} \\[3mm] SSV_t^* - SSV^* = \dfrac{\left(a + b^2\theta h - bc - b\gamma c - bc_s + b\mu c\right)^2}{8b} - \dfrac{\left(a - bc - c_s b\right)^2}{8b} \\[3mm] SCV_t^* - SCV^* = \dfrac{1}{2b}\left(Q_t^*\right)^2 + VQ_t^* - \dfrac{1}{2b}\left(Q^*\right)^2 \end{cases}$$

分析发现，考虑技术扩散、吸收能力与政府补贴前后的供应链价值共创增减符号均由 $b^2\theta h - b\gamma c + b\mu c$ 的符号决定。只有当技术识别与利用导致的吸收能力投入在产品价值增值与政府补贴过程中得到完全回馈时，即 $b\theta h - \gamma c + \mu c > 0$ 时，制造商才会有进行技术改进的动力。对于消费者剩余，由于 $Q^* < Q_t^*$，且 $0 < V$，有：$SSV_t^* - SCV^* > 0$。

由此可得命题 1：$SMV_t^* - SMV^* > 0$、$SSV_t^* - SSV^* > 0$、$SCV_t^{l*} - SCV^* > 0$、$SV_t^* - SV^* > 0$，即考虑技术扩散、吸收能力与政府补贴的供应链价值要高于初

始状态的供应链价值，其条件是 $b\theta h-\gamma c+\mu c>0$，且这一条件在现实中是确定的。

3.2 吸收能力对供应链价值共创的影响分析

吸收能力是源于主体学习意图并内化形成的决定目标知识可接受程度的固有学习能力[17]。吸收能力的强弱将直接影响供应链主体对合作网络技术、信息、知识等的获取和转化程度，进而成为左右供应链协同绩效的关键途径[18]。供应链价值共创涉及的供应链主体较多，各参与主体在制造商加大吸收能力投入的条件下，其供应链价值是否得到增加，以及变化趋势如何，需要在考虑共性技术扩散、吸收能力与政府补贴的三阶段供应链博弈过程中进行考查。

由于 $Q_t^*>0$，有 $a+b^2\theta h-bc-b\gamma c-bc_s+b\mu c>0$，因此

$$
\begin{cases}
\dfrac{\mathrm{dSMV}_t^*}{\mathrm{d}\gamma}=-bc\dfrac{a+b^2\theta h-bc-b\gamma c-bc_s+b\mu c}{8b}<0 \\[3mm]
\dfrac{\mathrm{dSMV}_t^*}{\mathrm{d}\theta}=b^2h\dfrac{a+b^2\theta h-bc-b\gamma c-bc_s+b\mu c}{8b}>0 \\[3mm]
\dfrac{\mathrm{dSSV}_t^*}{\mathrm{d}\gamma}=-bc\dfrac{a+b^2\theta h-bc-b\gamma c-bc_s+b\mu c}{4b}<0 \\[3mm]
\dfrac{\mathrm{dSSV}_t^*}{\mathrm{d}\theta}=b^2h\dfrac{a+b^2\theta h-bc-b\gamma c-bc_s+b\mu c}{4b}>0
\end{cases}
\tag{6}
$$

式（6）表明随着制造商吸收能力系数的加大，将导致制造商价值的增加；随着制造商吸收能力投入强度的加大，将导致制造商价值的减少。由此得命题 2：SMV_t^*、SSV_t^* 与 θ 呈同方向、与 γ 呈反向变化。

考虑吸收能力投入强度与吸收能力系数叠加的影响，分析可知

$$
\dfrac{\dfrac{\mathrm{dSMV}_t^*}{\mathrm{d}t}}{\dfrac{\mathrm{dSMV}_t^*}{\mathrm{d}f}}=\dfrac{\dfrac{\mathrm{dSSV}_t^*}{\mathrm{d}t}}{\dfrac{\mathrm{dSSV}_t^*}{\mathrm{d}f}}=\dfrac{\mathrm{d}f}{\mathrm{d}t}=-\dfrac{br}{c}<0
\tag{7}
$$

由式（7）可知，制造商吸收能力系数的增加将导致吸收能力投入比重对 SMV_t^*、SSV_t^* 的消极影响得以减弱。吸收能力投入强度与吸收能力系数对制

造商、供应商价值的叠加影响究竟是促进还是抑制，则取决于 bh 与 c 的比值是否大于 1。由此得命题 3：

$$\begin{cases} 若 bh > c, & 则：SMV_t^*、SSV_t^* 在吸收能力投入强度与吸收能力系数的复合影响下得以提升 \\ 若 bh < c, & 则：SMV_t^*、SSV_t^* 在吸收能力投入强度与吸收能力系数的复合影响下得以降低 \end{cases}$$

对于消费者剩余有

$$\begin{cases} \dfrac{\mathrm{d}SCV_t^*}{\mathrm{d}\gamma} = -\left(Q_t^* + bh\theta\right)\dfrac{c}{4} < 0 \\[3mm] \dfrac{\mathrm{d}SCV_t^*}{\mathrm{d}\theta} = \dfrac{bhQ_t^*}{4} + hQ_t^* + \dfrac{b^2h^2\theta}{4} > 0 \end{cases} \tag{8}$$

由此得命题 4：$\begin{cases} 消费者剩余与制造商吸收能力投入强度呈反向变化 \\ 消费者剩余与制造商吸收能力系数呈正向变化 \end{cases}$

由式（6）、式（7）可知

$$\begin{cases} \dfrac{\mathrm{d}SV_t^*}{\mathrm{d}\gamma} = \dfrac{\mathrm{d}SMV_t^*}{\mathrm{d}\gamma} + \dfrac{\mathrm{d}SSV_t^*}{\mathrm{d}\gamma} + \dfrac{\mathrm{d}SCV_t^*}{\mathrm{d}\gamma} = -\dfrac{7cQ_t^*}{4} - \dfrac{cbh\theta}{4} < 0 \\[3mm] \dfrac{\mathrm{d}SV_t^*}{\mathrm{d}\theta} = \dfrac{\mathrm{d}SMV_t^*}{\mathrm{d}\theta} + \dfrac{\mathrm{d}SSV_t^*}{\mathrm{d}\theta} + \dfrac{\mathrm{d}SCV_t^*}{\mathrm{d}\theta} = \dfrac{7bhQ_t^*}{4} + hQ_t^* + \dfrac{b^2h^2\theta}{4} > 0 \end{cases} \tag{9}$$

由此得命题 5：$\begin{cases} 供应链价值与制造商吸收能力投入强度呈反向变化 \\ 供应链价值与制造商吸收能力系数呈正向变化 \end{cases}$

3.3　共性技术扩散对供应链价值共创的影响分析

开放条件下的企业可视为一个远离平衡态的知识组织，不断从外部环境中吸取技术和信息，从而使组织的技术有序度增加。共性技术在企业吸收能力的作用下对企业内部的要素配置以及生产与创新活动具有重要影响，是供应链价值共创的重要构成要素。分析可知

$$\begin{cases} \dfrac{\mathrm{dSMV}_t^*}{\mathrm{d}h} = b\theta\dfrac{a + b^2\theta h - bc - b\gamma c - bc_\mathrm{s} + b\mu c}{8} > 0 \\[3mm] \dfrac{\mathrm{dSSV}_t^*}{\mathrm{d}h} = b\theta\dfrac{a + b^2\theta h - bc - b\gamma c - bc_\mathrm{s} + b\mu c}{4} > 0 \\[3mm] \dfrac{\mathrm{dSCV}_t^*}{\mathrm{d}h} = \dfrac{b\theta Q_t^*}{4} + \theta Q_t^* + \dfrac{b^2\theta^2 h}{4} > 0 \\[3mm] \dfrac{\mathrm{dSV}_t^*}{\mathrm{d}h} = \dfrac{7b\theta Q_t^*}{4} + \theta Q_t^* + \dfrac{b^2\theta^2 h}{4} > 0 \end{cases} \tag{10}$$

制造商价值、供应商价值、消费者剩余、供应链总价值与共性技术扩散呈正向关系，原因在于共性技术的使用将降低制造商的成本，进而导致产品价格下降，同时带来产品使用价值与产量的增加。

综上可得命题6：共性技术扩散对于制造商价值、供应商价值、消费者剩余、供应链总价值均有正向影响。

3.4 政府技术补贴对供应链价值共创的影响分析

政府技术性补贴对于其辖区内的企业而言在于通过补贴对企业成本压力的释放，起到技术引进、二次开发的激励作用。政府通过非市场化的政府技术性补贴行为使企业的共性技术决策行为扭曲，加大了企业共性技术决策的宽度和深度，对于供应链价值共创有无法忽视的外部性。

$$\begin{cases} \dfrac{\mathrm{dSMV}_t^*}{\mathrm{d}\mu} = c\dfrac{a + b^2\theta h - bc - b\gamma c - bc_\mathrm{s} + b\mu c}{8} > 0 \\[3mm] \dfrac{\mathrm{dSSV}_t^*}{\mathrm{d}\mu} = c\dfrac{a + b^2\theta h - bc - b\gamma c - bc_\mathrm{s} + b\mu c}{4} > 0 \\[3mm] \dfrac{\mathrm{dSCV}_t^*}{\mathrm{d}\mu} = \dfrac{cQ_t^*}{4} + \dfrac{b\theta hc}{4} > 0 \\[3mm] \dfrac{\mathrm{dSV}_t^*}{\mathrm{d}\mu} = \dfrac{7cQ_t^*}{4} + \dfrac{b\theta hc}{4} > 0 \end{cases} \tag{11}$$

分析可知，制造商价值与政府技术性补贴呈正向关系，即随着共性技术补贴的增加，在制造商吸收能力的作用下，将带来制造商价值的增加；供应商价值与政府技术性补贴呈正向关系，即随着共性技术性补贴增加，在制造商吸收能力的作用下，通过供应链的中介作用，将带来供应商价值的增加；消费者剩余与政府技术性补贴呈正向关系，即随着共性技术性补贴增加，在制造商吸收能力与消费倾向作用下，将带来消费者剩余的增加。原因在于共性技术补贴将降低制造商的成本，进而导致产品价格下降，同时带来产品使用价值与产量的增加。

综上可得命题 7：共性技术补贴对制造商价值、供应商价值、消费者剩余、供应链总价值均有正向影响。

4　数值算例

为了进一步验证所得结论的有效性，本文运用 Matlab 进行数值模拟。根据调查数据，初步拟合得到当前市场上某款热销产品的市场需求函数，即 $Q = 1945 - 15.3P$。相关数值见表 2。

表2 相关参数与数值模拟

参数	模型1	模型2	模型3	模型4	模型5	模型6	模型7	模型8	模型9	模型10	模型11	模型12	模型13	模型14	模型15	模型16	模型17
c	30	30	30	30	30	30	30	30	30	30	30	30	30	30	30	30	30
c_2	20	20	20	20	20	20	20	20	20	20	20	20	20	20	20	20	20
θ	—	0.3	0.4	0.5	0.3	0.4	0.5	0.5	0.6	0.7	0.5	0.6	0.7	0.6	0.7	0.6	0.7
h	—	0.5	0.6	0.7	0.8	0.9	1.0	1.5	2.0	2.5	3.0	3.5	4.0	4.5	5.0	5.5	6.0
γ	—	0.1	0.2	0.3	0.2	0.2	0.5	0.3	0.4	0.5	0.3	0.4	0.5	0.3	0.4	0.5	0.6
μ	—	0.1	0.2	0.3	0.1	0.2	0.3	0.1	0.2	0.3	0.1	0.2	0.3	0.1	0.2	0.3	0.1
s^{*}	59	60	60	61	59	61	59	61	65	69	67	72	77	76	82	81	83
P^{*}	108	107	107	107	108	106	107	106	105	103	104	101	99	99	96	97	96
Q^{*}	295	304	309	315	298	316	301	316	342	374	360	395	436	430	477	465	483
SMV^{*}	5688	6031	6242	6505	5787	6529	5934	6524	7657	9165	8463	10195	12420	12088	14864	14143	15274
SSV^{*}	11376	12063	12485	13010	11575	13059	11868	13048	15314	18330	16926	20390	24839	24177	29727	28286	30548
SCV^{*}	2844	3025	3146	3300	2912	3290	3042	3309	3911	4714	4285	5192	6362	6122	7565	7211	7840
SV^{*}	19908	21119	21873	22815	20274	22878	20844	22882	26882	32208	29674	35777	43621	42387	52156	49640	53663
—	—	$b\theta h-\gamma c+\mu c>0,\ bh<c$					$Q=1945-15.3P,\ c=30,\ c_2=20$					$b\theta h-\gamma c+\mu c>0,\ bh>c$					

通过比较考虑技术扩散与吸收能力前后供应链价值发现，在 $b\theta h - \gamma c + \mu c > 0$ 条件下，供应商、制造商、消费者剩余以及供应链价值均将得到较大改善，由此可证命题1成立。

对 h、μ 分别赋值0.5，θ、γ 分别取 [0.1，0.8] 与 [0.1，0.45]。此时满足 $b\theta h - \gamma c + \mu c > 0$，且 $bh < c$。若 h 赋值2，μ 赋值0.5，θ、γ 分别取 [0.1，0.8] 与 [0.1，0.45]。此时满足 $b\theta h - \gamma c + \mu c > 0$，且 $bh > c$。将相关赋值分别代入前文相关公式计算得 SMV、SSV、SCV、SV 在不同条件下的取值，借助 Matlab 绘制动态曲面。

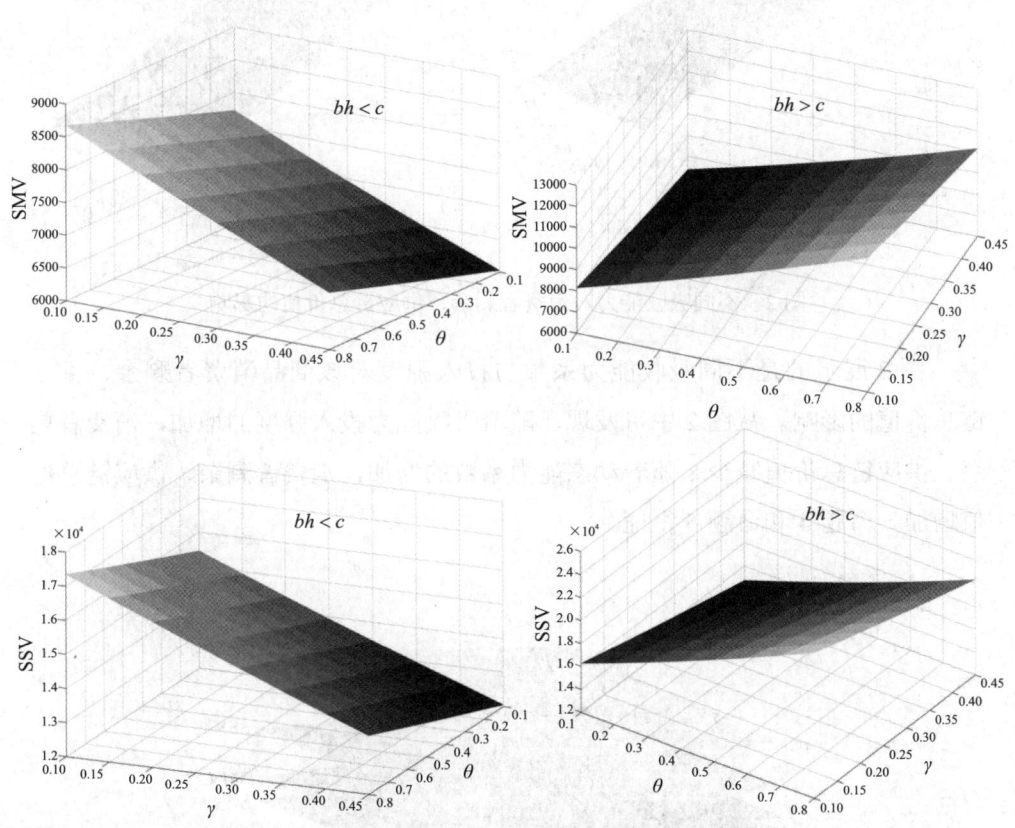

图1 不同吸收能力对制造商、供应商价值的影响

图1展示的是不同吸收能力系数与投入强度对该商品制造商、供应商价值的影响。从图1中可发现，吸收能力投入强度的增加将导致制造商与供应商价值的减少；吸收能力系数的增加将导致制造商、供应商价值的增加。此外，

在$bh < c$的条件下，当吸收能力投入强度与吸收能力系数同时增加时，制造商、供应商价值降低。相反，在$bh > c$的条件下，当吸收能力投入强度与吸收能力系数同时增加时，制造商、供应商价值增加。由此，命题2和命题3得证。

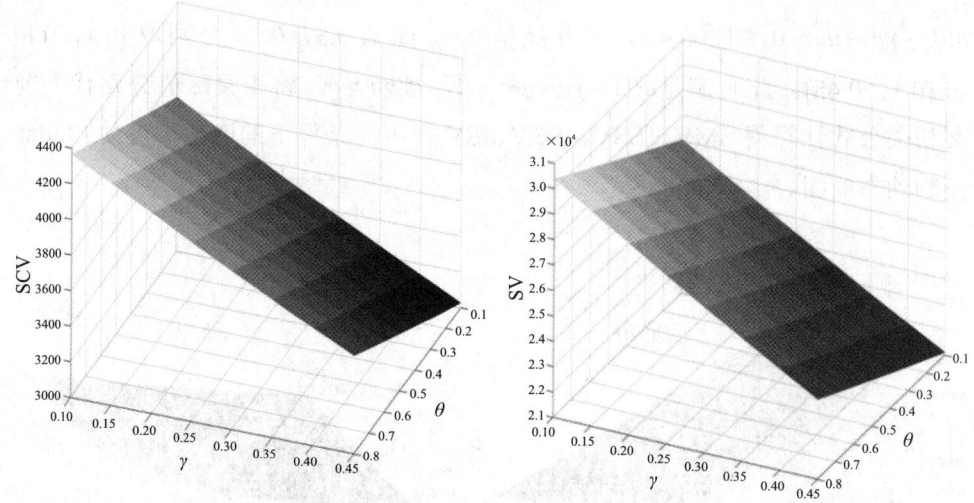

图2　不同吸收能力对消费者剩余、供应链总价值的影响

图2展示的是不同吸收能力系数与投入强度对该商品消费者剩余、供应链总价值的影响。从图2中可发现，随着吸收能力投入强度的增加，消费者剩余、供应链总价值减少；随着动态能力系数的增加，消费者剩余、供应链总价值增加。命题4和命题5得证。

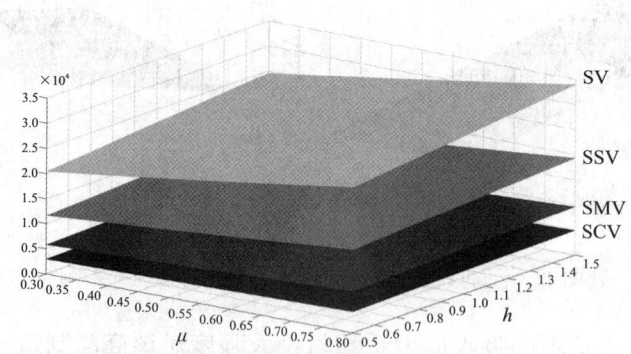

图3　共性技术扩散与政府补贴变化对供应链价值的影响

图 3 展示的是共性技术扩散与政府补贴变化对该商品供应链价值的影响。从图 3 中可发现，随着共性技术扩散的加剧，制造商、供应商、消费者，以及供应链总价值呈递增趋势；随着政府补贴的增加，制造商、供应商、消费者，以及供应链总价值同样呈递增趋势。命题 6 和命题 7 得证。

5　结论

供应链全球竞争背景下，企业不仅需要关注基于人才、技术、模式的核心竞争力要素的优化配置，而且要从企业发展战略维度对价值创造的管理方式、实现路径进行重塑，从价值共创视角重新审视共性技术扩散对企业核心竞争力"乘数"作用。

制造商价值、供应商价值、消费者剩余、供应链总价值与共性技术扩散呈正向关系；消费者剩余、供应链价值与制造商吸收能力投入强度呈反向变化，与制造商吸收能力系数呈正向变化；吸收能力投入强度与吸收能力系数对制造商、供应商价值存在复合影响，这种影响的正负方向取决于边际消费倾向与共性技术扩散程度的乘积与产品单位成本的比较；共性技术补贴对于制造商价值、供应商价值、消费者剩余、供应链总价值均有正向影响。

参考文献

[1] 周国华 , 谭晶菁 . 复杂产品关键共性技术供给模式比较研究 [J]. 软科学，2018, 32(6):97-102.

[2]ROGERS E M. Diffusion of innovations [J]. Journal of continuing education in the health professions, 2009, 17(1): 62-64.

[3] 张路蓬 , 薛澜 , 周源等 . 社会资本引导下的新兴产业技术扩散网络形成机理与实证研究 [J]. 中国软科学 ,2019,3:34-45.

[4] 姜斌远 , 姜佳文 . 基于技术流视角下的供应链竞争力研究 [J]. 生产力研究 ,2018(12):22-27.

[5] 秦佳良,张玉臣,贺明华.技术—市场双重未知下企业共性技术设计:从试错学习到共同未知 [J].中国科技论坛,2019(7):128-137.

[6] 张衍芳,凌海英.中小企业共性技术供给的"盲点"困境及破解:一项案例研究 [J].科研管理,2019,40(8):215-223.

[7]OETTMEIER K, HOFMANN E. Additive manufacturing technology adoption: an empirical analysis of general and supply chain-related determinants [J].Journal of business economics, 2017,87(1):97-124.

[8] 韩元建,陈强.共性技术扩散的影响因素分析及对策 [J].中国科技论坛,2017(1): 53-59.

[9]BARATA J, CUNHA P R D, STAL J. Mobile supply chain management in the industry 4.0 era [J]. Journal of enterprise information management, 2018, 31(1):173-192.

[10] 李玉琼,赵贝贝.政府在产业关键共性技术研发中的作用研究 [J].经营与管理,2019(3):114-117.

[11] 陈朝月,许治.政府 R&D 资助政策对企业共性技术项目决策的影响探究 [J].管理评论,2019,31(9):70-80.

[12]AYDIN A, PARKE R P. Innovation and technology diffusion in competitive supply chains[J]. European journal of operational research, 2018, 265(3):1102–1114.

[13]MAGRABI F, LIAW S T, ARACHI D, et al. Identifying patient safety problems associated with information technology in general practice: an analysis of incident reports [J].BMJ quality & safety, 2015, 25(11): 870-880.

[14] 张正,孟庆春.技术创新、网络效应对供应链价值创造影响研究 [J].软科学,2017,31(12):10-15.

[15] 张正,孟庆春,张文姬.技术创新情形下考虑政府补贴的供应链价值创造研究 [J].软科学,2019,33(1):39-44.

[16] 李保林,王娟茹,杨丽华,等.考虑信息分享的产业共性技术市场价值评估模型 [J].统计与决策,2019,35(9):43-46.

[17]SCHILDT H, KEIL T, MAULA M. The temporal effects of relative and firm-level absorptive capacity on interorganizational learning [J]. Strategic

management journal, 2012, 33(10):1154-1173.

[18] 赵健宇 , 任子瑜 , 袭希 . 知识嵌入性对合作网络知识协同效应的影响 : 吸收能力的调节作用 [J]. 管理工程学报 ,2019,33(4):49-60.

附录 3

Marine High-tech Enterprise Ecosystem Based on Sustainable Development[*]

Min YANG and Jing-xian WANG

Abstract: The sustainable development of the marine economy involves many factors such as society, economy, resources and environment. It is a huge eco - economic - social complex system, which includes both technical level and management measures. And coordination issues, it is almost impossible to comprehensively solve all the problems in the system in one study. China's marine resources have great potential, and the marine economy has maintained a rapid growth rate. However, in the rapid economic growth, there are also problems such as waste of resources, environmental pollution, and predatory operations. In order to avoid the disordered state that may occur in the development of the ocean and ensure the coordination and unification of the marine economy, the utilization of marine resources and the marine environmental protection, it is necessary to take the road of sustainable development of the marine economy. In this connection, this

* YANG M, WANG J. Marine high-tech enterprise ecosystem based on sustainable development[J]. Sustainable computing: informatics and systems, 2020(28).

paper studied coastal ecosystems, the establishment of a coastal system dynamics model of sustainable economic development, the need for a clear indicator system building, ideas, purposes and principles of the index system of ecological offshore China. Starting from the basic concepts of ecosystem and its intrinsic value, external value and service value, through theoretical analysis, method exploration and case application, a comprehensive study on the external value assessment of Marine ecosystem is carried out. Overall, the survey results show that people are paying more and more attention to environmental quality, living environment and resource supply capacity, which are in line with the actual situation. The weight of all evaluation indicators, where CR is less than 0.05, indicates that the weight distribution is reasonable. The results of the study show that the value of human-based ecosystems in Marine ecosystem accounts for 56.1 %, and the value of aesthetic entertainment tourism accounts for 13.9%, of which the value of ecosystem-based entities is 43.9%.

Keywords: sustainable development; marine; high-tech enterprises; ecosystem; marine environmental

1　Introduction

Marine ecosystems are formed by the continuous process of material circulation, energy flow and information transfer between marine organisms (plants, animals and micro-organisms) and abiotic environments within a certain time and in the sea space adjacent to the terrestrial ecosystem. Interaction, interdependence, and a unified whole with automatic adjustment mechanisms. In recent years, with the development of the economy, the population growth, and the concentration of populations in coastal areas, the demand for various services of offshore marine ecosystems is increasing, and the pressure on offshore marine ecosystems is increasing.[1-4]. Therefore, there is an urgent need to maintain biodiversity and ecosystem services through better management, value assessment, protection and restoration. Offshore marine bio-carbon sequestration plays an important role in the marine carbon cycle. Driven by IPCC, Scientists at home and abroad have done a lot of research on the biological carbon sequestration of marine phytoplankton. As the bottom producer in the marine food chain, phytoplankton can absorb and use inorganic carbon for primary production, synthesize organisms, and other levels of organisms through secondary production. The phytoplankton is transformed into dissolved organic carbon and particulate organic carbon [5,6], and at the same time, part of the organic carbon is consumed by the respiration of bacteria and the decomposition of bacteria. The marine microbial cyanobacteria, which is also the producer, has also attracted some attention. At present, research on marine carbon sequestration mainly focuses on phytoplankton, shellfish, etc. [7-10].

Subsequently, some studies have found that the construction of marine pastures has a positive effect on the carbon sink of the ocean [11]. First of all, building marine pastures can play a role in energy conservation and emission reduction. The reef that is placed can be used as an attachment base to provide a site for the attachment of algae, shellfish, and the like, and the types and numbers of attached organisms will also occur over time. The organism attached to the reef will use a large amount of organic matter such as nitrogen and phosphorus in its own growth process, and the attached algae absorb carbon dioxide for photosynthesis to release oxygen [12-15]. Moreover, the attached shellfish will ingest a large amount of floating animals and plants and organic debris through the filter feeding method, which can purify the water quality, improve the ecological environment and improve the light depth of the sea area, which can play a role in improving the carbon sink potential of the sea area. Secondly, the construction of marine pastures can change the abiotic environment in the surrounding waters. Changes in the abiotic environment will cause changes in the biological environment, increase the biological abundance of the sea area, and expand the carbon sink capacity of the sea area [16]. After the artificial reef is put into use, the living environment of the surrounding sea area is changed, the primary productivity is increased, a large number of fishes are trapped, and the composition and structure of the biomes are improved. Compared with pre-distribution, the number and density of biological resources in the relevant sea areas are significantly increased, and the biological resources become rich and diverse, so artificial reefs have extremely significant proliferation effects [17,18]. However, it can be seen from the research status of sustainable development of marine economy. However, it can be seen from the research status of sustainable development of marine economy that although there are many research results on the sustainable development of marine economy in quantity, there are still some problems in the literature as a whole.

In the current scientific research, a reasonable indicator system is constructed to screen the indicators with relevant links, and then the field survey, monitoring and statistical data are used to calculate the evaluation index values, and the analysis, collation and evaluation of the index values have become A practical, versatile method [19-21]. The important reason for the serious pollution in the offshore area is the large amount of land-based pollution. The establishment of mangrove interception belts in offshore and estuary areas can reduce the pollution of eutrophic sewage to the offshore. Mangrove plants have strong anti-pollution ability and can grow normally under the condition of nutrient salt. The purification of nitrogen and phosphorus by mangroves depends on the absorption and enrichment of mangrove plants, and the interaction of the whole ecosystem. Therefore, it has a strong ability to absorb nitrogen and phosphorus nutrient contaminants [22]. In the study of offshore ecological economy, Wei H. et al.'s factors affecting the offshore ecological economy are complex and influencing factors include both tangible and intangible factors [23]. For example, the skills, work attitudes, work intentions and moral standards of offshore eco-employees require a lot of cost and more time to obtain. And the influencing factors of ecological eco-ecology in the offshore area are not good for measuring economic-related attributes. The output value and added value can be measured regularly, but for other attributes, such as reliability, attitude, and population quality, only artificial quantification can be performed. Lack of unity and iconism, resulting in the subjectivity of evaluation indicators. The relationship between the various factors proposed by Sangha KK is closely related to the analysis of individual influencing factors, and it is necessary to contact other factors for evaluation, and the workload is complicated [24]. The above factors have caused many evaluation systems to simply pursue economic benefits, not to consider the cost of resources and environment, neglect the offshore ecological carrying capacity, and the insufficiency of offshore environmental protection work, resulting in the offshore economic development unilaterally pursuing economic growth benefits and falling into a mire of vicious circle. Therefore, the construction of an offshore eco-economic ecological indicator system in line with the principle of sustainable development is an objective requirement for the construction of a modern fishery system and the transition of the offshore eco-economics from traditional to modern [25].

On the basis of summarizing the previous research results, this paper uses the theory of sustainable development as the guidance, and uses the methods of system science, economics, system dynamics and model analysis to characterize the sustainable development of marine economy. A study combined with quantification. At the same time, the stratification analysis method based on system ecology was introduced. Through the suitability analysis, the method was applied to the evaluation of the external extrinsic value of Marine ecosystem. Clearly define the necessity, ideas, objectives and principles of the indicator system, conduct correlation analysis and principal component analysis on the evaluation indicators, and eliminate the indicators with high significant correlation and relatively small load on each principal component. Delete, and obtain the final indicator system consisting of 10 sub-indicators after principal component analysis. Overall, the survey results show that people are paying more and more attention to environmental quality, living environment and resource supply capacity, which are in line with the actual situation. The weight of all evaluation indicators, where CR is less than 0.05, indicates that the weight distribution is reasonable. The results of the study show that the value of human-based ecosystems in Marine ecosystems accounts for 56.1%, and the value of aesthetic entertainment tourism accounts for 13.9%, with the ecosystem-based value accounting for 43.9%.

2 Proposed method

2.1 Conceptual model of sustainable development

Sustainability is proposed for "unsustainable". Traditional economic development is a high-consumption, high-input, high-pollution model and an unsustainable mode of production and consumption. This model has led to an imbalance between the excessive consumption of natural resources and the ecological balance, which has led to the development of some areas while exacerbating poverty and backwardness in another part of the region. From global scale, will eventually lead to human beings fall into the dilemma of survival and development. The concept of sustainable development has completely changed people's traditional development concept and way of thinking. Sustainable development is a concept with extremely rich connotations. The core is to correctly handle the relationship between people and people and between nature and nature.

The marine economic sustainable development system is a marine ecological-economic-social composite system. The development of the system is a process that tends to be rational, organizationally optimized, efficient, and coordinated. Specifically, it includes the sustainable transformation of the population within the sustainable development system of the marine economy, the intensive management and sustainable use of marine resources, the virtuous cycle of the marine ecological environment, the optimization of the marine economic structure and industrial structure, and the sustainability of the marine economy. Sexual growth and the continued development of society and other aspects. Therefore, the theoretical analysis of the sustainable development system of the marine economy can construct the following conceptual model

$$MESD = f\left(L_1 + L_2 + L_3 + L_4 + S + T\right) \qquad (1)$$

The constraints are: $L_1 + L_2 + L_3 + L_4 \leqslant C$ In the formula, MESD represents the goal of the sustainable development system of the marine economy - the sustainable development capability of the marine economy; L_1 representing the level of development of the sustainable development system of the marine economy, $L_1 = f\left(L_{11}, L_{12}, \ldots, L_{1n}\right)$; T represents the time (phase) variable, that is, the different stages of the sustainable development system; C represents the carrying capacity of the human activities that the environment bears.

The basic connotation of the above conceptual model can be expressed as: the sustainable development capability of the sustainable development system of the marine economy depends on the level of sustainable development of the system under certain time and space conditions, the ability of sustainable development, the coordination of sustainable development and the fairness of development. The latter, in turn, depends on the carrying capacity of human activities that the marine environment can withstand.

2.2　State space evaluation model

State space method is an effective analysis and design method for the quantitative description of system state in Euclidean geometric space. For multi-element composite system, it is usually described by the three-dimensional state space axis representing the state vector of each element of the system, and adopted the vector model formed by the origin in the state space and the system state point quantitatively describes the bearer condition of the composite system. In essence, the state space method is a time domain analysis method, which not only describes the external features of the system, but also reveals the internal state and performance of the system. In recent years, more and more studies have applied the state space method to quantitative description and measurement of regional bearing capacity and bearing conditions, and constructed the regional environmental system into a three-dimensional state space composed of human activity axis, resource axis and environmental axis. According to the evaluation of the state space model thinking, marine ecological environment system as an important regional system consists of complex system subsystems demographic, economic and social development, marine resources, marine environment, etc, have a significant interaction between subsystems Relationship between mutual influence and even mutual restraint. In the marine ecological environment system, the impacts of subsystems such as population, economic and social development on marine resources and ecological environment systems are particularly prominent and significant. In view of this, we construct a human socio-economic axis, a marine resource axis, and a marine ecological environment axis. The three-dimensional state space.

Before giving the evaluation model of marine resources, ecology and environmental carrying capacity, we firstly weight each state dimension into a unified index, so as to obtain the human socio-economic, marine resources and marine ecological environment in the regional marine ecological environment system. Coordinates, taking into account the different effects of various factors in the system on the carrying capacity of the ecological environment, we give different weights to reflect. As a result, marine resources, ecological and environmental bearing capacity (CMREE) mathematical expression is

$$\text{CMREE} = |M| = \sqrt{\sum_{i=1}^{n} W_i x_{ir}^2} \qquad (2)$$

among them, x_{ir} the spatial coordinate value of each indicator in the marine ecological environment system under ideal conditions $(i = 1, 2, \ldots, n)$; W_i for x_{ir}^2 The weight of the ball axis; $|M|$ for the vector model of marine resources, ecology and environmental carrying capacity, n is the number of selected indicators. It is worth noting that human social and economic activities need to consider both positive and negative impacts on marine resources, ecological and environmental carriers. For example, pollution to marine ecological environment is negative, but it is absolute in the calculation process.

2.3　Analytic hierarchy process

AHP (Analytic Hierarchy Process, AHP) is an American Operations Research home T.L.Saaty proposed chromatographic methods as possible to the original complex and disordered systems have simplified ordering, both analyzes the study of nature, will by quantified The method is measured, and multiple quasi-tests appear in the analysis of the problem. In public decision-making, there are often obstacles that cannot be quantified by some factors, and chromatographic analysis can be well solved. The results are obtained by establishing a judgment matrix, calculation ordering, and consistency test, and the results are highly convincing. Therefore, it has been widely used in engineering planning, resource allocation, program sequencing, policy formulation, conflict issues, and performance evaluation. The main steps are as follows:

（1）Establish a hierarchical structure model.

The problem is sorted out in an orderly manner, and a basic framework that satisfies the rational allocation of each level is designed. The research problem is divided into simple questions, and different attributes correspond to different levels and levels. In general, the entire hierarchical structure model can be divided into three levels, namely, the uppermost decision target layer, the middle layer middle layer element and the lowermost option layer. The highest level is the goal and source of the whole decision, and it is composed of one element; the middle element layer may be composed of several layers of elements and becomes the criterion layer; the lowest level of the alternative layer is generally large, often referred to as the indicator layer. The number of layers is closely related to the complex program to solve the problem. Generally, there are no more than 9 elements under each element to reduce the difficulty of calculation caused by too many elements.

（2）Generate a judgment matrix.

According to the established hierarchical structure model, the reasonable comparison system is used to compare the original data with other comparisons, and also includes self-comparison of the data to form a judgment matrix.

（3）Calculating the weight of the judgment matrix.

Under normal circumstances, if compared to the more than two elements, then when the pairwise comparison in the matrix, there is a great probability be inconsistent judgments appears, therefore, in the calculation of AHP judgment matrix needs to meet the consistency test, this process is to re-adjust the judgment matrix and then re-judgment. The ratio of the index CI used to determine matrix consistency to the index used to measure the same-order average random consistency RI is called the random consistency ratio. $CR=\dfrac{CI}{RI}$. The formula for calculating the consistency ratio is $CR=\dfrac{CI}{RI}=\dfrac{\overset{\lambda_{max}}{\overline{n-1}}}{RI}$ among $CI=\dfrac{\lambda-n}{n-1}$, λ_{max} is the largest eigenvalue of the characteristic equation; n is the order of the judgment matrix.

If CR<0.10, the judgment matrix passes the consistency test; if CR>0.10, the consistency of the judgment matrix does not meet the requirements, and adjustment is needed.

（4）Hierarchical hierarchical empowerment.

According to the hierarchy constructed by the hierarchical model, the weight coefficient is determined from the uppermost layer to the lowermost layer, and the weight of the relative importance of the factors in a certain level relative to the highest level is also calculated. $W^{k\rightarrow k-2}=W_{ji}^{k-1}\times W_{j}^{k}$ is the index for the kth layer right on one layer k-1 j index weight, W_{ji}^{k-i} it is the weight of the k-1 layer index j index for the k-2 layer i index.

3　Experiments

（1）Sampling.

The stability of the sampler performance, the parallelism between different samplers and other factors are directly related to the quality of sample collection, which in turn affects the reliability of sample analysis. Therefore, ensuring sampling within a certain error tolerance is the primary loop for obtaining reliable data. The use of a type of particle sampler adopts full mechanical steady flow control, which does not need to be adjusted during sampling, and can be automatically stabilized within the error tolerance range, thereby eliminating instrument errors and human errors caused by the measured flow rate. Ensure that the sampler is comparable for multiple, multiple, multi-point, multi-season sampling. All samplers are sent to the address instrument factory for inspection and flow calibration before each sampling. This will ensure that there is no problem with the sampled seawater.

（2）Program design.

In order to compare and discuss the dynamic evolution process of marine environment carrying capacity of coastal cities in different strategies under the different strategies in the future, the design of this paper is mainly based on coordinated development. Under the premise of building an environmentally friendly city, the characteristics of the above various schemes are considered comprehensively. Coordinated development of the economy and the environment.

（3）Research methods.

The research methods to be adopted in this paper are summarized as follows:

① Ecology analysis method.

Logistic equation is widely used in the study of animal and plant growth and development or reproduction process. It describes the growth law of a population, that is, the growth rate is accelerated at the beginning. When it reaches a certain value, the growth rate begins to slow down until it finally decreases to zero, that is, stop growth, and sometimes it is used to describe the interaction between populations. Based on the extended logistic model, the symmetrical and asymmetrical symbiotic cooperative relationship and asymmetrical symbiotic cooperative relationship of enterprise-led technological innovation ecosystem are discussed. Secondly, the operation mechanism is analyzed by using the ecosystem theory and the logistic model of population growth in limited environment.

② Statistical analysis method.

Grounded theory is a qualitative research method to establish substantive theory from bottom to top, that is, to find the core concepts reflecting the essence of phenomena on the basis of systematic data collection, and then to construct relevant theories through the connection of these concepts. Factor analysis aims at describing the relationship between many indicators or factors with a few factors, i.e., several closely related variables are grouped into the same category, and each type of variable becomes a factor, reflecting most of the information of the original data with fewer factors.

4 Discussion

The value of coastal ecosystems can be divided equally to humans as the main body and to other ecosystems as the main two categories, the former mainly covers the food supply, genetic resources, space resources, aesthetic recreation, scientific research and cultural climate regulation, disturbance regulation, Waste treatment, biological control, a total of 9 categories; the latter mainly covers primary production, nutrient cycling, habitat and biodiversity conservation, and climate regulation, interference regulation, waste treatment, biological control, a total of 7 categories. Such external values, which are dominated by humans and other ecosystems, encompass regulatory services such as gas and climate regulation, disturbance regulation, waste treatment and biological control. As shown in Table 1, the offshore ecological indicator system.

Table 1　Data compilation of offshore ecological value index system

Item	Human beings	Ecosystem as the main body
Food supply	1.0041	XXXX
Genetic resources	0.3323	XXXX
Space resource	0.5100	XXXX
Aesthetic leisure	2.0410	XXXX
Research culture	1.4121	XXXX
Climate regulation	0.5816	0.3333
Interference adjustment	0.1095	0.4511
Waste treatment	1.4124	1.4114
Biological control	1.4141	1.5325
Primary production	XXXX	4.4114
Nutrient cycle	XXXX	2.3114
Biodiversity maintenance	XXXX	0.8122

The mean square error weighting method is used to solve the multi-index weight coefficients and summarize and sort. The mean and mean square error of each index value are obtained first. In order to make the sorting smoother, the decimal point has reached the last9 digits, and finally the weight coefficient is obtained. The results are shown in Table 2.

Table 2　Mean, mean square error, weight coefficient and ranking

Types of Numerical value index	Mean	Mean square error	Weight coefficient	Sort
Food supply	0.48222	0.728112	0.037660	12
Genetic resources	0.54802	0.869966	0.045006	10
Space resource	0.69118	0.534896	0.045778	2
Aesthetic leisure	0.60230	0.810790	0.041944	1
Research culture	0.58446	0.732163	0.037877	11
Climate regulation	0.61458	0.903076	0.046719	7

Types of Numerical value index	Mean	Mean square error	Weight coefficient	Sort
Interference adjustment	0.42060	0.818153	0.042325	4
Waste treatment	0.63156	0.790015	0.040871	3
Biological control	0.46001	0.760992	0.039368	6
Primary production	0.43700	0.761162	0.039371	9
Nutrient cycle	0.52346	0.740592	0.038331	5
Biodiversity maintenance	0.47680	0.781914	0.040451	8

There are four existence status relationships between indicator value and sustainable development: index value is positively correlated with sustainable development; index value is negatively correlated with sustainable development; index value is positively correlated with sustainable development, then negative correlation; indicator value and Sustainability is negatively correlated first, and then positively correlated. After obtaining the scoring results of the experts, the AHP is used to assist the software in performing various calculations of the judgment matrix. AS shown in Figure 1.

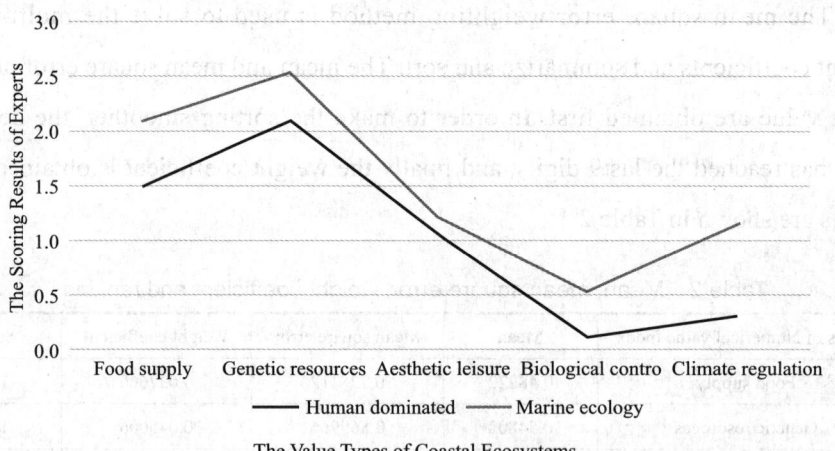

The Value Types of Coastal Ecosystems

Fig 1   Comparison between human-based and marine ecology

Among them, in the judgment matrix of marine fishery ecological indicator system, the consistency ratio is: 0.0339; the weight of the total target is 1.3312.

It can be seen from Table 3 above that space resources are the most weighted among the ecological levels of human beings, followed by food supply, and again aesthetic entertainment. Among them, the economic development judgment matrix consistency ratio: 0.0136; the weight of the total goal: 0.456. As can be seen from the above table, economic growth is the most weighted in interference regulation, which is in line with research expectations, followed by primary production, and finally habitat and biodiversity conservation.

According to the development trend of the sustainable development index in a certain period and the current state of existence, the indicators can be divided into two categories: First, development indicators, the increase of such indicators can promote sustainable development, the higher the indicator value, the better; The second is restrictive indicators. If the increase in the value of such indicators exceeds a certain limit, it will restrict sustainable development. The smaller the indicator value, the better. The proportion of human beings as the main body and ecosystem as the main body is shown in Figure 2.

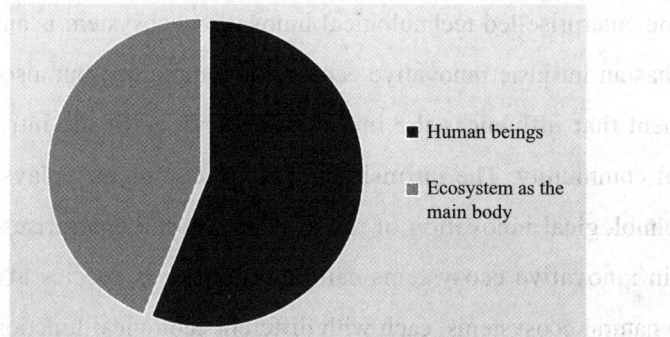

Fig 2　Proportion diagram of human beings as the main body and ecosystem as the main body

From the analysis of Figure 2, it is concluded that the value of human beings in Marine ecosystem accounts for 56.1%, and the value of aesthetic entertainment tourism accounts for 13.9%, of which the value of ecosystem is 43.9%. According to the introduction of the evaluation method in the previous section, the comprehensive factor scores of factor analysis can be processed to calculate the comprehensive development of the sustainable development of high-tech enterprise innovation ecosystem in Shanghai, Liaoning, Tianjin and Heilongjiang in the five-year period from 2014 to 2018. Ranking, as shown in Figure 3.

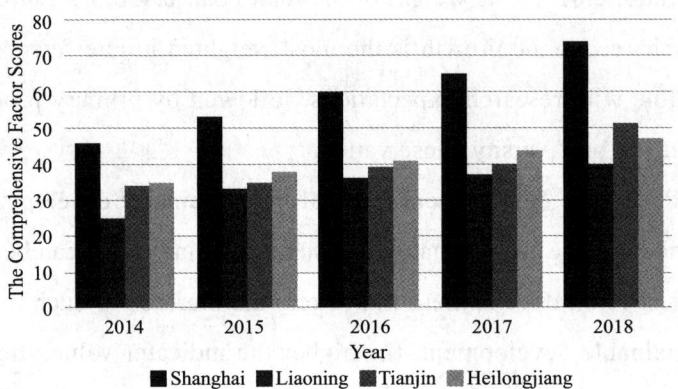

Fig 3　Development of marine innovation enterprises in the five years of 2014—2018

As can be seen from Figure 3, according to the results, Shanghai, Liaoning, Tianjin and Heilongjiang provinces in China are on the rise, and the development of high-tech marine science and technology innovation is better in the coastal areas. The marine enterprise-led technological innovation ecosystem is an open system. It not only has an intrinsic innovative ecological community, but also has an external environment that influences the innovative activities of the intrinsic innovative ecological community. The intrinsic innovation community plays a decisive role in the technological innovation of the system. Marine enterprises and innovative partners in innovative ecosystems can be regarded as species at different levels similar to natural ecosystems, each with different ecological functions, and there are internal links between them.

5　Conclusions

The sustainable development of the marine economy involves many factors such as marine resources and environment, marine economy and society. It is a complex marine eco-economic-social composite system. It is difficult to effectively study such a large and complex system, because it includes many problems, both technical level and management measures, as well as evaluation and coordination issues. It is almost impossible to comprehensively solve all the problems in the system. However, it is difficult to truly realize the sustainable development of the ocean because of the lack of an overall understanding of the whole system.

(1) Marine living resources have public goods, marine ecosystems are holistic, and the marine environment is fragile. Only by following the laws of natural development, based on scientific development ideas, maintaining a virtuous circle of marine ecosystems, and appropriately developing and utilizing marine living resources, can coordinate development of marine resources, environment and economy, and achieve harmony between man and nature, environment and society, and Leave a good marine environment for future generations.

(2) The theory of sustainable development and the theory of circular economy are effective and practical theoretical support for analyzing the relationship between marine living resources, marine environment, marine ecosystem and marine economy, and establishing a model of marine resources-environment-ecology-economic coordination development. The deterioration of Marine marine environment, imbalance of ecosystems, reduction of biodiversity, and the decline of biological resources are the predatory and extensive exploitation of marine living resources, over-utilization of resources, exceeding the capacity of the marine environment and its carrying capacity, marine environmental pollution and unreasonable marine development projects, habitat destruction, the ecological function of the weak reduction, ecosystem degradation.

(3) Areas with low level of development of high-tech industries may have higher development potential. For example, although the economic development of northeastern provinces such as Liaoning Province has not been in the forefront of the national development for the time being, the sustainable development level

of innovative ecology of high-tech enterprises ranks first, and high-tech enterprises have gradually changed from high-input, low-income to high-input, high-income or low-input and high-income. Conversion of benefits. The cities in the front rank have strong scientific research foundation, and the output value of scientific research results has increased rapidly. Compared with other regions, they have strong advantages of sustainable development.

Acknowledgements:

National Social Sciences Founding Project of China(71562004), Planning Project of Humanities and Social Sciences in Colleges and Universities of Guizhou Province(2019gh003), Doctoral Research Start-up Fund Project of Guizhou College of Commerce(BSKY[2018]008).

References

[1]QIN J X, ZHANG P, DENG G P, et al. A study on eco-tourism and sustainable development of economic underdevelopment areas-an example from Kanas nature reserve, Xingjiang province, northwest China[J]. Smart grid and renewable energy, 2014, 5(7):10.

[2]PEI X B, LIU F. Research on eco-economy system of Shanghai pudong new area based on emergy analysis[J]. Applied mechanics and materials, 2014, 507:859-863.

[3]REN T, CHEN X C. Sustainable development of regional ecological economic system based on the DEAHP model[J]. Hunan daxue xuebao/journal of hunan university natural sciences, 2015, 42(3):132-139.

[4]WANG Y, DING Q, ZHUANG D. An eco-city evaluation method based on spatial analysis technology: a case study of Jiangsu province, China[J]. Ecological indicators, 2015, 58:37-46.

[5]XIA B, DONG S, ZHAO M, et al. Analysis of economic efficiency and eco-efficiency of Chinese star hotels based on SBM model[J]. IOP conference series earth and environmental science, 2018, 190:012066.

[6]BAI Y, XU H, LING H. Eco-service value evaluation based on eco-economic functional regionalization in a typical basin of northwest arid area, China[J]. Environmental earth sciences, 2014, 71(8):3715-3726.

[7]WANG Q, LU J, HSIEH S T, et al. Wetland research and eco-development through Chinese-United States ecopartnership relationships[J]. Journal of renewable & sustainable energy, 2015, 7(4):347-386.

[8]ZHAO H, GUO S, ZHAO H, et al. Comprehensive benefit evaluation of eco-industrial parks by employing the best-worst method based on circular economy and sustainability[J]. Environment development & sustainability a multidisciplinary approach to the theory & practice of sustainable development, 2018(8):1-25.

[9]KANG Y Y, WANG J L, YU X D. Sustainable development analysis of resources based city based on ecological footprint model: shandong dongying city[J]. Advanced materials research, 2014, 1010-1012:1297-1300.

[10]CHEN D, ZHENG W, GUO H, et al.Evaluation of ecological marine islands construction based on material flow analysis: a case study of Changhai county[J]. Acta ecologica sinica, 2014, 34(1).

[11]LING F G, BAO X, LA T G, et al. Construction of ecological monitoring index based on sustainable development analyses in Tibet[J]. Acta agrestia sinica, 2015, 23(1):5-13.

[12]XU W X, JUN Z, WEI W, et al. Coordinated development of ecological-economic system and spatial evolution based on county unit in China[J]. Progress in geography, 2014, 33(11):1535-1545.

[13]LIU Z F, XIE H L, HU J. Evaluation of land ecological security for poyang lake eco-economic zone based on emergy[J]. Advanced materials research, 2013, 864-867:787-792.

[14]BERNHARD G. From global sustainability research matrix to typology: a tool to analyze coastal and marine social-ecological systems[J]. Regional environmental change, 2016, 16(2):367-383.

[15]JIA L I, CHEN J, YANG X. Research on dynamic mechanism of tourism-based

social-ecological system using the minimum description model: a case study in Shangwang village of Xi′an city[J]. Geographical research, 2015,23(1):36-38.

[16]YANG L, ZHANG J H, LIU Z H, et al. Carbon balance in Nanjing's ecological economic system[J]. Advanced materials research, 2014, 881-883:610-616.

[17]SLIGHT P, ADAMS M, SHERREN K. Policy support for rural economic development based on Holling's ecological concept of panarchy[J]. International journal of sustainable development & world ecology, 2016, 23(1):1-14.

[18]TAN F F, LU Z H, NIU Z Y, et al. Assessment of sustainable development based on emergy ecological footprint in the Beijing-Tianjin-Hebei region[J]. Advanced materials research, 2014, 998-999:1410-1413.

[19]KING A J, TOWNSEND S A, DOUGLAS M M, et al. Implications of water extraction on the low-flow hydrology and ecology of tropical savannah rivers: an appraisal for northern Australia[J]. Freshwater science, 2015, 34(2):741-758.

[20]LI L, YALIN L, DONG Y P, et al. Research on sustainable development of resource-based cities based on the dea approach: a case study of Jiaozuo, China[J]. Mathematical problems in engineering, 2016, 2016:1-10.

[21]XU Z, JIANG H. Evaluation system for the sustainable development of urban traffic and ecological environment based on support vector machine[J]. Journal of computational & theoretical nanoscience, 2016, 13(10):6978-6981.

[22]GLASER M, GLAESER B. Towards a framework for cross-scale and multi-level analysis of coastal and marine social-ecological systems dynamics[J]. Regional environmental change, 2014, 14(6).

[23]WEI H, JIANGNING Z, QUANZHEN C, et al. Preliminary research on the zoning method of the marine ecological red line: a case study of Hainan province[J]. Acta ecologica sinica, 2016, 49(5):12.

[24]SANGHA K K. Modern agricultural practices and analysis of socio-economic and ecological impacts of development in agriculture sector, Punjab, India - A review[J]. Indian journal of agricultural research, 2014, 48(5):331-341.

[25]QIANG W, JIE X Q. Strategy research of harbin city green transport and sustainable development from low carbon ecological perspective[J]. IOP conference series earth and environmental science, 2017, 61(1):153.